国家出版基金项目
NATIONAL PUBLICATION FOUNDATION

全面建设社会主义现代化国家研究丛书（第1辑）

丛书主编　颜晓峰

现代化的本质是人的现代化

李青　著

天津大学出版社
TIANJIN UNIVERSITY PRESS

图书在版编目(CIP)数据

现代化的本质是人的现代化 / 李青著. -- 天津 : 天津大学出版社, 2022.5
（全面建设社会主义现代化国家研究丛书 / 颜晓峰主编 . 第 1 辑）
ISBN 978-7-5618-7183-6

Ⅰ. ①现… Ⅱ. ①李… Ⅲ. ①现代化－研究－中国 Ⅳ. ①D61

中国版本图书馆CIP数据核字(2022)第090927号

XIANDAIHUA DE BENZHI SHI REN DE XIANDAIHUA

出版发行　天津大学出版社
地　　址　天津市卫津路92号天津大学内(邮编:300072)
电　　话　发行部:022-27403647
网　　址　www.tjupress.com.cn
印　　刷　北京盛通印刷股份有限公司
经　　销　全国各地新华书店
开　　本　710mm×1010mm　1/16
印　　张　16.75
字　　数　338千
版　　次　2022年5月第1版
印　　次　2022年5月第1次
定　　价　42.00元

总　序

2020年是全面建成小康社会的决战决胜之年，也是从全面建成小康社会向全面建设社会主义现代化国家迈进的历史转折之年。“继续在人类的伟大时间历史中创造中华民族的伟大历史时间”，这是习近平总书记在2020年春节团拜会上为当代中国共产党人标定的时代坐标、确定的时代使命。全面建设社会主义现代化国家，就是中华民族在这一“伟大历史时间”进行的伟大历史实践。2020年初突如其来的新型冠状病毒肺炎疫情（以下简称新冠肺炎疫情）给中国和世界其他国家的发展带来前所未有的冲击，但中华民族从来都是在磨难中成长、从磨难中奋起的，人类社会从来都是在危机中嬗变、从危机中转型的，现代化的潮流势不可挡、青山难遮。由天津大学社会主义现代化研究中心组织撰写、天津大学马克思主义学院院长颜晓峰担任丛书主编、天津大学出版社出版的“全面建设社会主义现代化国家研究丛书”（第1辑）正是配合开启全面建设社会主义现代化国家新征程，探索新课题、服务新实践，为全面建设社会主义现代化国家提供理论支持的研究成果。

现代化是资本主义产生以后，在科技革命、产业革命、社会革命、思想革命的推动下，一些国家出现的从社会生产到社会生活、从社会结构到社会机制、从社会精神到社会文化的整体性转型，是世界近代以来持续推进、逐步拓展、不断深化的“历史向世界历史转变”的进程，同时又是在矛盾积累、危机孕育、时局动荡中调整变革的进程。马克思、恩格斯深刻揭示了资本驱动的现代化内在的尖锐矛盾，批判了现代化进程中对生产力的破坏和对工人的奴役，同时也肯定了资本主义生产第一次创造出为实现社会全面进步、人的全面发展所必需的财富和生产力。在马克思、恩格斯看来，社会主义是在继承资本主义文明成果的基础上对资本主义的否定和改造，是在各个领域创造出高于和优于资本主义现代化的新型现代化。马克思在《哥达纲领批判》中阐述的共产主义社会高级阶段，包含消灭旧式分工，消灭脑力劳动和体力劳动对立，劳动成为生活的第一需要，个人的全面发展，集体财富的源泉充分涌流等，这些都是社会主义现代化的本质内涵。十月革命后，苏联等社会主义国家在各自的社会主义建设过程中，探索了社会主义的高级阶段或发达阶段（即现代化阶段）的目标、标准和途径，开始了社会主义现代化实践和思想的双重进程，但因种种历史原因，有的遭遇挫折，有的半途而废。

建设社会主义现代化国家，是中华人民共和国成立后我们党的不懈追求。中华人民共和国成立后，我们党把科学社会主义理论同中国现代化实际相结合，多次提出社会主义现代化的建设目标、主要内容和实现步骤，开始了建设社会主义现代化的艰辛探索。改革开放以来，几代中国共产党人开拓创新、接力攀登，持续探索“建设什么样的社会主义现代化国家，怎样建设社会主义现代化国家”的问题，把科学社会主义理论同建设社会主义现代化实际相结合，开创了中国特色社会主义现代化道路。中国特色社会主义现代化道路，从世界历史的坐标看，是在世界现代化几百年的历程中，在主要资本主义国家现代化进程已经完成的基础上开辟的一条新型现代化道路。从当代世界的坐标看，是在广大发展中国家追求现代化的艰难起飞中，从中国国情出发开辟的一条新路，从而给世界上那些既希望加快发展又希望保持自身独立性的国家和民族提供了全新选择，贡献了中国智慧和中国方案。中国的现代化道路不仅是自己的道路，而且具有世界意义；不仅具有中国特色，而且反映世界趋势。更为重要的是，我们要建成的是社会主义现代化国家，是有着独特本质、内涵、优势、特色的社会主义现代化国家。再经过 30 年左右的奋斗，我国全面建成富强民主文明和谐美丽的社会主义现代化强国，其世界历史意义不亚于十月革命，是中国共产党对科学社会主义的最重要贡献。

党的十九大开启了全面建设社会主义现代化国家的新征程，这是马克思主义指引中国共产党近百年历程新的伟大革命，是科学社会主义在中国新的伟大创举，是马克思主义基本原理同新时代具体实际相结合新的伟大实践。面对新的使命任务，必须进行从历史到未来、从理论到实践、从全局到局部、从战略到方法的系统深入研究。习近平新时代中国特色社会主义思想，从理论和实践的结合上系统回答了"新时代坚持和发展什么样的中国特色社会主义、怎样坚持和发展中国特色社会主义"这一重大时代课题。"全面建设什么样的社会主义现代化国家、怎样全面建设社会主义现代化国家"，则是对这一重大时代课题的深入和展开。深入研究这一课题，需要从以下三个方面整体推进。

一是社会主义现代化的历史研究。社会主义现代化是世界现代化进程的客观要求，特别是社会主义历史进程的必然趋势。历史研究是社会主义现代化研究的基础，包括实践史和思想史。党的十九大开启了全面建设社会主义现代化国家新征程，必将把社会主义现代化的实践和思想提到一个前所未有的历史高度。随着习近平新时代中国特色社会主义思想不断发展，社会主义现代化思想在其理论体系中必然具有更加突出的地位。

二是社会主义现代化的领域研究。现代化是全面的现代化。全面建设社会主义现代化国家，本身就要求现代化的总体性，不能单打独斗。同时，社会主义现代化是由各个领域的现代化构成的，需要将总体研究与局部研究相结合，从各个领域的现代化研究入手，深化对全面建设社会主义现代化规律的探讨。我们党在追求现代化的进程中，曾提出"四个现代化"的构想。随着党对建设中国特色社会主义总体布局认识的拓展，"四个现代化"显然已不足以涵盖现代化的基本领域。因此，要深入研究社会主义经济、科技、政治、国家治理、文化、社会、教育、生态、国防、党建、人的全面发展乃至公共卫生治理等领域的现代化建设。

三是社会主义现代化的问题研究。社会主义现代化研究离不开大量的实证研究，运用数据分析，构建科学模型，提供决策支持。同时，理论是研究的纲和魂，实证研究离不开理论研究。要以社会主义现代化为对象，对其中的重大问题作出理论说明和论证，从而逐步加深对社会主义现代化建设规律的认识。理论研究越严谨扎实、深刻彻底，对社会主义现代化建设规律的认识就越全面准确，全面建设社会主义现代化国家的进程就越顺利，目标就越有把握实现。全面建设社会主义现代化国家的新征程，是中华民族伟大复兴的壮丽篇章，是马克思、恩格斯设想的人类社会美好前景在中国大地的生动展现，是马克思主义在新的伟大实践中大发展的极好契机。

天津大学与中国现代化的历史紧密相连。天津大学建校于1895年，前身为北洋大学堂，是中国近代高等教育史上建校最早的高等学府。第二次鸦片战争后，学校所在地天津被开辟为通商口岸，近代工业、贸易、金融、交通、教育发展起来，天津成为中国开始现代化的先行地、近代城市的领先者。这为学校吸收世界现代化的文明成果提供了丰厚土壤，同时学校也是天津乃至中国近代教育、科技、思想、文化发展的贡献者。北洋大学堂开办之初即设立工程、矿务、机器和律例四门学科，以兴学强国为使命，以培养现代人才为目标。学校创建早期培养出的人才中，王宠佑成为中国现代炼锑技术的开创者，马寅初成为著名经济学家、教育家、人口学家，刘瑞恒成为中国近代公共卫生事业的创建者，秦汾成为中国著名数学家，齐璧亭成为中国近代知名的教育家、女子师范教育奠基人，等等。中国共产党早期的重要领导人之一、中国共产主义青年团的创始人之一张太雷，1915年考入北洋大学法科。中华人民共和国成立后，1959年党中央公布了第一批16所全国重点大学，天津大学名列其中。改革开放后，1995年学校成为“211工程”首批重点建设大学，2000年学校被确定为国家“985工程”重点建设的高水平研究型大学。进入新时代，2017年学校成为首批“双一流”建设高校。学校围绕建设“综合性、研究型、开放式、国际化”的世界一流大学总体目标，秉持“中国特色、世界一流、天大品格”的核心理念，传承“兴学强国、实事求是、严谨治学、爱国奉献、矢志创新”的天大品格，努力培养一流人才、建设一流队伍、打造一流学科、贡献一流学术、营造一流环境，推进“强工、厚理、振文、兴医”学科布局，聚焦国家重大战略需要，聚焦世界科技发展前沿，面向国民经济主战场，培养全面发展的高素质创新人才，为全面建设社会主义现代化国家作出天大的贡献。这些贡献就包括依托学校的历史传统、学科优势、人才资源，充分利用天津大学社会主义现代化研究中心这个平台和基地，创作出更有质量水准、更符合全面建设社会主义现代化国家理论需要的多学科成果。

“全面建设社会主义现代化国家研究丛书”（以下简称“丛书”），自党的十九大后开始策划、组织撰写，经各位作者和编辑的共同努力，第 1 辑现出版发行。“丛书”（第 1 辑）的选题主要围绕全面建设社会主义现代化国家的系统布局，对全面建设社会主义现代化国家的主要领域进行全面深入、通俗易懂的描述，为高校师生、党员干部、理论工作者及广大读者提供系列理论读物。“丛书”是开放式、渐进式的，将跟踪全面建设社会主义现代化国家新征程的进展，依据主创者、出版方、作者对这一新的伟大社会实践的新认识，拓展范围、深化研究，丰富题材、提高品位，继续推出新的选题，出版新的著作，与实现第二个百年奋斗目标的发展阶段同行，与全面建设社会主义现代化国家实践中的重大问题共生，与国内外相关研究的前沿成果互鉴。我们诚邀校内外的专家学者一起参与这套丛书的撰写，一起推进社会主义现代化的研究，不负时代、不负使命。

李家俊　天津大学党委书记

金东寒　天津大学校长

2020 年 6 月

目　录

第一章　现代化的本质探微

“现代化”似乎可看作自人类诞生以来最大的“变局”，更可看作中国千百年来未有之“大变局”。“现代化大变局”中的人们，饱享现代化所造就的福祉，同时也经受现代化所带来的沧桑。现代化作为一种世界性的实践已经有了好几百年的历史，现代化研究也有了上百年的历史。然而，什么是现代化、什么是现代化的本质、现代与传统之间究竟是怎样的关系等，对这些基本问题的认识可谓仁者见仁、智者见智，并未达成共识。这也许是现代化的复杂性造成的，现代化可谓人类文明史上最复杂、最深刻、最具影响力的社会现象。正因如此，这恰恰为新的实践和理论探索提供了更为广阔的空间。

第一节　从传统到现代

历史从哪里开始，逻辑便从哪里起航。现代化作为一种历史进程，既来源于传统，又变革传统；既依赖传统，又超越传统。现代化从传统中走来，现代化的研究便不得不首先要把眼光投向传统，从传统里发现现代的真相、辨别现代的本质、理解现代的逻辑。现代化作为一种社会实践活动，无疑是一场全球性的社会转型运动，是由传统社会向现代社会的整体性、根本性的转变。所谓整体性转变，即不是局部的变动，而是全局的变动，不是单个领域或某些领域的变迁，而是几乎所有领域的变迁；所谓根本性转变，即不是表层的改变，而是深层的改变，不是外在现象的变革，而是内在结构的变革。

一、传统与现代

传统社会与现代社会均是一种具有相对性的社会形态，但它们的区分却既是相对的又是绝对的。由此对传统和现代的含义的区分亦既是相对的又是绝对的。因此，对“传统”与“现代”，许多思想家都进行了多层面、多角度的深入探讨，提出了许多不同的看法，研究成果可谓丰硕无比。在此，我们作一简要介绍。

“传统”是个多义词，在一般意义上是从文化的角度而言的，即“传统文化”，指的是过去存在的、遗留下来的东西，包括古迹、文字、古籍典章、制度、风俗习惯等等。有人认为，传统是指在过去产生且流传至今的东西。过去曾经出现但今天已经消失的东西，则不构成传统。有人则认为，只有那些对当今社会有积极意义的东西，才能称之为传统，即只有流传下来的精华才是传统，糟粕则不是传统。从社会学的角度看，传统是一种社会存在的形式或形态，传统社会是与现代社会相对立的社会。现代社会以前的社会都是传统社会。传统社会也可称之为前现代社会，或者前工业社会。在马克思主义理论中，传统既是一种文化，又是一种社会形式。作为一种文化，过去存在着的甚至那些完全消失的东西，都应该属于传统。因为过去的、古老的一些东西，可能是死亡、沉寂的，但在一定的条件下，也许会“东山再起”甚至“死灰复燃”。过去存在的、流传至今的东西，不管其作用如何，都是属于传统的。作为一种社会形式，传统则指的是现代社会之前的社会。在本部分，传统既指文化意义上的传统，也指社会意义上的传统，且主要是指作为一种社会形式的传统，即传统社会。

“现代”这一概念来自拉丁文 modernus，最早出现于公元 5 世纪末，当时基督教已取得文化上的支配地位，基督徒使用“现代”这一术语宣告基督教时代的新纪元。当人们重新使用“现代”这一词语时， 却赋予它批判甚至摒弃基督教的含义。按照世界史的通行说法，现代开始于 15 世纪的文艺复兴运动和宗教改革运动。然而，大多思想史研究者却倾向于把盛行于 18 世纪的启蒙运动看作现代文化的真正开端和明确标志。因为这一时期的启蒙学者公开对以基督教为中心的神圣文化世界观和价值观展开了全面批判，把 15、16 世纪的人文主义和 17 世纪的理性主义彻底地俗化，凸显出同前现代神圣文化根本不同的特性，宣告现代文明的开始[①]。“现代”作为一种社会形式，是指随工业革命而不断出现的广泛而深刻的社会变革和社会建制，它与文化意义上的“现代”具有历史的一致性。

发生于 18 世纪末到 19 世纪初的工业革命大大改变了当时的西欧社

---

① 参见赵敦华：《超越的循环——前现代性、现代性和后现代性的循环关系》，《马克思主义与现实》1994 年第 4 期。

会。社会的巨大变化，促使人们对传统农耕社会和现代工业社会进行比较研究。英国法学家亨利·萨姆纳·梅因在1861年出版的《古代法》一书中对两种社会进行了区分。在传统农耕社会，人是一个特殊集团的成员，且是作为某一集团（如家庭、氏族或部落等）的一员而不是作为一个特殊的个人来被对待的；人与人之间的关系是“父系血缘的”等级身份制；传统社会的法律是“刑罚法规”。在现代工业社会，人被看作独立的“个人”，人与人之间的关系是平等的“契约”关系；现代社会的法律是“公民法律”；等等[①]。迪尔凯姆在《社会分工论》一书中用“机械的团结”和“有机的团结”来区分“低级的”社会和“高级的”文明社会，即“传统社会”和“现代社会”。迪尔凯姆认为，社会结构的变化是由分工引起的，分工导致社会结构的改变，使之由低级向高级发展。在传统社会，人们从事几乎同一的、简单的工作，有着一样的社会规范、一样的信仰。社会的联系是一种“机械的团结”。“机械的团结”是把个人直接而和谐地同社会联结在一起的相似的社会结构。在这种低级的社会里，个人对社会的依赖很弱，而对其所属的群体（家庭、家族等）却有极强的依赖性。“机械的团结”是一个比较封闭的结构系统，个人的行动总是具有集体性的、自发性的，其道德和行为的一致性是依靠“压制性的法律强迫的”且是以强烈的集体意识或集体主义为标志的[②]。在现代社会，劳动部门日益分化，分工改变了传统社会的“机械的团结”的结构，“有机的团结”占据主导地位。“有机的团结”是建立在异质化和职能分工的基础之上的。现代社会“并不是由某些同质的和相似的要素复合而成的，它们是各种不同机构组成的系统，其中，每个机构都有自己的特殊的职能，而且它们本身也都是由各种不同的部分构成的”[③]。由于分工的发展，传统社会中的人的相似性减弱，个体性加强，独立的“个人”出现；“个人”的出现又使得人与人之间的联系不断加强，对整个社会的依赖性加强，这又使整个社会的联系日益紧

① 尹保云：《什么是现代化——概念与范式的探讨》，人民出版社，2001，第41页。

② “社会成员平均具有的信仰和感情的总和，构成了他们自身明确的生活体系，我们可以称之为集体意识或共同意识。”——迪尔凯姆：《社会分工论》，生活·读书·新知三联书店，2000，第42页；转引自尹保云：《什么是现代化——概念与范式的探讨》，人民出版社，2001，第42页。

③ 迪尔凯姆：《社会分工论》，生活·读书·新知三联书店，2000，第179页；转引自尹保云：《什么是现代化——概念与范式的探讨》，人民出版社，2001，第43页。

密，从而使社会的整体性、同质性相应地得以增强[①]。迪尔凯姆揭示了现代社会的一个重要特征——个人主义特征，这是现代社会存在和发展的基础。从人的主体性、独立性或个体性及其社会联系来区分传统社会和现代社会，具有开创性的理论价值[②]。

现代经济学家罗斯托认为："所谓传统社会，是一个生产能力发展有限，基于前牛顿期的科学与技术与前牛顿期的宇宙观的社会。"[③] 哈根则从社会特征的角度认为："传统社会是'习俗支配'、层阶性、身份取向性及非生产性的。"[④] 金耀基先生根据自己的研究，概括了中国传统社会的几大特征：①传统取向的；②农业的；③身份取向与层阶取向的；④神圣的（sacred）、权威的（authoritarian）；⑤以原级团体（primary group）为社会主要结构；⑥特殊主义（particularism），关系取向（ascription）的；⑦功能普化的（functionally diffuse）；⑧准开放的二元社会（dual society）[⑤]。与此相对照，他认为"现代"则有以下几个方面的内涵。一是工业化，工业化是传统社会进入现代社会最主要的动力。二是都市化，都市化随工业化而兴起，是现代社会生活的主要形态。三是普遍参与，现代社会是大众"参与的社会"，是"大家决定大家的事"的社会，普遍参与即为政治现代化。四是世俗化，传统社会是"圣化的社会"，现代社会则是世俗的社会；所谓"世俗"，是指一种"实证的""理性的"行为和态度。五是高度的结构分殊性，这是由日益发达的社会分工造成的，分工使社会不断分化，形成新的结构，产生新的功能。六是高度的"普遍的成就取向"，工业化是以科学技术的发展为基础的，是依靠专门的知识和技能支持的，传统社会的"身份取向"必然被"成就取向"所代替。金耀基先生认为，以上六点内容，并不意味着"已穷尽'现代'之内涵，而有一些'现代社会'也往往不能完全具有这些内涵"。"实质上，'现代'一词本身就有价值色彩；同时，'现代'应具有无穷的'创新'意味，因此，它的内涵是可以不断扩充或变更的。"[⑥]

---

① 尹保云：《什么是现代化——概念与范式的探讨》，人民出版社，2001，第 42-46 页。

② 尹保云：《什么是现代化——概念与范式的探讨》，人民出版社，2001，第 46 页。

③ 转引自金耀基：《从传统到现代》，法律出版社，2017，第 8 页。

④ 同上注，第 10 页。

⑤ 同上注，第 12 页。

⑥ 金耀基：《从传统到现代》，法律出版社，2017，第 94-101 页。

马克思、恩格斯作为生活在西方现代化蓬勃兴起时代的思想家，对新兴的“现代社会”与老旧的“传统社会”进行了大量的比较性研究和探讨，虽然他们没有明确提出传统社会与现代社会的概念，但却提出了丰富的关于“传统和现代”的见解和思想。马克思、恩格斯是通过“市民社会”或“真正的市民社会”“资产阶级社会”和“非真正的市民社会”“中世纪的共同体”“资产阶级以前的社会”等概念来区分现代社会与传统社会的。他们在《德意志意识形态》中认为：“‘市民社会’这一用语是在18世纪产生的，当时财产关系已经摆脱了古典古代的和中世纪的共同体。真正的市民社会只是随同资产阶级发展起来的。”[①] 马克思说，真正的市民社会是在“16世纪以来就作了准备、而在18世纪大踏步走向成熟的”[②]。所谓“真正的市民社会”，是马克思用来指称的从中世纪后期的商业贸易中兴起、经过资产阶级政治革命确定下来、直到19世纪得以典型化表现的市民社会。马克思在其他地方所说的“现代的市民社会”和“发达的市民社会”等，都属于这种意义上的“真正的市民社会”，其根本特点是“现代资本，即变为抛弃了共同体的一切外观并消除了国家对所有制发展的任何影响的纯粹私有制”[③]。所谓“非真正的市民社会”，是马克思用来指称欧洲近代社会之前的社会范畴的，也就是马克思所说的“古典古代的和中世纪的共同体”。如马克思在其他著作中所提及的“希腊人的市民社会”“奴隶占有制的市民社会”“中世纪市民社会”“旧的市民社会”“先前的市民社会”“过去的市民社会”等等。其根本特点是财产关系尚未摆脱古代的和中世纪的政治共同体。马克思说：“中世纪的精神可以表述如下：市民社会的等级和政治意义上的等级是同一的，因为市民社会就是政治社会，因为市民社会的有机原则就是国家的原则。”[④] 在《1857—1858年经济学手稿》中，马克思从人的存在和发展的角度提出了著名的“三大社会形态”思想，认为传统社会是人的依赖性的社会；“现代社会”是“以物的依赖性

① 中共中央马克思恩格斯列宁斯大林著作编译局编译《马克思恩格斯选集》（第1卷），人民出版社，2012，第211页。

② 中共中央马克思恩格斯列宁斯大林著作编译局编译《马克思恩格斯选集》（第2卷），人民出版社，2012，第683页。

③ 中共中央马克思恩格斯列宁斯大林著作编译局编译《马克思恩格斯选集》（第1卷），人民出版社，2012，第212页。

④ 中共中央马克思恩格斯列宁斯大林著作编译局编译《马克思恩格斯全集》（第3卷），人民出版社，2002，第90页。

为基础的人的独立性”社会。“现代社会”形成了“普遍的社会物质变换、全面的关系、多方面的需要以及全面的能力的体系”①。

比较、区分不同社会形态或社会发展的不同阶段有许多标准，因为社会本身就是“一个具有许多规定和关系的丰富的总体”，每个社会都具有复杂的内容和多样的特征。在马克思主义理论中，有社会发展“五形态”的划分，也有“三形态”或“三阶段”的区分，也有“市民社会”与“非市民社会”的分别，还有“资产阶级社会”与“前资本主义社会”的对比，等等。然而，任何一个社会及其发展阶段都有不同于其他社会及其发展阶段的显著的、一般的、本质的特征，都有其内在的质的规定性。马克思主义关注的便是社会的“显著的、一般的、本质的”特征或规定。那么，传统社会与现代社会的“显著的、一般的、本质的”特征或规定究竟是什么呢？

物质资料的生产方式是社会发展的决定性因素和力量。不同社会、不同时代的区别根本在于生产方式的不同。社会生产的方式是区分各个时代不同特点的根本尺度。马克思在《〈政治经济学批判〉导言》中对资产阶级社会或市民社会这个他非常重视的“现代社会”的典型形态做出了两个判断：一是“资产阶级社会是最发达的和最（具有）多样性的历史的生产组织”，二是“资产阶级社会本身只是发展的一种对立的形式”②。在马克思看来，现代社会首先是一个发达的、（具有）多样性的生产组织，这是其与传统社会最根本的区别。现代社会在本质上不同于传统社会的地方在于，它拥有通过科学技术武装起来的机器大生产，拥有巨大的生产力，在它不到 100 年的时间内所创造的社会生产力比以往一切时代所创造的生产力的总和还要多得多。随着生产力的发展与变革，生产关系等领域的变革或迟或早，会必然发生，从而使整个社会大厦发生质变。

从以上对传统与现代的简单讨论中可知，无论是“传统”还是“现代”或“传统社会”与“现代社会”，都是“一个具有许多规定和关系的丰富的总体”，因此，作为理论范畴，它们必然是具有多重规定、内容丰富的总体性概念。各种理论、各个学科对它们的认识，都具有一定的理论

---

① 中共中央马克思恩格斯列宁斯大林著作编译局编译《马克思恩格斯全集》（第 30 卷），人民出版社，1995，第 107-108 页。

② 同上注，第 46-47 页。

价值及其合理性，都是我们研究这一对范畴需要吸收借鉴的内容。

在传统社会，生产劳动依靠的是结构简单、功能单一的手工工具甚至原始工具，人们主要且直接依赖人力和自然力从事生产劳动，生产力水平低下，农业在社会经济生活中占据绝对的比重和优势；社会分工简单，社会分化为农业、手工业和商业等主要部门，农业是主体，以人力和手艺为主的手工业并不普遍，商业的范围很狭隘，商业流通也很不发达；由于社会财富的生产和流通十分有限，物资普遍匮乏，人们生活贫穷而艰难。在传统社会，自给自足的自然经济占绝对主导地位，因此传统社会也叫农耕社会。落后的社会生产决定了人们只能在狭窄的范围内活动，人与人之间的关系建立在血缘、地缘之上，自上而下的等级制、家长制盛行。不平等的人与人之间的关系产生了不平等的权力高度集中且完全缺乏对权力的约束和制衡的专制政治统治。与之相适应的社会意识形态则是神权思想、君主主义、整体主义等等。社会组织是封闭的同质性结构，功能自上而下单向发挥作用；社会流动很小，个人对家庭、家族的依赖性很强。这种社会是名副其实的人身依附性社会。物质生产由底层的劳苦大众所承担，精神生产则由特权阶层和少数社会精英所掌控。各个国家、各个民族之间几乎处于“老死不相往来”的隔绝状态，物与物、人与人之间的交流十分有限， 在孤立、封闭中缓慢发展。人们的经验、直觉在社会生产与生活中起决定性作用，社会文明程度较低。社会生产水平的低下、活动范围的狭小、知识的贫乏、精神生活的单调、人与人之间社会联系的简单等等，决定了作为个体的人的发展也是处于较低水平的；虽然有极少数人达到了相对较全面和较高的发展程度，即具有“原始的丰富性”，但是，就整体的人而言，其发展则是低级、片面和落后的。人普遍是一种地域性、家族性的存在，也是一种依附性的存在，总体上缺乏独立、自由、自主和平等的特性。

在现代社会，生产工具是由科学技术知识装备的机器和“机器体系”，结构复杂，智能化程度越来越高，人从繁重的体力劳动中解放出来，工业成为社会生产中的主要部门，取代了农业在国民经济中的主导地位，社会分工日渐发达，专业化是各个生产领域的基本要求，社会生产力水平迅速提高，社会财富快速增长，人们的生活水平得到整体性和实质性的提高，且人们越来越富足。巨大的社会财富推动了商品经济和市场的发展与繁荣，市场成为资源配置的主要形式，竞争是调节社会生产和流通的主要手段与方式，商品经济、市场经济代替了自给自足的自然经济。随着基础教育的普及和高等教育的大众化，精神产品的生产既有专业化的特征，又有大众化的特征，文化产品和人们的精神生活丰富多样、异彩纷呈。个人主义、自由主义、民主、法治、平等、公正、科学、理性、包容、博爱等观念成为社会意识形态的主导。社会组织是高度分化的异质性结构，政府组织、非政府机构与个体既分工又合作，承担不同的职能，完成不同的任务，公民社会日渐发达。法律、契约、规则成为社会的主要制度约束，法治是社会治理的根本方式，因此现代社会也叫契约社会或法治社会。发达的分工和市场、平等的政治，打破了人与人之间的依附关系，人不断获得自由、独立和尊严，机器大生产日益把人从繁重的劳动中解放出来；个体的发展既有对物的依赖性又有独立和自由，既有片面性也有全面性，既有较高水平的单一的专业技能又有较全面的素质和能力体系。资本逻辑与市场的发展，打破了地域和国界的阻隔，世界市场逐步生成，世界在全球化的浪潮里渐渐成为“地球村”。

简单地讲，传统社会就是以农耕为主体的社会，即农耕社会，现代社会就是以工业为主体的社会，即工业社会；传统社会是自给自足的自然经济的封闭社会，现代社会是商品经济和市场经济发达的开放社会；传统社会是权力高度集中的专制社会，现代社会是权力分离且相互制衡的民主社会；传统社会是依赖人的体力、经验的体能型社会，现代社会是依赖科学知识和专业技能的智能型社会；传统社会是结构单一、功能一致的同质性社会，现代社会是结构复杂、功能多样的异质性社会；传统社会是神化社会，现代社会则是世俗社会；传统社会是人的依赖性的依附性社会，现代社会是物的依赖性的“自由”民主社会；等等。

从传统到现代的现代化运动是一个长期的历史过程，是一个从传统社会走出来、不断改造传统、创新传统而转变成为现代社会的过程。这种转换对于不同的国家和民族，在时间长短上、在方式选择上、在结果好坏上以及对人们生活的影响等方面，都是不一样的。一般而言，从历经的时间上看，内生型的现代化国家和民族所用的时间较长，特别是英国，所用的时间更长，而外生型的国家和民族，一般都有后发优势，所用的时间则相对较短，比如德国、日本、韩国等国家现代化转型成功花了不到一百年的时间。当然，时间的长短、转型的快慢并不能完全说明现代化建设成功与否，也不是衡量现代化建设质量的标尺。在方式的选择上，内生型的现代化国家的社会转型是自发的、渐进的；外生型国家的社会转型，相对而言比较激烈和激进，甚至很可能出现一些极端的社会势力，这些社会势力往往采取极端的方式。因此，从传统到现代并不是单一性的图像，而是（具有）多样性的场景；并非一种模式，而是各具特色。

二、传统与现代的张力

虽然现代社会与传统社会有质的不同，然而，传统与现代是无法严格或非常具体地划分出界限的。“因为社会史上的各个时代，正如地球史上的各个时代一样，是不能划出抽象的严格的界限的”[①]。传统和现代之间并不是一种单向关系和线性结构，而是一种复杂的非线性的关系。因此，在现代化的历史进程中必然存在着如何处理传统与现代的关系问题：如现代化是否必须“打倒孔家店”，才能开张“新业”？是否必须清除“旧灶”，才能搭建“新炉”？传统与现代之间是否具有内在的联系？传统和现代应该保持怎样的张力？

针对这些问题的回答，在理论上出现了激进主义和保守主义之辩，在实践上则导致了革命派和改良派之争。

激进的现代化理论认为，现代化是一种铲除传统价值、建立新价值的社会实践，现代与传统在本质上是对立和对抗的。自由、平等、民主、人权、自然法则等是一套与传统价值完全不同的价值体系，科学化、技术化、工业化、标准化、城镇化等也具有与传统社会完全不同的内涵，现代社会所依赖的社会基础已经与传统社会完全不同，现代化是对传统社会整体性、结构性和体系性的变革，是不断扬弃传统价值、建构新的价值体系的革命。在传统的陈腐土壤里是既开不出现代文明之花，也结不出现代文明之果的。现代化只有在不同于传统的环境条件下才能枝繁叶茂、开花结果。因此，一个国家要实现现代化、建立现代社会就必须与传统彻底决裂。这种观点看到了现代与传统的矛盾和对立，认识到了现代与传统的本质差异及其在某些方面的不可兼容性，在特定的历史阶段，现代价值、现

① 中共中央马克思恩格斯列宁斯大林著作编译局编译《马克思恩格斯文集》（第5卷），人民出版社，2009，第427页。

代制度、现代性等必须突破传统的包裹和束缚才能生成和确立起来，才能成为社会的主导力量，也只有破除传统、取代传统，社会才能发生根本性的质变，现代社会才能真正建立、稳固、持续发展和日臻完善。

保守的现代化理论认为，世界上存在着永恒的自然法则和秩序，社会的发展是连续的，现代化不应是否定传统、推翻传统、舍弃传统的“无根基”的创造，而应是遵循自然法则、保持和创新传统价值的社会活动。因为所有的现在都来自过去，现代社会的所有新事物都是在传统基础之上创造的。脱离传统，抛弃传统，现代的一切都将是“虚空”。现代世界没有任何事物能够完全脱离传统的深厚土壤。事实上，没有一个成功实现现代化的国家是脱离和抛弃传统的，无论是最先进入现代化的英国、美国，还是随后跟进的德国、日本，还是遭受殖民统治的韩国、新加坡，并没有脱离和抛弃传统，许多传统价值、风俗民情、传统的生活方式等依然保持并发挥着重要作用。有学者认为，传统并不是僵死的，而是继续生长的，是具有强大生命力和适应力的思想、信念、规范、道德、行为和生活方式等等。正是因为传统是持续生长的，是一种生命力和适应力的存在，才能成为构筑现代社会必不可少的资源和条件。传统对建构现代社会的价值，不仅在于传统是现代的根基，而且在于传统还是现代的价值映照及其补充，且融入现代之中，成为现代价值的有机组成部分。现代是具有多样性的存在，现代的丰富性必须安放和生长于传统的土壤之中。离开博大精深的传统，现代无疑会是单一的，更会是扭曲的。传统及其价值不是单独存在的，也不是脱离现代而存在的。现代不能脱离传统，传统更不能脱离现代。离开现代的传统，只会成为一种“死”传统。因此，传统也必须在现代化的进程中不断转换内容和形式，不断累积和创新，即实现创造性的转换。这种观点合理地处理了传统和现代的统一关系，看到了现代与传统之间不可分割的联系，肯定了传统之于现代的价值，认识到了现代社会发展的连续性与中断性的统一，对在现代化实践中如何对待传统、如何处理现代与传统的关系具有启发意义。

在现代化理论的激进主义和保守主义之外，是否可以寻找“第三条道路”呢？或者说，是否可以建立一种温和的“激进主义”或积极的“保守主义”呢？应该说，这在理论上是可行的，在实践上也是可以探索的。

现代与传统是一对矛盾，现代对传统的变革与继承也是一对矛盾。现代与传统既有结构性矛盾，也有功能性矛盾；既有内容上的矛盾，也有形式上的矛盾；既有价值理性的矛盾，也有工具理性的矛盾。对现代与传统这类矛盾的处理，按照惯常的理解，无疑是马克思主义原理所要求的辩证否定，肯定与否定的辩证统一、克服与保留的辩证统一、继承和发展的辩证统一。作为根本原则，这是比较容易理解的，但是作为实践规程，却是艰难的。由于传统和现代本身的复杂性，对传统与现代之间关系的认识和处理也必然是复杂的，似乎并不是简单地以克服与保留、肯定与否定或扬弃就可以解决的。传统的丰富内容及其之于现代的意义和作用并不是泾渭分明的，而是难分难解的；一种传统所蕴含的内容和价值并不是单一的，而是多样的。传统不仅是复杂多样的，而且是运动变化的。传统并不是静止不动的一潭死水，更不是僵化、陈腐的朽木，而是有生命力的存在，是不断流动、不断生长的。传统有根据变动的客观环境主动改变自身的特点和力量。因此，要完全分清什么传统是可以继承的，什么传统是需要变革的，以及应以什么方式或在多大程度上继承或舍弃、废止传统等，是十分艰难的事情。一方面，人的理性和道德并不具备这样的能力，因为人是一种有限的存在，人的理性和品德的至上性只是一种追求。另一方面，对传统的理解本身必须依赖传统。现代解释学认为，任何解释都有解释者自身所处的特定的解释学语境，现代人对传统的理解不可能脱离自身的处境。"理解是将自己置于传统的一个过程中，在这个过程中过去和现在不断融合。"[①] 就是说，现代对传统的理解既不是现代人的独断，也不是传统的独白，而是现代与传统的彼此融合。在这种融合中，现代为传统增加了新的内容、新的意蕴和新的特色。因为理解"是一种对原来生产品的再生产，一种对已认识的东西的再认识，一种以概念的富有生气的环节、以作为创作组织点的'原始决定'为出发点的重新构造"[②]。同时，传统有自身的韧性和演变规律。传统不可能在现代人手里成为面团或变形金刚，更不是一个任人打扮的小姑娘。在传统向现代转变的现代化过程中，现代并不具有绝对的权威，并不能脱离传统的制约，在很大程度上，现代性来自传统，借传统之力而生长，并成熟于传统之中。西方文艺复兴和启蒙运动揭开了人类文明史上的新篇章，复兴和启蒙实际上是现代理性与传统理性的相互

① 伽达默尔：《真理与方法》，商务印书馆，2010，第 433 页。

② 同上注，第 270 页。

联系、相互融合。现代理性主义、科学主义是古希腊理性思想、理性传统对话在新的历史时期发扬光大的结果，是对古希腊理性主义的一种继承和发展。建立在实验和推理基础之上的近代自然科学可以被看作对古希腊哲学传统和理性智慧的一种复兴，古希腊哲学中的知识观、认识论、逻辑学不仅为近代科学技术的发展奠定了坚实基础，而且在近代科学技术的迅速发展中得以全面复苏和繁荣，科学、理性主义的权威被确立起来。“任何一种传统都曾经是现代，任何一种现代都必然要变为传统”，传统与现代的对话才是现代社会发展的真谛，也是社会发展、文明进步的必然途径[①]。由于传统与现代之间不仅相互联系而且更重要的是互相包含、互相影响和互相改变，呈现出一种动态的全方位整合的关系，因此，单纯的克服与保留的统一、肯定与否定的统一，似乎不能涵盖传统与现代之间的复杂多样的关系及其相互转换的可能性，传统和现代之间应该建立一种改造与被改造、融合与被融合的多层级、多面向、多种可能的关系。传统和现代可以相互作用、相互融合、相互改变。一方面，传统不断为现代所改变，因为“真正的现代化本身是一个继承和发展传统，在整合传统与现代基本价值的基础上不断‘创造’和‘再创造’传统、‘改变’和‘再改变’传统的过程”[②]。另一方面，现代也可能不断被传统所创新，因为传统在不断被现代化的过程中，注入了更多的现代性的内涵，在“创造性的转换”中获得了更强大的生命力和持续力，从而成为一种新的维系社会稳定和发展的重要力量。在内容的选择上，现代对传统的取舍可以更为多样化，为传统的保留、废弃和发展提供更多的空间，因为具有多样性的传统对于现代具有不同的价值，与现代的适应程度也各不相同，因此对保留什么、废弃什么、发展什么，保留中是否需要废弃、废弃中是不是存在保留的成分等等，需要认真对待和谨慎处理。机器大生产代替工场手工业是必然趋势，然而，是不是在所有的生产领域都需要实行机器生产呢？在某些生产领域，手工业是不是依然具有存在和发展的价值？城镇化、城市化是现代社会的主要特征，然而，传统的田园生活、村落生态是不是要一概抛弃呢？民主、平等、自由、科学、理性等是现代文明的基本内涵，然而，传统社

---

① 张再林、张慧：《传统与现代的对话：中国传统文化发展的必由之径》，《西安交通大学学报》（社会科学版）2016 年第 5 期。

② 姚新中：《传统与现代化的再思考》，《北京大学学报》（哲学社会科学版）2015 年第 3 期。

会中的宗教信仰、伦理观念、风俗习惯、礼仪礼节等等，是不是要像“秋风扫落叶”那样全都被清除呢？从方式上看，在不同的领域、在同一领域的不同环节或方面可否采取不同的方式和手段，比如在政治领域或在政治体制中，采取相对激进的方法；在经济领域、文化领域采取相对温和、保守的方法；在经济领域的生产、交换和消费环节，采取相对保守的多元化的方式，而在分配环节，采取相对一致的激烈一点的方法；在文化领域，对精神产品的生产、消费等可以坚持温和的保守主义立场，对文化管理体制的改革转型、社会公共文化的建设等方面则可以坚持相对激进主义的态度。或如丹尼尔所说，在经济、政治上坚持激进主义、在文化上坚持保守主义，等等。

从传统到现代的变革与转型，是一场复杂的社会运动，多元的、多样的、多种可能的、审慎的立场和方式，都是应当坚持的。任何单一的、简单的、粗暴的立场和态度甚至理想化的方式，都是应该舍弃的，因为这些态度或方式，不仅不会给社会带来进步和给人们带来福祉，相反会给社会带来倒退、给人们带来不幸甚至灾难；不仅不是保存文明、发展文明，而是摧毁文明、消灭文明。从传统到现代，是人类文明的演进，而不是文明的断裂；是文明的进化，而不是文明的退步。新的文明建立在旧文明的基础之上，是旧文明进化的产物。从文明发展的逻辑看，现代化是现代文明代替传统文明的历史进程，也是传统文明获得新生、转化为新的文明形态的历史演变。从实际的历史过程看，从传统到现代，无论采取何种形式对待传统，不管是激烈的、革命的或暴力的，还是温和的、保守的、改良的，传统并没有消失，总在某处起着作用；无论现代取得了何种新的内容，传统或作为一种映照，或作为一种融合，或作为一种渗透，现代从来没有离开过传统，传统的因子总能被发现隐藏在现代之中，传统总是萦绕于现代之中并成为现代不可分离的内容和不可或缺的部分。可以说，所有现代性都或多或少地吸收或体现了传统的内容，也或多或少地采取了传统的某些形式，恰如希尔斯所言：“所有新的东西都不过是对于之前已经存在的（东西的）某种修正而已。”正因如此，现代才具有更为丰富的内涵，才具有持久的生命力，才更为多姿多彩。因此，现代化在创建现代文明的过程中，既要变革传统，又要保存传统；既要创新传统，又要传承传统；既要在传统中获得动力，又要在传统中吸取养料和资源；既要使传统得以延续，又要使传统增添新的内容和形式。同时，传统之所以是传统，是因为传统是活着的生命体，蕴含着强大的生命力，因此，传统并不见得就是一个等待改造的被动角色，而更是一个主动出击、积极求变的“生力军”，传统自身会赋予与现代发展要求相适应的、必要的新的内容和形式。也许，在特定的条件下，传统不仅自身成为现代，而且催生出新的现代内容或形式。这样，传统和现代在不断的合流、交融、相互作用和相互转化中，使现代社会向更高一级的社会迈进，实现新的更大的飞跃。

传统总在现代中，现代也总在传统里。在内生型的现代化国家和地区，传统和现代的关系具有双重性，一方面，现代是对传统的否定和扬弃，是传统的一种断裂；另一方面，现代又是对传统的一种继承，一种延续，因为现代是从传统里直接生长起来的，是一个“自然而然”的过程。从传统到现代，表现出的是社会发展的延续性和非延续性、否定与肯定的统一。

第二节　什么是现代化

现代化是一个世界性的概念，也是一种世界性的社会运动。由于现代化首先发端并成熟于西欧国家，然后才在世界其他国家展开，因此，现代化对大多数国家而言绝不是一个内生性的概念，而是一个外源性的概念。现代化也是一场复杂的社会活动，是一场全面深刻的社会变革，因此，现代化必定是一个多元、丰富的概念。为此，对于正在进行国家现代化建设的人们来说，很有必要弄清楚什么是“现代化”、怎样“现代化”等基本问题。

一、现代化的多元解释

现代化是一种复杂多样的社会实践，人们对它的认识和理解绝不会是单一的，而是多样的。从20世纪中期开始的现代化研究对“现代化”的内涵进行了多学科、多视域的探讨，提出了众多的看法。

“现代化”的思想源头可以追溯到埃米尔·迪尔凯姆和马克斯·韦伯，

他们被看作现代化理论学派的“鼻祖”[①]。许多现代化理论及其拥护者从社会经济、政治、文化、人的价值观以及态度心理等方面来研究探讨现代化，认为现代化是一个广义的概念，是传统社会随着经济发展、技术革命而产生的全面而深刻的社会变化，是由前工业化社会向工业化社会的转变过程，其基本特征包括工业化 、城镇化等。

刘易斯、罗斯托等经济学家从社会经济发展变化的视角对现代化提出了各自的看法。刘易斯认为，现代化是一个由以农业为主导走向以工业为主导的全面实现工业化的过程，是建成发达资本主义社会的进程。罗斯托认为，现代社会是在经济上能够实现持续增长的社会，现代化是人类社会保持经济持续增长并促使社会向现代社会过渡的过程。政治学学者阿尔蒙德·鲍威尔认为，政治发展是现代化的重要内容，现代化是政治现代化的实现过程，即政治系统不断加强提取能力、调整能力、分配能力、象征能力和回应能力等的过程。里格斯也认为，政治现代化是行政机关、官僚政治、立法和党派四大部分不断健全的过程，以这四大部分的健全程度衡量政治现代化的高低，亦即政治现代化的水平表现为政治系统四大部分的健全程度。

现代化也是社会学研究的主要课题，许多社会学家对现代化的内涵提出了看法。著名社会学家帕森斯运用他建立的“结构—功能论”的方法研究现代化问题，认为现代化是一个发端于西方并不断向全球扩散的普遍进程，是一个社会趋向于分化为子系统且整合功能不断提高的过程，也就是说，现代化是社会结构发生深层变化、功能日趋复杂多样且社会整合功能不断增强的过程。现代化是社会结构不断分化与整合的过程，社会有机体在不断分化整合中形成结构复杂、功能强大的现代社会[②]。艾森斯塔德认为，现代化是宏观和微观的社会变迁，在宏观领域，现代化是社会经济、政治制度向现代类型变迁的过程，是社会结构深层变动的过程；在微观领域，现代化是人的活动和社会制度结构的高度分化与专门化的过程。富水健一认为，现代化是政治侧面和生活文化侧面从传统形态到现代形态的过渡过程。孙立平认为，现代化是人类利用现代化的科学技术全面改造自己生存的物质和精神环境的过程。现代化包括：以工业化为核心的经济现代

① 尹保云：《什么是现代化——概念与范式的探讨》，人民出版社，2001，第 40 页。

② 参见尹保云：《什么是现代化——概念与范式的探讨》，人民出版社，2001，第 95-105 页。

化、以效率和民主为标志的政治现代化、以阶层制为起点的组织管理的现代化、社会结构的现代化、文化和人的现代化、生活方式的现代化等等[①]。高放认为："现代化的核心是工业化，但它不仅仅是工业化，它至少包括10个方面的内容：即劳动社会化、国家工业化、生产机械化、经济商品化、政治民主化、社会法治化、文化多元化、乡村城市化、大众知识化和思想自由化。也就是说，现代化是科技、经济、政治、文化、人际关系、国际关系等方面全方位的巨变。"[②]

现代化是历史学研究中的一个重要课题。我国历史学家罗荣渠认为，现代化有4种不同的概念：一是指近代资本主义兴起后的特定国际关系格局下，经济上落后的国家通过技术革命，在科技、经济等方面赶上世界先进国家的历史过程；二是工业化，即经济落后的国家实现工业化的过程；三是自然科学革命以来人类急剧变动过程的统称，即人类社会现阶段史无前例的深刻变动，不仅包括经济或工业领域，而且包括政治、经济、文化、心理等各个方面；四是一种心理态度、价值观念、生活方式、行为方式的改变过程[③]。金耀基认为，现代化是传统社会向现代社会的转变过程，现代化有如下5个方面的内容：工业化、都市化、普遍参与、高度的结构分殊性和高度的普遍成就取向。钱乘旦认为，现代化是农业文明向工业文明的转换过程，在这一文明转换过程中，工业化逐渐占据优势和成为主导，由此引起整个社会文明的变革，形成一种新的文明样式。工业文明的确立是现代化的最明确的内容。同时，现代化也是一个全球化的过程。何传启认为，现代化既是一种文明变化，也是一种国际竞争；既是一种文明状态，也是一种文明行为；既是一个历史过程，也是一种文明转型[④]。美国著名学者亨廷顿认为，现代化是一个多层面的进程，它涉及人类思想观念和行为所有领域的变革。从心理层面看，现代化是人类价值观念、态度和期望的根本性转变；从智能上看，现代化是人类知识的巨大扩展和广泛传

---

① 张智：《通往人的全面发展之路：社会主义条件下人的现代化研究》，中国人民大学出版社，2019，第26-27页。

② 高放、李景治、蒲国良主编《科学社会主义的的理论与实践》，中国人民大学出版社，2008，第230页。

③ 参见罗荣渠：《现代化新论》，北京大学出版社，1993，第9-15页。

④ 参见张智：《通往人的全面发展之路：社会主义条件下人的现代化研究》，中国人民大学出版社，2019，第28-29页。

播与普及的过程；从政治上看，现代化表现为社会动员体制机制的变动及其过程，表现为新的政治职能的划分以及新的专业化的执行机构的创新及其过程。西里尔·布莱克认为，现代化是反映人类控制环境的知识空前增长、科技革命以及各种体制机制迅速改变其结构功能的过程。现代化也是影响社会各个方面的扩增过程。德赛认为，现代化既是一个过程，也是一种产物，是一个比城市化、工业化、民主化、西方化更为复杂的过程；现代化的过程涉及社会生活的各个领域和方方面面，具体包括思想观念、社会结构、政治、经济、文化等的变革①。总之，从历史的观点看，现代化是一个历史过程，是指从18世纪工业革命开始到西方国家实现高度工业化的历史进程。整体而言，现代化是指人类社会从工业革命以来所经历的一场急剧的社会变革。这一变革以工业化为推动力，是传统农业社会向现代工业社会的全球性的大转变过程，其特征是工业主义渗透到社会经济、政治、文化、思想的各个领域，从而引起整个社会生活发生了深刻变化②。

心理学等学科也对现代化问题进行了大量研究，认为现代化不仅使社会形态发生了改变，而且改变了人的思想、行为和心理。麦克莱德认为，人们对业绩的追求是现代化的关键性和决定性的因素，现代化即是人们以创新精神和企业家精神追求业绩的过程。丹尼尔·勒纳认为，现代化是传统社会向现代社会转变的过程，是传统的非参与性的、彼此隔绝的、视野局限的社会向现代城市化、工业化、世俗化、民主化、教育普及和新闻参与的社会转型的过程。英格尔斯认为，现代化是由传统人向现代人转变的过程，是人的心理态度、价值观念、思想和行为发生实质性改变的过程，现代化是一种态度和心理状态。现代化是以人为中心的社会现代化，人的现代化是现代化的核心和先决条件③。在马克斯·韦伯看来，现代化就是"合理化"，是整个社会一种全面理性化的发展过程。他说："归根到底，产生资本主义的因素乃是合理的常设企业、合理的核算、合理的工艺和合理的法律，但也并非仅此而已。合理的精神，一般生活的合理化以及合理的

① 参见张智：《通往人的全面发展之路：社会主义条件下人的现代化研究》，中国人民大学出版社，2019，第26-27页。

② 参见罗荣渠：《现代化新论》，北京大学出版社，1993，第16-17页。

③ 参见张智：《通往人的全面发展之路：社会主义条件下人的现代化研究》，中国人民大学出版社，2019，第27页。

经济道德都是必要的辅助因素。"①

从各学科的"范式"和不同的文化传统出发研究现代化问题、界定现代化的概念，反映了现代化的不同方面及特点，揭示了现代化的丰富内涵和诸多特性，构成了现代化的基本要素和核心内容，对全面了解现代化、提高对现代化的整体认识具有重要的学术价值和方法论意义。然而，从单一的学科或理论视角来认识现代化，的确难以认清现代化的全貌，更难以从整体上把握现代化的本质。因此，从整体上科学揭示现代化的本质便成为现代化研究的一个重大理论课题。

二、马克思主义理论视域的"现代化"

马克思主义研究问题的一个主要方法是从经验事实出发，历史从哪里开始逻辑也就从哪里开始，研究的出发点就在哪里。"只要这样按照事物的真实面目及其产生情况来理解事物，任何深奥的哲学问题……都可以十分简单地归结为某种经验的事实。"② 对"什么是现代化"这一问题的研究也应当以人类社会现代化的经验事实为依据。这里的经验事实就是现代社会生活本身，尤其是现代社会生产，或现代生产实践。

1. 工业化是现代社会最根本、最重要的生产方式

马克思认为，全部社会生活的本质是实践，实践是社会的本质。人类社会是实践的创造物，是由人民群众的实践创造出来的。既然社会的本质是实践，那么现代社会在本质上也是实践，即现代社会生活的本质也是实践。然而，问题是什么才是现代社会的实践？或者说，构成现代社会生活的实践究竟是什么？因为现代社会的实践与传统社会或前现代社会的实践有着根本性的区别。那么，具有这种根本性区别的实践究竟是什么样的实践呢？或者说，现代社会的实践与传统社会的实践的根本不同在哪里呢？

现代社会不是开天辟地以来就有的，而是人类社会发展到一定历史阶段的产物，是人类实践活动达到一定高度的创造物。现代化，发轫于16世纪的西方，是人类实践发展到一定历史阶段出现的社会运动及现象。这

---

① 转引自陈嘉明：《"现代化"与"现代性"》，《厦门大学学报（哲学社会科学版）》2003年第5期。

② 中共中央马克思恩格斯列宁斯大林著作编译局编译《马克思恩格斯选集》（第1卷），人民出版社，1995，第76页。

个历史阶段就是从工场手工业向机器大生产——工业转变并普遍被工业所代替的历史阶段。工业化是这一阶段的人类实践区别于传统社会最主要的方式和特性。

物质资料的生产方式是决定性力量，也是区分不同社会形态的一个根本标志。一个社会不在于生产什么，而在于人们用什么样的生产工具、生产手段、生产方法、生产工艺等进行生产。在原始时代，人们依靠最简陋的工具和人的自然力量进行生产，劳动生产率极其低下，社会财富极度匮乏，人民最基本的生活需求都不能得到满足。在农耕时代，人们用简单的铁质工具和大量依赖人的自然力进行生产，劳动效率依旧低下，社会财富依旧匮乏，绝大部分劳动者在饥饿贫困中挣扎生存，只有极少数的统治者过着穷奢极欲的奢靡生活。当人类从制造和利用简单的生产工具进行生产的手工作坊、工场手工业完全进入制造和利用机器或机器体系进行生产，并普及到整个社会生产的时候，即进入工业化的时候，现代化的时代便开始到来。

现代社会与传统社会的一个根本性的区别就在于以科学技术武装的机器生产、工业化。机器不同于传统的生产工具，其性能和生产效率与工场手工业时期的工具有着本质的不同。马克思认为，机器不同于一般工具的地方表现如下。第一，机器从一开始就是生产工具的组合。组合有 3 种形式：一是一台机器同时带动许多工具；二是在一个接着一个的生产过程中依次对原料进行加工的各种机器是互相连接的，而且是由同一动力推动的；三是有很多工作机，在一个工厂里同完成准备作业的相应的预制机器相连接，由同一动力来推动。第二，不是许多工具联合在一台机器内，而是许多工具成为在动力、规模和作用范围方面都是统一的某种东西。随着机器将成为生产体系，人的动力必然被机械的动力所代替①。随着机器生产成为体系，把曾经各自独立的生产部门联合起来，形成一个连续不断的社会生产体系。“一旦机器生产成为占统治地位的生产，它的生产资料（它所使用的机器和工具）本身就应当是用机器生产的。”② 同时，“机器不仅使单个工人有可能完成其他许多工人的劳动，而且还把他必须完成的劳动量

① 中共中央马克思恩格斯列宁斯大林著作编译局编译《马克思恩格斯全集》（第 47 卷），人民出版社，1979，第 451-452 页。

② 同上注，第 473 页。

增大了，这就使他的劳动小时具有较高的价值，并从而相对地减少了工人自身为再生产自己的工资所需要的劳动时间。”① 生产工具的革命性变化是实现生产力革命的前提。机械工具代替手工工具是生产力的革命，极大地促进了社会生产力的发展、社会财富的增长及社会整体生活水平的提高。

在传统社会向现代社会转变的现代化进程中，机器大生产代替手工生产，工业化是最显著的特征。生产工具的实质性改变，完全改变了人们的劳动方式、管理方式，极大提高了劳动生产率。马克思充分肯定了机器、工业对推动生产力的发展和提高劳动生产率的巨大作用。马克思认为，机器的应用、科学技术的发展，一方面使自然力第一次大规模地成为生产力的要素，另一方面提高了劳动者的劳动效率。“机器大生产——应用机器的大规模协作——第一次使自然力，即风、水、蒸汽、电大规模地从属于直接的生产过程，使自然力变成社会劳动的因素。（在农业中，在资本主义前的形式中，人类劳动只不过是它所不能控制的自然过程的助手。）这些自然力本身没有价值。它们不是人类劳动的产物。但是，只有借助机器才能占有自然力，而机器是有价值的，它本身是过去劳动的产物。因此，自然力作为劳动过程的因素，只有借助机器才能占有，并且只有机器的主人才能占有。”“自然因素的应用——在一定程度上自然因素被列入资本的组成部分——是同科学作为生产过程的独立因素的发展相一致的。生产过程成了科学的应用，而科学反过来成了生产过程的因素即所谓职能。……科学获得的使命是：成为生产财富的手段，成为致富的手段。”② 科学技术的发展、机器的使用，不仅使自然力大量进入劳动过程而成为现实的生产力，而且极大地扩大和提高了劳动资料的利用效率。“由于使用机器，劳动资料具有巨大的价值量，而且表现为庞大的使用价值，劳动过程和价值增殖过程之间的上述差别日益增大，并且成为生产力发展和生产特点中的一个重要因素。”“只有使用机器，大规模的社会生产才有力量使代表大量过去劳动的产品（即巨大的价值量）全部进入劳动过程；使它们作为生产

① 中共中央马克思恩格斯列宁斯大林著作编译局编译《马克思恩格斯全集》（第 47 卷），人民出版社，1979，第 383 页。

② 同上注，第 569 页。

资料全部进入劳动过程。”[①] 马克思、恩格斯在《共产党宣言》中指出:“自然力的征服，机器的采用，化学在工业和农业中的应用，轮船的行驶，铁路的通行，电报的使用，整个大陆的开垦，河川的通航，仿佛用法术从地下呼唤出来的大量的人口——过去哪一个世纪料想到在社会劳动里蕴藏着这样的生产力呢？”[②] 生产机械的应用，不仅极大地促进了生产力的快速发展和社会财富的极大增长，而且促进了生产方式和社会关系的变革。马克思认为，古代社会的重大科技成果便已经是推动社会进步和变革的强大杠杆，近代科学技术和机器的发展更“是使生产方式和生产关系革命化的因素之一”[③],“表现为由资本主义生产方式引起的一般生产方式的革命”。“火药、指南针、印刷术——这是预告资产阶级社会到来的三大发明。火药把骑士阶层炸得粉碎，指南针打开了世界市场并建立了殖民地，而印刷术则变成新教的工具，总的来说变成科学复兴的手段，变成对精神发展创造必要前提的最强大的杠杆”[④]。“现代工业从来不把某一生产过程的现存形式看成和当作最后的形式。因此，现代工业的基础技术是革命的。”“现代工业通过机器、化学过程和其他方法，使工人的职能和劳动过程的社会结合不断地随着生产的技术基础发生革命。这样，它也同样不断地使社会内部的分工发生革命”，进而不断地使社会生产关系发生变革，克服阻碍生产力发展的障碍，为生产力的发展“开辟道路”，并且用“自由全面发展的个人”来代替“只是承担一种社会局部职能的局部个人”[⑤]。

生产工具是区分不同质的生产力的标志，也是区分现代化与非现代化的标志。机械工具、机械化生产是现代化与前现代化（非现代化）的首要区别。传统社会用手工工具和人的自然力从事生产，现代化的

---

① 中共中央马克思恩格斯列宁斯大林著作编译局编译《马克思恩格斯文集》（第 8 卷），人民出版社，2009，第 284 页。

② 中共中央马克思恩格斯列宁斯大林著作编译局编译《马克思恩格斯选集》（第 1 卷），人民出版社，1995，第 277 页。

③ 中共中央马克思恩格斯列宁斯大林著作编译局编译《马克思恩格斯全集》（第 47 卷），人民出版社，1979，第 410 页。

④ 中共中央马克思恩格斯列宁斯大林著作编译局编译《马克思恩格斯文集》（第 8 卷），人民出版社，2009，第 338 页。

⑤ 中共中央马克思恩格斯列宁斯大林著作编译局编译《马克思恩格斯文集》（第 5 卷），人民出版社，2009，第 561 页，第 560 页。

社会则用机械工具进行生产。由此有人认为现代化的核心就是工业化。工业化主要是机械化，只有实现机械化才能有工业化。现代工厂不同于手工作坊、工场手工业的根本区别就在于使用机械或以机械为动力进行生产。没有机器为主导的生产，没有机械化，就没有现代工业制度，就没有工业化，没有工业化就没有现代化。当整个社会的主要生产工具是机器或机器体系的时候，当整个社会的产品主要是以机械力而不是人力为动力生产出来的时候，现代化的时代即到来了。因此，现代化首先是机械化、工业化、科技化。就社会生产而言，现代化是建立在先进科学技术、机器大生产之上或以工业化为基础并实现工业化的一种社会实践运动。对此马克思曾多次强调，他所在的那个时代的世界是一本由工业打开的书，是工业的产物。在《1844 年经济学哲学手稿》中，马克思指出："如果把工业看成人的本质力量的公开的展示，那么，自然界的人的本质，或者人的自然的本质，也就可以理解了……在人类历史中即在人类社会的形成过程中生成的自然界，是人的现实的自然界；因此通过工业——尽管以异化的形式——形成的自然界，是真正的、人本学的自然界。"① 在物质的工业中，人们可以把工业理解为人的本质力量普遍运动的一部分，正像可以把社会的普遍运动理解为工业的一个特殊部分一样，因为"全部人的活动迄今为止都是劳动，也就是工业"②。可见，工业、机器大生产是现代社会的主要实践形式，现代社会生活是工业实践的产物和结晶，工业实践、工业化是现代社会的一个根本属性。

许多现代化的理论探求和创立者也提出了与马克思相似的看法，现代化是工业化，或工业化是现代化的一种根本特性，是现代化理论的一个基本观点。罗兹曼和伯恩斯坦认为，现代化是在"科学革命影响下整个社会已经发生和正在发生变化的过程"，科学技术革命、工业化、生产力的发展是重要特征，这些方面的变化自然会引起整个社会生活的变动。巴尔克认为，现代化是一个特定的历史时期，其标志是从农耕方式向工业化，从封建制向资本主义、民主化等方面的过渡。吉登斯强调，现代化是传统社

① 中共中央马克思恩格斯列宁斯大林著作编译局编译《马克思恩格斯全集》（第 3 卷），人民出版社，2002，第 307 页。

② 同上注，第 306 页。

会向现代社会的转变，现代社会大致等同于“工业化的世界”，在本质上是工业社会，工业化是现代社会的根本特征[①]。现代化理论中的结构功能派认为，现代化是以工业化推动的社会生活变革，现代社会则是在工业化推动下形成的区别于传统社会的社会形态，工业化是现代社会的基本属性。罗荣渠认为，现代化是以工业化为推动力的社会大转变；高放认为，工业化是现代化的核心；钱乘旦也认为，现代化是农业文明向工业文明的转换过程；金耀基也认为，工业化是现代化的主要内涵和特征。

机器、机器生产蕴含着丰富的科学技术知识及其创新成果，且是由科学技术的发展所推动的。随着科学技术的不断进步，社会生产的机械化、工业化程度越来越高、范围越来越广，且不断知识化、信息化、智能化，工业社会逐步向后工业社会、信息社会转变。因此，工业化在某种意义上其实就是科技化。实现工业化，就是实现科技化。工业化、机械化之所以能够兴起，根本在于科学技术的推动，机械动力的广泛应用实质是科学技术成果的广泛应用。没有近现代科学技术的诞生和快速发展，就不可能有工业化，没有工业化，也就没有现代化。当然，从另一个角度看，现代科学技术向信息化、智能化的发展，也可以看作工业化的升级版，现代化的发展也可看作由现代科学技术推动的工业化的不断提高和更新换代。

概而言之，现代化是人以工业化、科技化为基本内容的物质生产方式创造现代生活、现代社会的实践活动，工业化、科技化是现代化的根本生产方式，是现代化的基础和前提。

2. 现代化是工业化、科技化推动的社会整体性变革

马克思在《〈政治经济学批判〉序言》中概括了他的唯物史观的基本观点，他说：“物质生活的生产方式制约着整个社会生活、政治生活和精神生活的过程。不是人们的意识决定人们的存在，相反，是人们的社会存在决定人们的意识。社会的物质生产力发展到一定的阶段，便同一直在其中运动的现存生产关系或财产关系（这只是生产关系的法律用语）发生矛盾。于是这些关系便由生产力的发展形式变成生产力的桎梏。那时社会革命的时代就到来了。随着经济基础的变更，全部庞大的上层建筑也或慢或快地发生变革。”马克思接着说：“在考察这些变革时，必须时刻把下面两

---

① 参见姚新中：《传统与现代化的再思考》，《北京大学学报》（哲学社会科学版）2015 年第 3 期。

者区别开来：一种是生产的经济条件方面所发生的物质的、可以用自然科学的精确性指明的变革，一种是人们借以意识到这种冲突并力求把它克服的那些法律的、政治的、宗教的、艺术的或哲学的，简言之，意识形态的形式。”[①] 马克思的这一著名论述对于认识和分析现代化具有重要的方法论意义。

从经验上看，无论是已经进入现代化的国家或建成现代化的国家，还是正在努力建设现代化的国家，现代化都表现为一种从根本上改变现存状态的社会实践活动，或者说现代化都表现为一种全面的整体性的社会转型实践。从传统社会向现代社会的转变是改变社会形态的质变，是一场深刻的社会“革命”。这种社会形态的质的转变或转型首先是从社会生产开始的。机器生产代替手工生产，是现代化的第一步。随着机器生产的普遍化，社会生产力的迅速发展不断改变人与人之间固定的、简单的生产关系，流动的、自由的、平等的社会关系逐步建立，并且这种社会关系是机器大生产得以展开的前提条件。这样，以机器生产为基础的生产方式便代替了以简单生产工具为基础的生产方式。生产方式的变化随即推动了整个社会经济基础、政治上层建筑和意识形态的变革。随着与现代化相适应的以市场为主导的经济制度、以权力制约与监督为基本特征的民主政治制度和以个人主义为核心的社会意识形态的确立，现代社会便开始建立起来了。简单地讲，与生产的工业化、科技化发展相适应且以此为基础的，是经济生活市场化、政治生活民主化、精神生活个性化、日常生活世俗化，这些是构成现代化的基本内容，也是现代社会的基本特性。一个社会的现代化，从根本上看，就在于在整体上实现了工业化、科技化、市场化、民主化、个性化和世俗化等等。现代化是在科学技术和工业化推动下的整个社会生活的变革，是社会整体的根本性变化，而不是社会某个局部、某个领域的根本性变化。如果一个社会只是在某些领域或某种程度上实现了上述某些方面的内容，那么这个社会还不能说是现代社会。相对于传统社会而言，现代社会的各个领域、各个方面、各个环节的联系更为紧密，相互制约性更强，一个方面的变化要求其他方面也必须发生相应的变化，如果某些领域不能相应变革，其他方面也不可能发生改变。生产的工业化、科

① 中共中央马克思恩格斯列宁斯大林著作编译局编译《马克思恩格斯选集》（第 2 卷），人民出版社，1995，第 32-33 页。

技化的发展，必然要求经济领域资源配置的市场化，经济的市场化，则必然要求政治领域的民主化；经济市场化、政治民主化，必然要求观念多元化、社会意识个体化。如果一个社会在政治上不能朝民主化的方向变化发展，经济的市场化就难以实现；经济不能市场化，工业化、科学技术就难以进步；如果人的思想观念不能个体化和多元化、生活不能世俗化，便难以有科学技术的创新发展，进而难以有社会的持续进步。因此，现代化是社会工业化、市场化、民主化、个性化、世俗化等整体性变化，是社会的整体性变革和进步。当然，在现代化的实际进程中，各个社会领域的变革不可能是完全同步的，变化的程度也不可能是完全同等的，各领域的发展也不可能是完全协调并进的，有时候可能会出现“一条腿长一条腿短”的不和谐情况。然而，这种不同步、不协调、不和谐的情况，也不能持续很长的时间，更不能固守某些陈旧的东西不变，因为一个领域的停滞不前或落后，会影响其他领域的变化发展，甚至葬送其他领域的进步。因此，现代化必须是建立在工业化、科技化基础上的社会生活的整体性变革、协调性发展。

马克思、恩格斯既论述了以科学技术为基础的机器大工业对现代化及现代社会发展的推动力，也清醒地看到了机器大生产的更新换代对现代化及其生产方式尤其是资本主义现代化的扬弃。马克思指出，机器的资本主义应用，“产生了现代工业史上一种值得注意的现象，即机器消灭了工作日的一切道德界限和自然界限。由此产生了经济学的悖论，即缩短劳动时间最有力的手段，竟变为把工人及其家属的全部生活时间转化为受资本支配的增值资本价值的劳动时间的最可靠的手段”①。由此，机器大工业及其发展，不仅促进了传统社会向现代社会的整体转变，即现代资本主义社会全面代替传统社会，而且推动现代社会向更高级的社会形态演进，即现代资本主义社会被新型现代社会——共产主义社会所替代。从这一视角看，现代化也是近现代以来社会形态的变革，是由封建社会向资本主义社会、向社会主义社会的变革和进步，或者说是由人的依赖性社会向物的依赖性社会、自由个性联合体的变革和发展。

① 中共中央马克思恩格斯列宁斯大林著作编译局编译《马克思恩格斯文集》（第 5 卷），人民出版社，2009，第 489 页。

3. 现代化是变革现存社会、走向人的自由全面发展的理想社会的现实运动

马克思曾说："共产主义对我们来说不是应当确立的状态，不是现实应当与之相适应的理想。我们称为共产主义的是那种消灭现存状况的现实的运动。"① 共产主义是一种现实的运动。现代化也是一场变革现存状况、走向理想状态的现实运动。如果说共产主义是一场实现人类未来理想的现实运动，那么，现代化也是一场实现人类自近代以来提出的现阶段的美好理想的现实运动，即建立富足、民主、自由、平等、法治、科学、理性、人人享有尊严的社会。中国的现代化则是把中国建成富强、民主、文明、和谐、美丽的社会主义现代化的强大国家，建成自由、平等、法治、公正的现代社会。

对美好生活、美好社会的追求是人类生生不息的动力。人类的历史是一个不断追求理想社会、实现美好社会的实践过程。每个时代的人类都对美好生活、美好社会提出了自己的理想设计。从中国古代的"小康社会""大同世界"到古希腊的"理想国""上帝之城"，从文艺复兴失去的"太阳城""乌托邦"到近代的洛克、卢梭等人提出的"契约社会"，从康德构想的"世界和平"、黑格尔设计的"道德共同体"到罗尔斯论证的"正义社会"等等，以及马克思设想的"共产主义社会"、习近平提出的"人类命运共同体"，都代表着人类对美好社会和生活的理想追求。众多思想家以及在各个不同历史阶段的人们提出构建的社会理想虽然内容各异，但却有许多共同的内容，如社会财富的丰裕、人们生活的富足、人的自由与全面发展、人与人之间的平等友爱、人与自然的和谐共生、社会环境的稳定安宁、制度的公正公平、世界的和平有序等等。

文艺复兴时期和启蒙时期的思想家、艺术家、文学家们，针对神权专制、封建等级森严以及社会贫困落后等状况，提出了自由、平等、民主、博爱等思想观念，意欲打破宗教神学和封建牢笼的桎梏，把人从神权、专制政权的压制中解放出来，把人从神的世界拉回到人的世界，建立真正属于人的世界，使人过一种真正属于人自身的生活。广大人民群众和资本所有者一道通过"宗教改革""光荣革命""大革命"等方式推翻了传统社会

① 中共中央马克思恩格斯列宁斯大林著作编译局编译《马克思恩格斯文集》（第 1 卷），人民出版社，2009，第 539 页。

的思想、制度体系，建立了适合资本、机器工业、科学技术等新的生产力要素快速发展的新制度，工业革命和科学技术革命的兴起与蔓延，加速了现代化的进程，加速了传统社会向现代社会的转变，现代化及其成果在西欧、北美以及其他地域不断扩张、巩固和进一步发展。然而，现代化及其发展似乎总伴随着某种代价甚至倒退。正如马克思所说："在我们这个时代，每一种事物好像都包含有自己的反面。……技术的胜利，似乎是以道德的败坏为代价换来的。随着人类愈益控制自然，个人却似乎愈益成为别人的奴隶或自身的卑劣行为的奴隶。甚至科学的纯洁光辉仿佛也只能在愚昧无知的黑暗背景上闪耀。……现代工业和科学为一方与现代贫困和衰颓为另一方的这种对抗，我们时代的生产力与社会关系之间的这种对抗，是显而易见的、不可避免的和毋庸争辩的事实。"[①] 马克思还说，机器的资本主义应用，"产生了现代工业史上一种值得注意的现象，即机器消灭了工作日的一切道德界限和自然界限。由此产生了经济学上的悖论，即缩短劳动时间的最有力的手段，竟变为把工人及其家属的全部生活时间转化为受资本支配的增殖资本价值的劳动时间的最可靠的手段"[②]。因此，一个国家"越是以大工业作为自己发展的基础，这个破坏过程就越迅速"。"资本主义生产发展了社会生产过程的技术和结合，只是由于它同时破坏了一切财富的源泉——土地和工人"。为此，马克思认为，这种存在着人与人之间根本对立的资本主义社会必定会随着生产力和现代化的发展而被新的更高级的现代社会所代替。马克思和恩格斯在《共产党宣言》中指出，代替那存在着阶级和阶级对立的现存社会的未来社会，是"每个人的自由发展是一切人的自由发展的条件"的联合体[③]。"共产主义是对私有财产即人的自我异化的积极的扬弃，因而是通过人并且为了人而对人的本质的真正占有；因此，它是人向自身、也就是向社会的即合乎人性的人的复归，这种复归是完全的复归，是自觉实现并在以往发展的全部财富的范围内实现的复归。……它是人与自然之间、人和人之间的矛盾的真正解决，是存在和

① 中共中央马克思恩格斯列宁斯大林著作编译局编译《马克思恩格斯文集》（第 2 卷），人民出版社，2009，第 580 页。

② 中共中央马克思恩格斯列宁斯大林著作编译局编译《马克思恩格斯文集》（第 5 卷），人民出版社，2009，第 489 页。

③ 中共中央马克思恩格斯列宁斯大林著作编译局编译《马克思恩格斯选集》（第 1 卷），人民出版社，1995，第 294 页。

本质、对象化和自我确证、自由和必然、个体和类之间的斗争的真正解决。它是历史之谜的解答，而且知道自己就是这种解答。”[①] 为此，人们要实现自身的自由和发展，满足自身的欲望和需要，就必须通过实际的活动，实际地而不是抽象地改变现实的社会关系。个人的自由及其发展总是以既定的社会历史条件为基础和前提的。社会关系的状况实际地决定着一个人的自由和发展能够达到的程度。“不管个人在主观上怎样超脱各种关系，他在社会意义上总是这些关系的产物。”[②] “个人的全面性不是想象的或设想的全面性，而是他的现实联系和观念联系的全面性。”[③]

开端于16世纪西方世界的现代化运动，就是一场告别传统社会、建设新世界的变革，即打破神权的、封建的制度规范体系，改变低级的、落后的生产方式，推翻单一的、独断的思想文化，从而建立自由民主的制度规范体系，建立先进的、高效的生产方式和社会管理体制，建立多元的、丰富的精神文化，等等。20世纪发生在社会主义国家的现代化运动又是一场变革旧社会、建立理想社会的新的社会改造运动。因此，从这个角度看，现代化就是变革传统社会、建构新的理想社会的伟大实践，最终实现人的自由全面发展的新社会。

4. 现代化是由民族历史走向世界历史的进程

现代化也是与全球化密切相关的概念。现代化的过程和全球化的进程是一致的，二者相互依存、相互交融、相互作用。现代化推动全球化，全球化拓展现代化。成中英先生认为“现代化就是世界化”[④]。现代化和全球化是当今人类社会的最基本的特征。全球化作为一种客观的事实和当今世界发展的必然趋势，深刻地影响着人类和各民族发展的进程。全球化最基本的历史作用在于冲破地域的限制，促使民族的地域历史转变为世界历史。在唯物史观的视野中，人类社会现代化、全球化的过程其实就是人类历史不断由地域性存在向世界历史性存在转变的过程。人类历史的发展表现为一种自然过程。在这一过程中，整个人类历史经历了两种不同的发展

① 中共中央马克思恩格斯列宁斯大林著作编译局编译《马克思恩格斯全集》（第3卷），人民出版社，2002，第297页。

② 马克思：《资本论》（第1卷），人民出版社，1975，第12页。

③ 中共中央马克思恩格斯列宁斯大林著作编译局编译《马克思恩格斯全集》（第46卷）（下），人民出版社，1979，第36页。

④ 成中英：《从中西互释中挺立》，中国人民大学出版社，2005，第58页。

状况：一是地域性的民族历史，一是全球性的世界历史。地域性的民族历史是在工业革命之前，各民族之间处于相对孤立、封闭的发展状态，民族间几乎没有什么交往。全球性的世界历史是自工业革命以来开始的，各民族相互联系、相互依赖、相互作用而形成的有机整体的发展状态。从地域性的民族历史走向全球性的世界历史是工业和科学技术革命发展的必然结果。大工业“使每个文明国家以及这些国家中的每一个人的需要的满足都依赖于整个世界，因为它消灭了各国以往自然形成的闭关自守的状态。”“一般说来，大工业到处造成了社会各阶级间相同的关系，从而消灭了各民族的特殊性。”同时，由于世界市场的开拓，“使一切国家的生产和消费都成为世界性的了”。这样，人们“相互影响的活动范围在这个发展进程中越是扩大，各民族的原始封闭状态由于日益完善的生产方式、交往以及因交往而自然形成的不同民族之间的分工消灭得越是彻底，历史也就越是成为世界历史”[①]。在科学技术革命和市场经济的推动下，当代全球化来势十分凶猛、发展十分迅速，以不可阻挡之势打破各种地域界限，冲破各种经济的、政治的和文化的壁垒，不断促进各国经济、政治和文化的往来，使各民族不断融入世界，民族历史逐渐向世界历史转变。现代化、全球化为各民族筑起了一个广泛交往的世界性平台，把具有不同文化特征的民族和人们联系在一起，世界日渐成为一个真正的人类命运共同体。

综上可见，现代化是以机器大生产、工业化为基础的生产方式变革所引起的社会整体转型，是以科学技术发展为先导的改变现存状态、最终实现人的自由全面发展的理想性的社会运动，是“从西方到东方”的改变整个世界的全球性活动。

概而言之，现代化是一个以科学技术和工业化为基础、由传统社会转换为现代社会的世界历史进程，是对传统社会的生产、生活、经济、政治、思想、制度、人的活动等的全面性扬弃和创造性转换，是建立新的经济、政治、文化和生活形式的整体性社会活动，是以人的自由全面发展为目标、实现人的现代化的社会运动，亦即生成“现代人”的全球性运动。

---

① 中共中央马克思恩格斯列宁斯大林著作编译局编译《马克思恩格斯选集》（第1卷），人民出版社，1995，第114页，第276页，第88页。

第三节　现代化的本质是人的现代化

习近平洞悉世界现代化发展的历史与现实，深刻把握改革开放以来中国现代化进程及其规律，创造性地运用马克思主义辩证法和唯物史观，提出了“现代化的本质是人的现代化”[①] 的崭新论断。这一观点深刻概括了现代化的本质，是对现代化理论和人的发展理论的新贡献。

一、世界最终归于人

人类生活的世界最终归于人的创造并为人所享有，世界是属于人的，世界最终归结于人，“人是世界的最终归结”[②]。马克思主义诞生以前的所有哲学理论都没有把世界真正看作人的世界，没有把世界最终归于人。唯心主义虽然看到了人，却把世界看作人的意识或“客观精神”的产物；机械唯物主义则把世界看作某种“物质”自身，是“见物不见人”的哲学，即使是旧唯物主义“集大成者”的费尔巴哈，虽然“见到了人”和重视人，也把人看作“感性对象”，但依然没有达到把“世界归结为人”的高度[③]。马克思在费尔巴哈的启发下，把世界最终归于人，认为“人就是人的世界”[④]，人的本质就是世界的本质，人的本质就是社会的本质，人的本质则是人自身。在马克思看来，那种“被抽象地理解的、自为的、被确定与人分隔开来的”世界，对人来说无疑是一种“无”。当世界一出现人类这一生物时，世界便打上了人的印记。人类的触角伸向的地方便成为人的世界，即人化的世界。因此，这个世界总体上是人的世界，只有人的世界才是真实的。只有把世界归于人，世界才是鲜活的，有生命力的，世界才是不断生长的，不断繁荣昌盛的。

然而，人不是抽象的人，而是现实的、实践着的个人。世界最终归于人，不是归于人的精神，而是归于具有丰富精神性的实践活动。世界不是

---

① 习近平：《论坚持全面深化改革》，中央文献出版社，2018，第 68 页。

② 张奎良：《马克思的十大理论创新》，人民出版社，2018，第 42 页。

③ 同上注，第 42 页。

④ 中共中央马克思恩格斯列宁斯大林著作编译局编译《马克思恩格斯文集》（第 1 卷），人民出版社，2009，第 11 页。

开天辟地、与人无关的，而是人的实践创造的产物。自然界是如此，人类社会同样是如此。马克思指出："在人类历史中即在人类社会的形成过程中生成的自然界，是人的现实的自然界；因此，通过工业——尽管以异化的形式——形成的自然界，是真正的、人本学的自然界。"① "我们看到，工业的历史和工业的已经生成的对象性的存在，是一本打开了的关于人的本质力量的书，是感性地摆在我们面前的人的心理学。"② 在工业化的生产中，"自然科学展开了大规模的活动并且占有了不断增多的材料。……自然科学却通过工业日益在实践上进入人的生活，改造人的生活，并为人的解放做准备……工业是自然界对人，因而也是自然科学对人的现实的历史关系"③。因此，工业被看作"人的本质力量的公开展示"。这样，自然界是人化的自然界，世界是人的世界。世界是人的实践创造，是人的实践本质的外化。离开人的活动、人的创造，自然、社会和历史便是一种"无"。

人是社会存在和发展的主体。社会是人的活动及其成果的生成。社会的存在和发展依赖于人的存在和发展。现实的、具体的个人是社会存在和发展的第一前提。马克思、恩格斯在《神圣家族》中指出："人是全部人类活动和全部人类关系的本质、基础。"④ 整个世界历史不过是人通过人的劳动而诞生的过程。"历史什么事情也没有做，它'并不拥有任何无穷无尽的丰富性'，它'并没有在任何战斗中作战'！创造这一切、拥有这一切并为这一切而斗争的，不是'历史'，而正是人，现实的、活生生的人。'历史'并不是把人当作达到自己目的的工具来利用的某种特殊的人格。历史不过是追求着自己目的的人的活动而已。"⑤ 正因如此，"全部人类历史的第一个前提无疑是有生命的个人的存在"，"任何历史记载都应当从这些自然基础以及它们在历史进程中由于人们的活动而发生的变

① 中共中央马克思恩格斯列宁斯大林著作编译局编译《马克思恩格斯文集》（第 1 卷），人民出版社，2009，第 211 页。

② 中共中央马克思恩格斯列宁斯大林著作编译局编译《马克思恩格斯全集》（第 3 卷），人民出版社，2002，第 306 页。

③ 同上注，第 307 页。

④ 中共中央马克思恩格斯列宁斯大林著作编译局编译《马克思恩格斯全集》（第 2 卷），人民出版社，1957，第 118 页。

⑤ 同上注，第 118-119 页。

更出发”[①]。

世界最终归于人，不仅在于人是世界的主人，是世界的创造者，而且在于人是世界的最终目的。康德提出的“人是目的”，要求任何人、组织乃至整个社会不能把人仅仅当作手段，更不能把人当作实现某些人、某些组织及社会目标的工具，把人当作奴役的对象，而应当把人——每个人看作目的。人只有成为目的，只有把人当作目的，人才是真正的主体，人的自由意志才能得到尊重，人的主体地位才能真正确立。

人是目的，人的自由而全面的发展是社会的最终目的。人的多层次需要的满足，人的各种潜能的发挥，人的整体素质的提高，人的自由全面发展，是发展的最高价值取向。经济社会发展是人的发展的手段，人的发展则是经济社会发展的目的。现代化理论与实践所经历的由经济到社会、再到人自身的转变，发展的价值追求所经历的经济增长、社会变革以及人的需要的整体满足和全面发展的变化，历史地证明了满足人的自我实现的需要、谋求人的自由而全面的发展这一最高价值取向的必然性。

承认人是目的，并不一定走向人类中心主义，也不一定要全面否定人类非中心主义。人类中心主义和人类非中心主义都是一种关于人类应该如何对待非人类存在物的理论。人类中心主义认为，只有人类才是目的，才拥有内在价值和目的价值，才有自己的利益；而人以外的一切存在物都不过是手段——实现人类利益的手段，只具有工具价值。因此，人类进行的一切活动都是为了人类自身的利益，至于其他存在物的利益，人没有必要去关心，最大化实现人自身的利益才是唯一的目的。每个人只关心人自身的利益，而不应该关心和照顾其他物的利益，为了人自身的利益，则可以侵害、剥夺其他物的利益。可见，人类中心主义是一种以人类利益为根本目的和唯一标准的理论。与此相反，非人类中心主义则认为，在这个世界上，不只是人是目的，一切动物、植物乃至一切生命体都有目的性，都具有目的价值，都有其自身的利益。人类不仅要追求自身利益的最大化，而且要维护和发展非人类存在物的利益。维护人类和其他一切存在物的利益是衡量人类一切活动的根本价值尺度。可见，非人类中心主义则是一种以

① 中共中央马克思恩格斯列宁斯大林著作编译局编译《马克思恩格斯选集》（第1卷），人民出版社，1995，第67页。

所有生命体（人类和非人类）的利益为目的、为标准的理论[①]。

人类中心主义和非人类中心主义，并非完全是谬误，都有其真理性。从非终极的目的和标准而言，非人类中心主义是正确的。当人类的利益和非人类存在物的利益没有根本冲突时，人类必须处理好二者的关系，维护二者共同的利益，增进双方的利益。但非人类中心主义的标准却是终极意义的，可见，是谬误。同样，从非终极的意义上看，人类中心主义则是谬误。人是自然界的一部分，人类与非人类存在物，有许多共同的利益，同时，人类的存在和发展也离不开非人类存在物的利益。如果仅仅把人当作唯一目的，且把满足低层次的需要作为最终目的，不保护其他存在物的利益，人类的生存和发展便难以为继。正确的态度应该是：当人类和非人类存在物的利益没有根本的冲突时，则必须处理好二者的关系，维护双方的利益，实现二者的和谐发展。从终极的目的和标准上看，人类中心主义则是真理。因为，人的利益是最高利益，人的价值是最大价值，人的目的是最终目的。当人类的利益和非人类的利益发生根本冲突时，必然是维护人类的利益和价值。人不可能在终极意义和终极目的上牺牲自身而成全人之外的所谓“世界”或非存在物。人的根本或终极目的永远是人自身。因此，从本体和终极意义上讲，世界最终归于人，也属于人。人是世界的主体，更是世界的目的。正如马克思所言，“人的本质也就是人的真正的共同体”，“人永远是这一切社会组织的本质”[②]。

二、现代化最终归于人的现代化

世界最终归于人，现代化及现代化的世界同样最终归于人。世界的创造与发展最终归于人的发展、人的自由全面发展；现代化及其成果也同样最终归于人的现代化，最终归于人的现代性的生成与成熟。现代化归根到底是人的现实活动，是人的社会实践活动及其状态和结果，人是现代化的主体，现代化是人的实践创造；同样，现代化也创造人，人在现代化实践中不断发展自身、实现自身，成为自由的全面的社会个体。环境改变人，人改造环境，环境的改变和人的改变是同一历史过程；同样，现代化造就

① 参见王海明：《新伦理学》（上册），商务印书馆，2008，第 435-446 页。

② 中共中央马克思恩格斯列宁斯大林著作编译局编译《马克思恩格斯全集》（第 1 卷），人民出版社，1956，第 487 页，第 293 页。

人的现代化，人的现代化推进和促成现代化，现代化和人的现代化也是同一历史过程。把环境和人连接起来的是人的实践，把现代化和人的现代化连接起来的同样是人的实践，且是以科学技术为核心要素的实践。

其一，人的现代化是现代化最重要的因素和内容。在构成现代化的各种要素中，人是主体，人的现代化是最重要、最本质的因素。可以说，人的现代化是现代化整个体系中的核心内容。其二，人的现代化是现代化的先决条件。只有人实现了现代化，社会才能实现现代化；没有人的现代化，社会现代化不可能成功，现代化只是一场幻影。其三，人的现代化决定了现代化的程度和状况。社会的现代化能够走多宽、走多远，取决于人的现代化的程度。人的现代化程度越高，社会现代化的水平越高。其四，人的现代化是社会现代化的最终推动力量。生产力是人的生产力，没有脱离人之外的生产力。作为社会发展根本动力的生产力，其最重要最活跃的因素是人；只有人，才是推动社会发展的最根本的动力。其五，人的现代化是现代化的目的。现代化不仅要实现整个社会的现代化，而且更要实现人自身的现代化，促进人的自由全面发展。

因此，社会现代化的动力最终来源于人，来源于人自身的现代性的生成与丰富发展。

现代化在本质上表现为人的实践的现代化。实践是全部社会生活的本质。由于实践和社会都是不断发展的，当实践和社会发展到了现代化的水准时，实践的现代化即成为全部现代社会的本质。实践终归是人的实践，实践的现代化终归是人的现代化。因此，所谓现代化的本质其实是人的实践现代化，所谓人的现代化其实就是人的实践及其方式的现代化。实践作为人的存在方式，使人在不断实践中创造、发展和成就自身，并在改变、发展自身中不断改造自然和社会，使之成为人的生活世界。不同时代的人创造不同的社会、创造不同的社会关系和存在形态。人的存在状态决定社会的形态，人的发展决定社会的发展，社会的发展其实就是人的发展，社会发展规律实质上就是人的活动规律。当然，不同的社会及其形态也创造不同的人。人的存在和发展状态与社会存在和发展的状态是同一的。实践是连接人和社会的“中介”。人的发展和社会的发展都统一在人的社会性实践之中。现代化的实践必然把人和社会推进到现代化的阶段，人的现代化和社会的现代化最终在现代化的实践中生成、发展，且通过实践的现代化显现出来。人的实践的现代化就是人们发明具有现代科学技术知识的工具并运用这些工具从事生产活动以创造自身所需要的物质文化生活资料的过程及其结果。人的实践的现代化在本质上是人的科学技术化、知识化。人只有掌握近现代科学技术知识及现代生产工具的性能，才能进行不同于传统生产方式的生产活动，才能创造传统生产方式完全不可能有的生产的高效率，才能形成发达的生产力，才能创造日益多样、丰裕的社会财富，才能创造繁荣多彩的人的需要和社会生活。对个体而言，一个人只有成为掌握近现代科学知识和现代生产工具的人，才有可能成为现代人。一个社会只有在社会成员普遍掌握现代科技知识、技能和运用现代生产工具进行生产劳动、创造新的生活时，才有可能成为现代社会。因为只有人的实践的科技化、知识化是现代化和人的现代化最根本的内容，是社会和人的其他方面现代化的基础和决定性条件。

人的现代化是现代化的本质内容。人是现代化的主体，现代化是人的实践活动本身，也是人的实践活动成果。人及人的现代化是整个社会现代化的决定性因素和最终动力。人是世界上最宝贵的资源，是社会发展进程中最活跃最革命的因素，是创造社会财富唯一能动的因素。社会生产如果没有人的参与，没有人与自然进行物质、能量和信息的交换，自然力不可能自动地转变为现实的社会生产力，自然界不可能成为服务人的不竭源泉。没有人、没有人的活动，就没有现实的社会生产，就没有社会赖以存在和发展的条件，特别是没有社会所特有的主体因素、文化和精神内涵，也不可能有现代化的社会运动。人的天赋、创造性和主体能力的充分发展是社会最本质的内容，也是现代化的最本质的内容。现代化不仅取决于生产力的发展水平、社会发展的程度和状况，而且最终取决于人及其发展的状况，即人的现代化程度和水平。人的发展决定了社会的发展，人的现代化决定了社会的现代化。人和人的现代化是现代化的根本内容、决定因素和能动力量。

人的现代化是现代化的先决条件。现代化来源于人的现代化，没有人的现代化，就不可能有社会经济、政治、文化等整个社会生活的现代化。人的存在状态决定社会的状态，人的发展程度决定社会发展的状况。社会的发展依赖于人的发展，社会进步是人自身进步发展的体现，整个社会发展史其实就是人自身发展的历史。现代化的世界实质上就是人的本质力量的对象化，是人的本质力量现代化的过程及其产物。现代社会的一切财富以及现代社会本身在本质上是人的本质力量、主体力量的现代性创造。人既是现代化的“剧中人”，又是“剧作者”。现代化是人的现实社会活动过程，也是人的实践创造的成果。现代的一切社会关系和社会组织都是根据人的新的需要建立起来的，人既是现代经济、现代政治、现代文化等文明成果的创造者，也是现代社会关系、现代组织的承载者。现代化是运动、发展中的人本身的历史，是人发展到一定历史阶段的产物，也是人发展到一定历史阶段出现的存在状态，即人的现代化的创造形态。社会经济、政治、文化等各个领域及其各种社会关系的现代化，都表现为人的现代实践，都是人的本质力量发展到较高历史水平的显现。现代化的经济、政治、文化等一切文明成果都是人的现代性的外在表现。与此同时，人在社会现代化的运动与构建的现代的社会关系中获得新的规定性——现代性。人的社会性本质在现代社会则集中表现为现代性，或者说，现代性是人在现代社会的本质特性。

人的现代化是现代化的动力之源。人的现代化不仅是社会现代化发展的必然要求，也是人自身发展的内在需要。人的需要是推动社会和人自身发展的强大动力和不竭源泉。人有了需要，就会产生行动，有了行动，就会促进人的发展，也会推动人类社会的发展。社会的一切活动，都是由人的需要推动和促进的。没有人的需要，就没有人的活动，也就没有社会的进步和人自身的发展。人的需要的满足又会产生新的需要，促使需要扩大和升级。人的需要是一个等级式的系统整体，是一个丰富的、发展上升的系统。对于人的需要，有人将其分为物质需要和精神需要；有人将其分为生存需要、发展需要和自我实现的需要。美国人本主义心理学家马斯洛按照由低级到高级的顺序，将人的需要依次分为生理需要、安全需要、爱的需要、尊重的需要以及自我实现的需要。人的需要体系在不同的时代具有不同的内容和形式。在传统社会向现代社会转变的过程中，社会现代化的发展对人提出了新的要求，要求人必须改变自身，由传统人转变为现代人，即实现人的现代化。人的现代化的需求促使人改变人自身需要的内容与形式。人的生存需要、安全需要等社会性的需要必然具有现代化的内容，变为实现人的现代性的需要。为了满足人的现代生存需要，就必须发展科学技术，促进生产力和经济的发展，创造丰富的财富保障人的生存需要的满足，使人能够过一种丰裕的、体面的生活；随着科学技术、生产力和劳动生产率的提高，劳动时间和自由时间不再对立，现代化的生产不仅较好地满足了人的生存需要，而且为更好地满足人的高层级的发展需要、为人的现代化和人的自由全面发展，提供良好的、坚实的物质条件。人的社会性需要，诸如爱的需要、尊重的需要等等，在现代社会突出表现为人们对独立、自主、自由、平等、公正等方面的向往和追求，为此，社会就必须改革、调整、完善、优化人的各种社会关系，创造公正、平等、民主、有序、和谐的社会环境，保障和扩大人的基本社会权利，提高社会成员的参与意识，增强其尊严感、归属感和成就感。人的自我实现的需要在现代社会则表现为人的现代性的需要，表现为人的自由全面发展的需要，也就是要充分发挥人的潜能、实现人的多方面的价值，自由发展人的全面的能力体系，不断超越人的给定性和有限性，实现人的能动性、创造性的本质。为此，社会就必须进行全面的改造，不断更新社会制度体系和体制机制，建立一个全面发展、全面进步的和谐的现代社会。人的不断变化、丰富、升级的需要体系持续不断地驱动着人自身积极拓展实践活动的领域、扩大生活的自由空间，创造更加丰富多彩的缤纷世界，以满足人不断增长和扩大的需要，全面实现人的幸福和价值。整个世界和社会在人的需要—活动—需要的满足—需求的扩大与升级、新的需要的出现—新的更高级的社会活动的反复循环中，逐步由低级向高级发展、由落后向发达提升。人的需要推动社会的发展，人的现代化的需要推动社会现代化的发展，社会现代化的发展也不断促进人的现代化，人的现代化和社会现代化正是在这种不断满足、不断升级换代的持续转换中不断推进人自身的现代化和社会现代化的共同发展。

人的现代化是现代化的目的。人是社会的主体，更是社会的目的，人也是现代化的主体和目的。在本体的意义上，现代化的主体是人，是人的实践和实践创造，或者说是人的实践的现代发展及其结果；从目的论来看，现代化的目的是满足人的主体需要，促进人自身的发展，最终实现人的全面自由发展；从现代化的发展历程看，现代化本身就是一个不断解放人、发展人和实现人的自我的历史进程。社会系统的建构、发展与人的生存发展具有深刻的内在一致性。人类的实践活动，是主体客体化和客体主体化相统一的过程。一方面，人根据自身的需要、本性等内在尺度和任何物种的尺度，影响、改变自然和社会的运动方式和存在形式，使其有利于人的生存与发展；另一方面，人在改造客体时，也不断改变自身、提升自身和发展自身，不断改变自身的生理与心理结构，提升自身的主体能力，优化自己的行为方式、活动过程和思维方式。人化的自然以及人通过交往活动而形成的社会，都是人按照客观事物的本性和人的内在本性建构起来的属于人的世界。人自身的现代化与自由全面发展是构建现代社会的最终目的，人建造人与自然、人与人之间的现代的新型关系是为实现人自身的发展服务的，就是说，现代社会、现代社会关系只是实现人的现代化的中介和手段。人是目的，在现代社会则表现为：人的现代化是目的。社会发展的动力和目标在于人的自我实现，即自由而全面的发展。现代化的动力和目的在于人在参与现代化实践中的自我实现和自我发展。佩鲁认为："个人的发展、个人的自由，是所有发展形式的主要动力之一。这种个人的发展和自由能够在每个人所赞成的和在其各种活动中所感受到的各种价值范围内充分实现他们的潜力。"① 阿马蒂亚•森认为，"发展可以看作是扩展人们享有的真实自由的一个过程"，人的自由及其发展"是发展的首要目的"②。一个国家、一个社会要进行现代化的实践，实现现代化、建成现代化的强大国家和发达社会，其根本在于保障人人公平享有现代化的成果，实现人的现代化，促进人的自由全面发展。因此，在中国特色社会主义现代化建设道路上，我们既要努力形成人人渴望成才、人人努力成才、人人皆可成才、人人尽展其才的良好局面，让各类人才的创造活力竞相迸发、聪明才智充分涌流，加快建设社会主义现代化强国的步伐；又要"在继续推动发展的基础上，着力解决好发展不平衡不充分问题，大力提升发展质量和效益，更好满足人民在经济、政治、文化、社会、生态等方面日益增长的需要，更好推动人的全面发展、社会全面进步"③。

① 佩鲁：《新发展观》，华夏出版社，1987，第 17 页。

② 阿马蒂亚 • 森：《以自由看待发展》，中国人民大学出版社，2002，第 2 页，第 7 页。

③ 《中国共产党第十九次全国代表大会文件汇编》，人民出版社，2017，第 10 页。

第二章 人的现代化的理论透视

现代化的实践运动早于现代化的理论研究。人的现代化是与现代化的进程同步的，人的现代化的理论研究则要晚于人的现代化实践，对人的现代化的专题研究则是20世纪后半叶才兴起的。然而，这并不意味着在20世纪后半叶以前的思想家、理论家没有对人的现代化问题予以重视并提出任何看法，也不意味着没有出现关于人的现代化的思想。

第一节 马克思的人的全面发展思想

虽然马克思在其著作中没有明确使用“人的现代化”这一术语，但我们并不能因此认为马克思没有提出关于人的现代化思想。其实，马克思关于人类解放和发展的理论中便包含着大量人的现代化思想，可以说人的现代化思想也是马克思主义关于人类解放和发展理论的一个重要组成部分。

“一切划时代的体系的真正的内容都是由于产生这些体系的那个时期的需要而形成起来的。”[①] 马克思生活在西欧现代化蓬勃发展的历史时期，亲身感受了现代化的巨大威力及其给世界和人的生活带来的复杂而深刻的变化以及现代化所引发的一系列社会问题。马克思通过对西欧资本主义现代化运动中人的生产方式、生活方式等方面的考察和批判，提出了关于人的解放和发展的科学理论，提出了超越资本主义现代化的新的社会运动，以建立一个促进人的自由全面发展的新社会。人的自由全面发展问题是马克思主义理论的核心问题，贯穿于马克思主义整个理论体系和发展过程。建立人的自由个性的联合体、推进人的自由全面发展是马克思主义对人类历史发展逻辑的推演和对未来社会合乎规律的设计，是一切马克思主义者为之奋斗的崇高理想和目标。

---

① 中共中央马克思恩格斯列宁斯大林著作编译局编译《马克思恩格斯全集》（第3卷），人民出版社，1960，第544页。

一、人的自由全面发展是贯穿马克思主义理论的一根“红线”

马克思一直就关注人、关心人，十分重视对人及其发展问题的研究。马克思是从现实的个人出发来探讨人及其发展问题的。马克思认为，人从来就不是抽象的个人，而是具体的、历史的、现实的个人，历史的第一个前提是现实的个人。“这里说的个人不是他们自己或别人想象的那种个人，而是现实中的个人，也就是说，这些个人是从事活动的，进行物质生产的，因而是在一定的物质的、不受他们任意支配的界限、前提和条件下活动着的。”①“现实的个人”不仅是历史的前提，而且是马克思人学的前提和理论原则。马克思一再强调，从“现实的有生命的个人本身”出发是观察社会和研究社会问题的根本方法。由此出发，他把人类历史最终归结为“个人本身力量发展的历史”，“始终只是他们个体发展的历史”。

马克思在其博士论文《德谟克利特的自然哲学和伊壁鸠鲁自然哲学的差别》中既继承了西方自由观的传统，强调自由在人类社会发展中的作用，同时又进一步认识到自由之于人类劳动实践的意义，认为自由应体现在人类能动改造外部环境的活动中。在《莱茵报》短暂工作期间，马克思遇到了理论与现实的矛盾、“物质利益的困惑”，初步认识到人的自由是与人的现实利益相关的，自由不应是抽象的而应是具体的。《1844 年经济学哲学手稿》通过对异化劳动问题的探讨，深刻揭示了异化劳动产生的社会根源，提出了克服异化劳动的可能性途径及其未来社会的设想。马克思认为，劳动异化就是人的异化。未来社会欲解放人和实现人的自由，则必须积极扬弃人的异化劳动。扬弃异化劳动的未来社会是一个自由和谐的社会。未来社会是“人的自我异化的积极的扬弃，因而是通过人并且为了人而对人的本质的真正占有；因此，它是人向自身、也就是向社会的即合乎人性的人的复归”，这种复归是完全的、自觉的，并且是保存了以往发展的全部财富的。“它是人和自然界之间、人和人之间的矛盾的真正解决，是存在和本质、对象化与自我确证、自由和必然、个体和类之间的斗争的

① 中共中央马克思恩格斯列宁斯大林著作编译局编译《马克思恩格斯选集》（第 1 卷），人民出版社，1995，第 71-72 页。

真正解决。”① 未来社会也是真正的自然主义和真正的人道主义的统一，是人的自由的真正实现。尽管这里还印刻着费尔巴哈人本主义的痕迹，但马克思试图从劳动中探求人的自由、人的发展问题，找到了揭示社会发展和人的自由发展规律的钥匙，为历史唯物主义的创立奠定了理论基石。

在《关于费尔巴哈的提纲》中，马克思创立了实践唯物主义，科学揭示了社会的本质和人的本质："社会生活在本质上是实践的"，人的本质"在其现实性上"，"是一切社会关系的总和"；合理解答了人的发展与社会环境的改变之间的辩证关系，"环境的改变和人的活动的一致，只能被看作并合理地理解为变革的实践"②。写于 1945 年的《德意志意识形态》确立了马克思主义人学与人的自由全面发展理论的基石——有生命的"现实的个人"。"现实的个人"是历史存在和发展的第一个前提。"现实的个人"是"从事活动的，进行物质生产的，因而是在一定的物质的、不受他们任何支配的界限、前提和条件下活动着的"个人③。马克思和恩格斯从"现实的个人"这一根本历史前提出发，坚持物质生活资料的生产方式是社会历史发展的决定性力量这一唯物史观的基本观点，严谨而科学地论证了实现人的自由全面发展的历史逻辑和必然趋势。标志马克思主义公开问世的《共产党宣言》提出了一个著名的论断："代替那存在着阶级和阶级对立的资产阶级旧社会的，将是这样一个联合体，在那里，每个人的自由发展是一切人的自由发展的条件。"④ 这是马克思主义创始人对未来社会提出的价值目标，是马克思主义的核心理念，是马克思主义关于人的解放理论和人的自由全面发展理论的根本观点。马克思在《1857—1858 年经济学手稿》中从人的发展状态这一视角把人类社会划分为 3 个历史阶段：人的依赖性阶段、物的依赖性阶段和自由个性阶段。人类要建立的理想社会形态是自由个性的人的联合体。在《资本论》及其手稿中，马克思对资本的关注其实是对人的解放、人的自由、人的发展的关注，对资本的阐述其实是对人的解放、人的自由、人的发展的论述。马克思认为，未来社会是"自由人

---

① 中共中央马克思恩格斯列宁斯大林著作编译局编译《马克思恩格斯全集》（第 3 卷），人民出版社，2002，第 297 页。

② 中共中央马克思恩格斯列宁斯大林著作编译局编译《马克思恩格斯选集》（第 1 卷），人民出版社，1995，第 59 页，第 60 页。

③ 同上注，第 71-72 页。

④ 同上注，第 294 页。

的联合体”，是“以每个人的全面而自由的发展为基本原则的社会形式”①。

这里，我们不仅要注意“每个人全面而自由发展”这一根本内容和目标，而且更要注意共产主义社会是“以每个人全面而自由发展为原则”的。“以每个人全面而自由发展为原则”是什么意思呢？从马克思、恩格斯关于未来社会的基本特征的论述看，由于共产主义社会是社会生产十分发达、社会财富极大丰裕的社会，尽管共产主义社会还必须保持物质生产的基础发展，但社会发展的主要目标、中心工作决然不再是解决人的生存基本需要而进行的物质生活资料的生产了，而是发展人本身，或者说人本身的生产是社会的重心。所以，共产主义最根本的社会目标就是要促进每个人全面而自由的发展，社会治理、一切社会活动都必须把促进“每个人全面而自由发展”放在首位，成为“中心”。促进和实现每个人的自由全面发展是共产主义社会首要的根本原则。袁贵仁由此认为：“全部《资本论》在一定意义上可以说都是用历史唯物主义观点解释人这个最重要的社会问题的。马克思从一开始就不把资产阶级社会的政治经济分析看作研究的根本目的。对马克思来说，其目的在于借助于这种分析，为全体劳动者论证‘扬弃’现实社会的可能性寻找现实途径，以便创立没有剥削、压迫和异化的共产主义社会，使每个劳动者都得到自由而全面的发展。”②可见，人的自由全面发展是马克思一生研究的理论主题，是贯穿马克思主义发展过程的一根主线。无论是在标志着马克思主义哲学、科学社会主义诞生的《德意志意识形态》和《共产党宣言》，还是在标志着马克思主义政治经济学诞生的《资本论》等一系列重要著作中，马克思一直认为，工人阶级推翻资产阶级统治后建立的新社会，是一个自由人的联合体，是每个人自由全面发展的联合体。在这种意义上看，马克思主义是关于人的自由全面发展的理论学说，马克思主义所追求的社会目标就是实现人的自由全面发展。

二、人的自由发展与人的全面发展

人的发展是一个无止境的过程，是从片面走向全面、从束缚走向自由

① 中共中央马克思恩格斯列宁斯大林著作编译局编译《马克思恩格斯全集》（第23卷），人民出版社，1972，第649页。

② 袁贵仁：《马克思主义人学理论研究》，北京师范大学出版社，2012，第47页。

的过程，是朝全面自由发展不断迈进的过程。人的发展的最高目标是实现人的自由全面发展。人的自由全面发展是马克思主义人学理论的核心，是马克思主义的理论旨趣和实践指向。人的自由全面发展既是人类追求的目标，又是社会发展必须坚持的根本原则。

马克思关于人的自由全面发展的理论是针对资本主义生产条件下人的劳动异化、人的异化、人的片面化、人的强制（不自由）、人的畸形发展等现实状态而提出来的。马克思认为，必须建立一个促进人的自由全面发展的新社会来代替那个造成人与人之间相互对立的社会。人的自由全面发展与人的解放是一致的，是解答人的问题的一体两面，是同一历史进程的同一历史活动。实现人的自由全面发展就是要把人从奴役、压制、异化的社会状态中解放出来。没有人的解放就不可能有人的自由全面发展，同样，没有人的自由全面发展也不可能有人的解放。因此，无论是人的解放还是人的自由全面发展，首先必须消除压制人、奴役人、异化人的社会状态。

人的全面发展是针对人的片面、畸形发展而言的，是指人的无遗漏、无遮掩、无保留、无局限的发展。人的片面发展、畸形发展主要表现为两个方面：一是由社会制度弊端和缺陷，即权利保障的不完全、不完整或虚假性造成的人的权利发展的片面与畸形；二是由旧式分工造成的人的能力素质发展的片面与畸形。第一，在存在阶级和阶级对立的社会，少数人享有较为完整的权利保障，而大部分人不能享有完整的权利，不能公正地享有权利，一些权利被剥夺、被压制。这样一少部分人获得了较好的发展，而大部分人因为缺乏全面发展的条件而使自身变得畸形和片面。从本质上讲，人的发展首先是人的基本权利，或者说是一种人权。没有人的发展权利的保障，根本不可能有人的发展。因此，人的全面发展更应该改变人的权利保障不完全、不完整的社会状态，改变这种不能保障人的全面发展权利的社会制度。人的全面发展首先应该是人的发展权利的全面享有和充分保障。第二，在旧的分工、生产资料被少数人占有的社会，人被迫固定在、局限在某一生产领域和孤立的生活环境之中，成为生产流水线上的工具，变得畸形和片面。亚当·斯密认为，在旧式分工的生产条件下，“大部分靠劳动为生的人的职业，也就是说，全部人口中大多数人的职业，只限于极少数的简单操作，常常只有一两种操作。但是，大部分人的智力的养成必然是同他们的日常职业相一致的。如果一个人终生从事少数简单的操作，而这样操作的结果也可能始终是相同的或者说几乎是相同的，那么，他就既没有条件发展他的智力，也没有条件培养他的想象力以寻找克服困难的方法，因为他永远不会遇到困难。这样一来，他自然就会失掉发展和锻炼自己的能力的习惯，他渐渐变得迟钝起来，愚昧无知到无以复加的地步。他的精神上的这种麻木状态……他的生活单调呆板，这些当然会使他的性格变坏，使他消沉下去……这甚至会减弱他的肉体上的活动力，除了他习惯的职业以外，只要他在稍长一点时间内从事别的职业，他的体力就会吃不消。因此，他在本行技艺中的熟练程度，可以说是以智力、社会德行和战斗能力为代价所获得的一种特长。但是，劳动贫民，即一切工业发达和文明的社会中的大多数人，都必然会陷入这种状态”①。马克思也认为，在资本主义生产方式中，劳动者“是受分工支配的，分工使他变成片面的人，使他畸形发展，使他受到限制”②。人的全面发展必须改变这种分工条件下人的存在状态，使每个人都成为“能够适应极其不同的劳动需求并且在交替交换的职能中”活动的人。

人的全面发展，应包含以下几方面的内容。首先，全面发展是一种人权。全面发展是全体人、所有人、每个人的发展，而不是部分人、少数人的发展。把全面发展作为人的一项基本权利予以规定和保障，是人的全面发展的第一要义。其次，人的全面发展是保证每个人在能力素质和社会性等方面有充分发展的条件。人的全面发展不是人的所有能力、所有素质的发展，而应该是人有全面发展自己各项能力、各种素质的社会空间和现实条件，人有发展自身各种能力、素质的可能性，且有条件通过自身的努力把这种可能变为现实。再次，人的全面发展是人对人的社会本质的真正占有。人的全面发展是对人的一切现实社会关系的占有，而不是把人固定、孤立或局限在某一或某些社会关系之中。人的全面性不是抽象的、想象的全面性，而是人的具体的、现实的社会关系（包括思想关系）的全面性。因此，人便不是片面的、“单向度”的人，而是能够全面占有自己本质的

---

① 中共中央马克思恩格斯列宁斯大林著作编译局编译《马克思恩格斯全集》（第 47 卷），人民出版社，1979，第 349 页。

② 中共中央马克思恩格斯列宁斯大林著作编译局编译《马克思恩格斯全集》（第 3 卷），人民出版社，1960，第 514 页。

人。因此，人的“全面发展”，既是人的生存状态中类特性、个性、能力、知识的整合与开发的协调性、充分性、广泛性，也是人的自然素质、社会素质和精神素质的共同提高，同时还包括人的政治权利、经济权利和其他社会权利的充分实现[①]。

人的自由发展是针对人的强制、压制而言的，是指人的无依附、无压制、无强迫、无阻碍、无限制的发展，是人依据自身的自然禀赋、个性，完全占有自己的本质和全面享有自己的本性。自由是人人必须享有的基本权利，是一种人权。自由最基本的含义是无强制或自主自愿。在马克思看来，自由作为人的本性是毋庸置疑的，因为自由是人所固有的东西。人之所以是自由的，又在于他是有意识的存在物，即有自由意志。马克思说："动物和自己的生命活动是直接同一的。动物不把自己同自己的生命活动区别开来。它就是自己的生命活动。人则使自己的生命活动本身变成自己意志的和自己意识的对象。他具有有意识的生命活动。……正是由于这一点，人才是类存在物。……仅仅由于这一点，他的活动才是自由的活动。"[②]意识活动虽然是人区别于动物的显著特征并使人具有了自由的本性，但人的意识及其活动并不是预先存在的，而是自然界长期发展的产物，同时也是社会发展，即劳动的产物。现实的个人并不是首先为了实现其自由的本性而活动的，而是为满足其物质性的生存需要才进行活动的。因此，袁贵仁在阐释马克思的自由观时认为："人的自由可以看作人在活动中通过认识和利用自然表现出来的一种自觉、自为、自主的状态，自由活动就是自觉的、自为的、自主的活动。"[③]马克思的自由观揭示了自由的本质。自由是人的活动自由，是人在活动中所处的自主、自觉、自为的状态。自由是人的活动自由，也只能在活动中才能获得或实现自由。正因为自由是人的活动自由或自由活动，所以，自由必定存在于人的社会关系之中，即必须具备一定的生活条件的人才能获得自由。人的活动是在一定的社会关系之中才能进行和展开的，也只有在一定的社会关系中才能实现活动的目的、满足主体的需要。因此，人的自由必然是人的社会关系的自由，也就

① 刘同舫：《马克思人类解放思想史》，人民出版社，2019，第154页。

② 中共中央马克思恩格斯列宁斯大林著作编译局编译《马克思恩格斯全集》（第3卷），人民出版社，2002，第273页。

③ 袁贵仁：《马克思的人学思想》，北京师范大学出版社，1993，第168页。

是说，自由只能在自由的社会关系中才能获得，只能在具备相应现实条件的社会环境中才能实现。人的自由发展是人的一种重要的自由活动或活动自由。人的自由发展，首先是人的自由，其次才是人的发展。从严格意义上说，人只能有自由，才能有发展，没有人的自由就没有人的发展。因此，人的自由发展在本质上是人的自由。促进人的自由发展、实现人的自由发展，其实就是不断增进人的自由，不断扩大人的自由。人的自由发展不是依照外在的（他人的、团体的、社会的）目的和要求改变自身，而是依照自我的本性、本质、特性、兴趣、爱好等等，独立自主地、自觉自愿地完善自己、超越自身。人的本质就是人本身，人的自由发展就是自由地占有或享有人的本质，实现人自身，不是把自己变成他人，而是把自己变成自我。简单讲，自由发展即是实现自我、实现自己的个性，亦即自由个性，使人成为独立的、唯一的社会个体。人的自由发展，也是一种人权，首先是每个人的自由、每个人的发展，这是马克思关于未来社会实现“人的自由个性”设想的根本内容。因此，在未来社会，每个人的自由发展是一切人自由发展的条件。其次，对每一个个体而言，人的自由发展是一个不确定的生成过程。在人生的不同阶段，每一个体都可以且能够按照自己的兴趣、爱好甚至冲动调整自我发展的方向和轨迹，最大限度地尝试人生的可能性、丰富性和完满性。

人的自由发展与人的全面发展是人的自由全面发展两个不可分割的内容，二者相互依存、相互促进、辩证统一。

人的自由发展与人的全面发展互为前提。人的自由和人的发展都是人的基本权利。如果从人的本质而言，人的自由比人的发展更为根本。自由既是目的，也是手段。人无自由则无发展，更无全面的发展；同样，人无发展，也无自由，更无自由发展。佩鲁认为：个人的自由，是所有发展形式的主要动力之一。“发展的目的……是要通过共同的努力，使人们能够自己养活自己，有意识地自己教育自己，并不断实现自己的解放。”[①] 阿马蒂亚·森也认为：自由是发展的首要目的；发展可以看作人们享有的真实自由的一个过程。人越自由、越自由发展，就越能更好地发展自身的多样的丰富的潜能，形成多样的丰富的能力和品质。同时，自由是人的活动状态，也是人的能力的展现。人的能力体系、人利用现实条件实现自我目标

① 佩鲁：《新发展观》，华夏出版社，1987，第 117 页。

的主观能动性的发挥状态和水平是建立在人的发展之上的。如果人不能接受一定的训练、教育，不能在实践活动中锻炼提高自己、发展自己，是不可能获得自由的，也是不可能自由发展的。如果人要真正成为自由发展的个体，那么，人的知识、能力、心理素质等必须获得一定程度的全面协调发展。人的思想、知识和能力体系发展的全面性、协调性越高，人的自由发展的空间越大，实现的可能性也越大。也就是说，人越能得到全面的发展，人就越能实现自由发展。正因如此，马克思认为，人的自由个性是建立在人的全面发展基础之上的。

人的全面发展与人的自由发展互为结果。人的自由意味着人有朝着任何方面发展自身的可能性，亦即没有发展自身的外在障碍。这在理论上则要求人尽可能地或尽最大力量地尝试探索多样的世界，尽量选择多样化的生活及其方式，从事多样的工作，学习掌握多种技能，发展自己全面的能力体系，成为全面的有个性的人。因此，人的自由发展的结果必定是人的全面的发展。另外，由于自由在不同的社会或社会发展的不同时期对于每一个社会个体来说，可能是不全面的，即一些人能够自由发展而另一些人则不可能自由发展。如果把全面发展看作对自由发展的必然要求或应然逻辑，那么，人的自由发展必须体现为人的全面发展，即人的自由表现为全体人或每一个人的自由，人的自由发展表现为全体社会成员——每个人的自由发展。同样，人的全面发展的应然逻辑和必然结果是人的自由发展。人的自由的获得既需要社会环境的支持，又需要人自身能力的支撑。人的能力素质体系发展得越全面，一方面意味着人的自由度越大，另一方面也意味着人能获得更多、更大、更高级的自由。人的全面发展必然会冲破或拆除阻碍其发展的种种障碍，为人的自由和自由发展创造条件。因此，人的全面发展的必然结果是人的发展自由或人的自由发展。

人的自由发展和人的全面发展相互促进、相互统一。人的自由发展和全面发展的互为因果的关系，决定了二者相互促进、相互统一。人的能力素质体系越完善，发展的全面性程度越高，人的发展的自由度也就越高，人也就越自由。同样，人在自然、社会中的自由愈是增长与扩大，则意味着人愈是自由的，人愈自由，则意味着人有更多的发展机会和条件，也意味着人具备更高的素质、更大的能力。人的素质越高、能力越大，一方面表明人的发展愈全面，另一方面也必定促使人向着更高、更强、更全面的方向发展。因此，人发展的自由度越大，或人的自由发展越充分，必定促使人的发展越全面；人的全面发展越充分，也必定促使人的发展的自由不断增大，即人的发展便越自由。

可见，人的自由发展和人的全面发展是不可分离的，在一定程度上，它们是人的发展的一体两面，共同构成人的发展的整体——人的自由全面发展。人的现代化则是人的自由全面发展在特定历史阶段的特定形式或体现。

第二节　西方人的现代化理论

西欧、北美等西方社会不仅是现代化实践的源头，而且是现代化理论包括人的现代化理论的发端地。现代化在西方的开启，不仅仅是一场社会制度、社会形态的变革，而且是人的思想观念、生活方式的变革。人的现代化理论在西方世界现代化的发展进程中产生和不断丰富，对推动西方各国现代化实践的发展具有重要的指导作用，对后起的现代化建设国家和地区也具有重要的启迪和借鉴价值。

一、人的现代化研究在西方的兴起

人的现代化问题研究，最早可以追溯到欧洲的文艺复兴时期。文艺复兴的一个重大价值在于人的发现和人的思想解放。文艺复兴的要旨是打破封建专制对人的羁绊和统治，摆脱神学对人的思想观念的束缚，重新确立人的地位，以适应资本主义经济发展的需要。自文艺复兴以来出现的资产阶级启蒙活动、宗教改革运动，都是高举人的改造和解放这一大旗的。对人和人的权利的关注、对人的自由和幸福的追求，不仅是启蒙运动的思想主旨，而且是资产阶级革命的旗帜，也是西方现代化运动的理论指引。

18—19 世纪，现代化在英国、法国、美国等国家飞速发展，社会发生了翻天覆地的变化，也出现了一系列前所未有的重大社会问题。现代化是历史的进步还是倒退？现代化的前途和未来会是怎么样的？现代化的发展究竟会给人带来什么？是人的解放还是人的奴役、人的异化？人应该以什么样的姿态和方式来对待现代化？……现代化及人的现代化问题日渐成为理论研究的对象。

马克斯·韦伯是现代化理论研究的鼻祖，也是西方思想界对人的现代化问题进行探讨的鼻祖。他对现代化进程中所形成和具有的现象及其特点，如理想化、宗教文化的资本主义精神、个人自由、民主政体、官僚制等的研究，既是现代化理论的重要内容，也是人的现代化的重要内容。韦伯身处第二次科技革命、工业革命和西方现代化飞速发展的时代，资本主义现代化的生命力得以最大限度迸发，社会现代化与人的现代化在协调互动、矛盾发展中逐步走向成熟和成形。韦伯认为：理性化是现代社会的本质特征，是现代化的根本特性。"理性化"的提出，是韦伯对现代化及人的现代化研究最大的贡献。他认为，人的社会行为具有不同的特性，有的属于目的合乎理性，即"工具理性"或"目的理性"，有的则属于价值合乎理性，即"价值理性"。不同的社会行为有不同的表现和结果。他说："目的合乎理性的，即通过对外界事物的情况和其他人的举止的期待，并利用这种期待作为'条件'或者作为'手段'，以期实现自己合乎理性所争取和考虑的作为成果的目的。""谁若根据目的、手段和附带后果作为他行为的取向，而且同时既把手段和目的，也把目的附带手段，以及最后把各种可能的目的相比较，做出合乎理性的权衡，这就是目的合理性的行为。"[①] 简单地说，"韦伯的目的理性（工具理性），是指人的行为合乎自己本性与愿望的选择，而不是受到他人的或外在因素的影响。它与个人的看得见的'利益'（物质的、精神的）联系在一起，把个人的财富与名誉的扩大作为目的，并为了达到目的而精心地计算、策划，以及合理地安排自己的行为，包括遵守约定俗成的'习惯'"[②]。目的理性或工具理性是一种普遍的本能的理性。价值理性与工具理性相反，不以利益或个人功利为目的，而是以实现道德的、审美的、宗教的目标为目的，甚至可以为了这些目标而放弃、牺牲个人的功利目标。韦伯说："价值合乎理性的，即通过有意识地对一个特定的举止的——伦理的、美学的、宗教的或作任何其他阐释的——无条件的固定的价值的纯粹信仰，不管是否取得成就。"[③] 目的理性（工具理性）与价值理性，二者都包含手段和价值，区别是目的理性

① 马克斯·韦伯：《经济与社会》（上卷），商务印书馆，1997，第 56 页，第 57 页。

② 尹保云：《什么是现代化——概念与范式的探讨》，人民出版社，2001，第 70 页。

③ 马克斯·韦伯：《经济与社会》（上卷），商务印书馆，1997，第 61 页。

是“先天本能的自我利益取向”，而价值理性则是“后天学习的非自我利益取向”[①]。韦伯认为，现代化就是理性化，而理性化则是指目的理性化。现代化的过程就是一个由价值理性化向目的理性化转变的过程。现代社会是目的理性占主导地位的社会。“理性化”被认为是现代“最大的哲学概念”，可看作分析组织、个人行为的重要分析范畴或工具[②]。韦伯还认为，在推动社会现代化、理性化的进程中，还有一种更为深层的精神气质——“资本主义精神”作为支撑。资本主义精神不是一般的对金钱的欲望，对财富的贪欲，而更多的是“对这种非理性（irrational）欲望的一种抑制或至少是一种理性的缓解”[③]。资本主义精神对整个资本主义现代化特别是资本主义经济现代化产生和发展起着关键性的作用。在韦伯看来，资本主义精神不仅体现在资本家身上，而且体现在工人身上。资本主义精神在资本家身上表现为对挣钱牟利的主观动机、精于计划和计算的谋略、勤奋和守信的品德以及禁欲主义的节俭等等。对于工人而言，资本主义精神则表现为乐天知命的人生观、忠于职守的责任感、新的经济观、适应高效生产的效率意识以及自制力和节约观念等等。具有资本主义精神的人们是推动资本主义经济和现代化发展的主要动力，资本主义现代化及其文明就是由这些具有资本主义精神的人们创造出来的。韦伯所描绘的这些人被看作典型的现代人。他们具有以下共同的特点：注重实际利益，最大化地牟利挣钱和追求财富，一往无前地成就事业的“天职责任”观念；勤奋守纪、禁欲节俭的生活作风；精打细算、科学经营的行为方式；等等。“这种带有强烈工具理性色彩的外在人格特征，却是以一种典型的宗教情结——为上帝的光荣而工作的使命感（敬），为灵魂的得救而奋斗的危机感（畏）——为内在精神支点的[④]。内心中超越性的宗教情结与外在的理性、功利性行为模式奇妙地融合在一起，构成人的现代化的主要内容，构成现代人的基本人格特征。”[⑤]从韦伯的描述中可以看出，现代人与传统人有很大的不同：现代人秉持的是功利主义的或现实主义的人生观。“现代人是工具理性化

① 尹保云：《什么是现代化——概念与范式的探讨》，人民出版社，2001，第 71 页。

② 参见尹保云：《什么是现代化——概念与范式的探讨》，人民出版社，2001，第 72-73 页。

③ 马克斯·韦伯：《新教伦理与资本主义精神》，生活·读书·新知三联书店，1987，第 8 页。

④ 参见马克斯·韦伯：《新教伦理与资本主义精神》，生活·读书·新知三联书店，1992。

⑤ 安然、王洛忠：《试析经典现代化理论中“人的现代化”理论》，《天津社会科学》2000 年第 5 期。

的人，理性地追求现世的物质的和精神的目标。”[①]

韦伯对人的现代化的研究是从社会学出发的，主要探讨的是人的理性、精神在西方现代化形成和发展中的作用。他把人的理性特别是宗教精神看作现代化发展的根本动因，却忽略了现代化发展对人的理性、人的现代化的作用。

二、经典现代化理论对人的现代化的看法

第二次世界大战后，非西方的发展中国家陆陆续续开始踏上了现代化建设的征程。以非西方国家现代化为对象的研究应运而生，经典现代化理论亦由此出现。所谓经典现代化理论是20世纪中期首先在美国形成和发展起来的、主要以发展中国家现代化问题为研究对象的理论。该理论在韦伯、迪尔凯姆等著名社会学家关于现代化论述的基础上，以西方社会现代化的发展进程及其特点作为参照系，试图“阐明非西方发展中国家得以实现工业化和现代化的条件”，并对由此产生的社会变动的性质进行必要的说明[②]。经典现代化理论并不是一个单一的或统一的理论，而是不同学科、不同学派关于现代化研究成果的统称，包括现代化政治、经济、社会、行为与比较研究理论，也可分为结构学派、过程学派、行为学派、实证学派、综合学派与未来学派等，这些构成了发展中国家现代化问题研究的主流学派 。

20世纪50—60年代以后，随着先进的现代化国家进入新的发展阶段，后起的现代化国家和地区在不断探索和追赶，出现了诸多社会问题和矛盾。现代化问题特别是人的现代化问题日渐引起人们的兴趣和重视，成为理论界研究的重大现实问题。经典现代化理论提出了一个普遍的看法：经济增长并不等于现代化，真正的现代化须把人的因素纳入其中，现代化的核心不是物的发展和物的现代化，而是人的发展和人的现代化，因此建设现代化的国家应把人的发展和人的现代化作为核心内容。

“结构功能论”开创了现代化研究的新领域，是经典现代化理论的排头兵和领头羊。“结构功能论”是由美国著名社会学家帕森斯在对现代化研究中创立的。帕森斯在《社会行动的结构》《社会的系统》等著作中提

---

① 尹保云：《什么是现代化——概念与范式的探讨》，人民出版社，2001，第115页。

② 塞缪尔·亨廷顿：《现代化：理论与历史经验的再探讨》，上海译文出版社，1993，第111页。

出和阐述了系统—结构—功能—行动的理论，并把这种研究方法运用到对社会大系统、子系统和行动者等的研究之中，为分析理解从传统社会向现代社会的转型提供了一个整体性的研究范式。帕森斯认为，所有个人的行动都是以主观的选择为基础的，社会作为一个大系统则是由一定的标准规则、价值和信念等构成的综合体，因此，只有从结构与功能及其关系的视角，才能更好地分析、理解社会以及由传统社会向现代社会的变迁。于是，帕森斯进一步对传统社会和现代社会的特征进行了区分，提出了“五对变相”：传统社会和现代社会的行动者在“选择取向”“价值标准”“角色关系”“行为动机”“角色评价”5 个方面都是完全不同的。

在选择取向上，传统社会的行动者是“团体取向”或是集体主义的；现代社会则是“个人利益取向”，或是个人主义的。在价值标准上，传统社会是“特殊的”、有区别的；现代社会是“普遍的”、一致的。在角色关系上，传统社会的行动者的角色是“扩散性”的、多样的；现代社会则是“专一性”的、单一的。在行为动机上，传统社会的行动者是“情感性”的，或者说是“偏私的”；现代社会则是“情感无涉性”的，或“公正的”。在角色评价上，传统社会的行动者是“天赋取向”的，几乎与个体的能力、勤奋和贡献无关涉；现代社会则是“成就取向”的，直接与个体的能力、贡献相关联[①]。帕森斯的“五对变相”可看作分析一个社会、一个人的现代化程度的标准，是现代化研究中被广泛应用的评判标准，是衡量社会和人的现代化程度的重要指标。按照帕森斯的这一看法，现代社会是一个以个人主义取向为主导、注重个体价值、专业分工明确、恪守普遍规则、以成就和贡献衡量个人价值的社会；一个现代人则是具有以下素质和品格的人：注重和追求个人利益、坚持普遍标准行事、做事专业且不徇个人私情、崇尚成就取向等等。

帕森斯的理论受到了广泛重视，产生了很大影响，成为研究现代化和人的现代化问题的重要分析工具和方法；与此同时也引起了一些质疑和批评，诸如存在西方中心主义的价值观、传统与现代区分标准的绝对化等理论缺陷。

尹保云认为，D. 里斯曼（David Reisman）是最早专门对人的现代化问题进行研究的学者。里斯曼在《孤独的人群》中通过对现代美国人特点

---

① 参见尹保云：《什么是现代化——概念与范式的探讨》，人民出版社，2001，第 110-111 页。

的研究，提出了不同社会的人的3种不同倾向："传统倾向""内部倾向"和"其他倾向"。里斯曼认为，具有"传统倾向"的人依赖传统和古老的习俗生活，传统和习俗是行动指南。他们没有选择规范的自由，普遍接受按照同一的规则行事，他们的每一个决定、每一种行为都是古老习俗和规则的运用，依赖同一的规则和习俗使他们的生活变得容易而机械，因为一切事情都有固定的习惯格式。如果有人一旦超出或跨越了这种习惯格式，那么，他（她）则成为这个群体中的"异类"，生活必将变得无所适从和艰难。具有"其他倾向"的人是"传统倾向"的另一个极端，他们容易从一个群体转移到另一不同的群体，并能够使个人和新处的环境的冲突最小化。具有这种倾向的人能够促进集体主义和扩大社会合作。同时，这种倾向的人又需要具有高度的个人主义。这是"其他倾向"的人的自相矛盾之处。"内部倾向"介于"传统倾向"和"其他倾向"之间。具有这种倾向的人挣脱"传统倾向"的行为规范，同时与新的环境或群体中的行为规范保持一定的距离。因为他们在摆脱"传统倾向"和"其他倾向"的过程中形成和内化了合乎自身的行为规范，形成了稳定的行为方式和社会态度，具有稳固的个性人格特征。里斯曼认为，这3种"倾向"并不是相互排斥的，而是相互联结的，就是说，一个人有可能同时具有这3种"倾向"，在同一时期具有这3种"倾向"的个体可以同时生活在同一个社会和群体之中。另外，一个人可能倚重某一"倾向"，即某一"倾向"占主导地位、起决定作用；同样，一个社会或群体，某一种"倾向"人占大多数，是这个社会或群体的主流。具有"传统倾向"的人是传统人，具有"内部倾向"的人是现代人，具有"其他倾向"的人是20世纪中期以后美国社会新出现的一种人格特征。如果一个人"内部倾向"占主导，那么，他（她）就是现代人；同样，在一个社会中，如果"内部倾向"的人占主导，那么，这个社会则是现代社会[①]。

D. 麦克莱兰沿着韦伯的"资本主义精神"的思路对人的现代化问题特别是现代社会人的成就心理进行了研究，认为"成就需要"是现代人区别于传统社会中的人的最为突出的特点。尽管各种"外在因素"，如经济条件、生活水准、社会环境等等，对人的现代化具有重要作用，但是"人的价值观和目的动机"等精神、心理因素则更为重要，因为这些因素

① 参见尹保云：《什么是现代化——概念与范式的探讨》，人民出版社，2001，第115-117页。

能促使人去“寻找机会、利用职业条件”来“塑造自己的命运”“成就自我”。“塑造自己的命运”“成就自我”的心理动机就是现代人的“成就需要”。麦克莱兰认为，“成就需要”是与个人主义联系在一起的。个人主义越强烈，成就需要则越强烈；同样，成就需要越强烈，个人主义则越盛行。反之，“成就需要”微弱或丧失的地方，个人主义则没有发展的市场空间；个人主义受排斥和打压，人们的“成就需要”也会削减。“成就需要”是推动社会经济发展的重要动力，是现代企业家的重要精神和心理素质，也是促进西欧社会资本主义经济快速发展的主要因素。清教徒具有强烈的“成就需要”倾向，清教徒创办的企业也具有高度的成就需要，这是欧洲新教国家资本主义经济飞速发展的重要原因。因此，一个国家或时代，如果人们的成就需要的强度越大、范围越广，那么经济就能快速发展；否则，经济就会发展缓慢甚至停滞不前。麦克莱兰还对中国和印度进行了比较，认为之所以中国要比印度在经济上发展迅速、成就更大，一个重要因素是中国人比印度人具有更强的成就需要[①]。

英格尔斯对人的现代化问题进行了专门和比较系统的研究，其成果对于已经进入现代化行列的国家和正在积极建设现代化的国家都有重要的借鉴意义。首先，英格尔斯在对6个发展中国家进行调查之后认为，一个国家和社会的现代化的根本和关键是人的现代化，人的现代化是实现国家和社会现代化的先决条件。他说：“在当代世界的情况下，个人现代性素质并不是一种奢侈，而是一种必须，它们不是派生于制度现代化过程的边际收益，而是这些制度得以长期运转的先决条件。”“是否把社会现代化看作生产力提高和人的全面发展的统一，把人的现代化看作社会现代化的目的，对于衡量一个国家的社会性质具有重要意义。因此，能不能实现人的现代化，全面提高广大劳动群众的素质，是关系到社会主义现代化事业能否真正成功的重要内容和标志。”[②]在他与史密斯合著的《从传统人到现代人》指出：“我们感觉到，在发展过程中一个基本的因素是个人，除非国

---

① 参见尹保云：《什么是现代化——概念与范式的探讨》，人民出版社，2001，第117-118页。
② 英格尔斯：《人的现代化》，四川人民出版社，1985，第8页。

民是现代的，否则一个国家就不是现代的。”[①] 这一提法从根本上改变了传统现代化理论仅通过经济发展考量现代化的认识，是对现代化认识的深化和转向，即从物的现代化转到人的现代化。从人的变化与转型来认识现代化，凸显了康德提出的“人是目的”这一根本理念，有利于现代化建设坚持正确方向和目标。其次，英格尔斯对人的现代化进行了描述和界定。他认为，人的现代化是“精神的”现代化。人的现代化表现的是一种现代性，即“一种精神现象或一种心理状态”[②]。英格尔斯的“精神”现代化与罗斯托等人的“经济”现代化、亨廷顿和阿尔蒙德等人提出的“政治”现代化相比明显不同，“精神的”现代化关心的是人，是社会的文化和观念形态，而“经济”现代化、“政治”现代化关心的是物和制度，是社会的物质基础、组织和结构形态。英格尔斯认为，人的现代化或“现代人”“是很多性质的综合体，而非某一种单独的特质”，“没有任何一项单独的性质或特征能完全限定‘现代人’”。英格尔斯还勾勒出了现代人 12 个方面的特征：①现代人乐于接受其未经历过的新的生活经验、新的思想观念、新的行为方式；②乐于接受社会的改革和变化，对教育的内容和传统智慧敢于挑战；③思路广阔，头脑开放，尊重并愿意考虑各方面的不同意见、看法；④注重现代与未来，守时惜时；⑤具有强烈的个人效能感，对人和社会的能力充满信心，办事讲求效率；⑥关注计划与谋略；⑦具有一定的现代社会所需要的基本知识；⑧认为人与人之间具有必要的可依赖性和信任感；⑨重视专门技术，有愿意根据技术水平高低来领取不同报酬的心理基础；⑩乐于让自己和他的后代选择离开传统所尊敬的职业；⑪ 认为人与人应相互了解、尊重和自尊；⑫ 了解生产及过程[③]。英格尔斯又将现代人的这些特点集中概括为 4 个方面：“现代公民”“个人效能感强烈”“独立、自主性强”“趋向新事物”。作为一个现代人，“他是一个见闻广阔的、积极参与的公民；他有明显的个人效能感；在同传统的影响来源的关系中，他有高度的独立性和自立性，特别是在他决定如何处理个人的事务时尤为如此；他乐意接受新经验以及新的观念，就是说，他是相当开放的，在认识

① 英格尔斯，戴维 • H. 史密斯：《从传统人到现代人——六个发展中国家中的个人变化》，中国人民大学出版社，1992，第 10 页。

② 英格尔斯：《人的现代化》，四川人民出版社，1985，第 20 页。

③ 同上注，第 22-23 页。

上是灵活的”[①]。英格尔斯勾勒和概括的现代人的特征，从内容上看，不仅涉及生产关系和制度层面，而且涉及人的思想、道德观念、信仰以及对未来新事物的信心等方面；从地域而言，不仅对于现代化发展不同阶段的国家和民族，而且对于不同宗教、不同意识形态的国家和民族，只要是在进行现代化建设，那么对现代化的要求就是普遍有效的。因此，这些特性应当成为现代人的普遍性的品格。英格尔斯说：“具有普遍意义的重要的现代人品质，无论在资本主义社会或是社会主义社会，它们的有效作用都是同等重要的。”[②] 也就是说，现代人的特性并不是现代西方国家的人所独有的，而是所有现代化国家的人所共有的。现代人或人的现代化包含着“人类的本性的共同性和现代性的相同性”[③]。

人的现代化其实是人的发展问题。人的发展是一个常新的大课题，是任何社会任何时期都必须重视和解决的大课题。“如果一个国家的人民缺乏能够赋予先进制度以生命力的广泛的现代的心理基础，如果掌握和运用先进制度的人本身在心理、思想、态度和行为上还没有经历一场向现代性的转化，那么失败和畸形的发展就是不可避免的。”[④] 经典现代化理论中的现代人理论开创性地探讨了“现代人”的人格特征及其形成的原因和条件。虽然经典现代化理论有一定的缺陷，尚有许多需要不断完善的地方，但是它明确了现代化的核心是人的现代化，明确了人的现代化对社会现代化建设的积极作用，对世界现代化运动特别是致力于现代化建设的国家具有重要的借鉴价值。事实上，这一理论在很大范围内的确不仅引起了正在进行现代化建设的国家对人的现代化问题的高度关注，而且也引起了那些已经建成现代化的国家对人的价值和人的发展的重视。

西方人的现代化理论在一定程度上揭示了现代化建设特别是发展中国家和地区进行现代化、促进人的现代化的发展规律，为现代化和人的现代化发展提供了有价值的思路，对于广大发展中国家和地区在积极推进现代化建设过程中努力促进人的现代化、促进人的全面发展具有参照价值，对于突破传统社会机制和思想观念、社会心理、改造传统人格提供了一种方

① 阿历克斯·英格尔斯，戴维·H. 史密斯：《从传统人到现代人——六个发展中国家中的个人变化》，中国人民大学出版社，1992，第 424 页。

② 英格尔斯：《人的现代化》，四川人民出版社，1985，第 35 页。

③ 同上注，第 119 页。

④ 布莱克：《比较现代化》，上海译文出版社，1996，第 14 页。

向性的借鉴。中国的现代化建设取得了举世瞩目的成就，建成现代化强国的目标已经确立。在新的目标指引下，我们一方面要加强对中国现代化建设规律特别是人的现代化发展规律的研究，形成符合中国实际、具有中国特色的现代化理论，另一方面也要进一步对西方现代化理论及其人的现代化理论进行更为细致深入的研究、发掘和扬弃，以期对我国现代化实践和人的现代化建设有所增益①。

第三节　中国共产党关于人的现代化思想

在确立和推进中国现代化建设目标的进程中，我们党始终把全体人民作为现代化的建设主体，始终重视人民群众的历史主体地位，始终注重发挥人民群众的主观能动性，始终关注人的培育、人的发展问题，提出了丰富而具有民族特色和时代特点的人的现代化思想。

一、毛泽东的人的现代化思想

毛泽东是中国社会主义现代化事业的开拓者。在探索中国建设现代化的进程中，他十分重视人在现代化建设中的地位和作用，重视人及其主观能动性的发挥，提出了有价值和历史影响的人的现代化思想。

1. 要把中国建设成为一个伟大的现代化的强大国家

在《新民主主义论》一文中，毛泽东提出了未来中国的建设构想："我们不但要把一个政治上受压迫、经济上受剥削的中国，变为一个政治上自由和经济上繁荣的中国，而且要把一个被旧文化统治因而愚昧落后的中国，变为一个被新文化统治因而文明先进的中国。"②在《论联合政府》中，他指出："在新民主主义的政治条件获得之后，中国人民及其政府必须采取切实的步骤，在若干年内逐步地建立重工业和轻工业，使中国由农业国变为工业国。"③由于工业化是现代化的一个最为重要的特征，当时的理论界主要是从工业化的角度来理解现代化的含义的。因此，毛泽东提出

① 安然、王洛忠：《试析经典现代化理论中"人的现代化"理论》，《天津社会科学》2000年第5期。

② 《毛泽东选集》第2卷，人民出版社，1991，第663页。

③ 《毛泽东选集》第3卷，人民出版社，1991，第1081页。

把中国建成一个工业国，其实就是建设现代化国家。中华人民共和国成立和社会主义制度确立以后，加速实现工业化、现代化更成为毛泽东追求的一个目标。在他看来，加速建设一个强大的社会主义现代化国家是中国发展的目标。他还从中国作为世界重要一员的角度来认识现代化建设问题，认为如果中国不能加速实现现代化，不能建成一个强大的现代化国家，就会被“开除球籍”。加速实现现代化，既是巩固社会主义制度的需要，也是彰显社会主义制度优越性的要求，社会主义制度不仅能够实现现代化，而且能够比西方资本主义以更快的速度、更好的方式实现现代化。随着对工业化、现代化问题认识的深入，毛泽东的现代化观念发生了一些变化。他认为，现代化不仅包括工业现代化，而且包括农业现代化、国防现代化、交通运输现代化；不仅包括物质建设的现代化，而且包括精神文化建设的现代化。毛泽东指出：“在一个半殖民地的、半封建的、分裂的中国里，要想发展工业，建设国防，福利人民，求得国家的富强，多少年来多少人做过这种梦，但是一概幻灭了。”一个国家，“没有独立、自由、民主和统一，不可能建设真正大规模的工业。没有工业，便没有巩固的国防，便没有人民的福利，便没有国家的富强”[①]。因此，我们的任务，“不但是为着建立新民主主义的国家而斗争，而且是为着中国的工业化和农业近代化而斗争”，建立一个“独立、自由、民主、统一、富强”的现代化的强大中国[②]。

2. 坚持政治解放和人的个性解放相统一

毛泽东认为，政治解放、独立自主、民族解放是中国建设社会主义和现代化的根本条件，也是实现人的个性解放与发展的根本条件。个性解放、人的发展是现代化建设的根本要求，必须实现政治解放、民族解放与人的个性解放、个性发展的统一。新民主主义革命是推翻“三座大山”，争得国家独立、民族解放；社会主义革命和现代化建设，不仅要巩固国家独立和民族解放，而且要解放个性，促进人的全面发展。他认为，政治解放不仅是实现国家独立、民族解放、建设现代化的先决条件，而且是实现人的解放、个性解放与自由的先决条件。“中国如果没有独立就没有个性，民族解放就是解放个性，政治上要这样做，经济上要这样做，文化上也要

① 《毛泽东选集》第 3 卷，人民出版社，1991，第 1080 页。

② 同上注，第 1081 页。

这样做。广大群众没有清楚的、觉醒的、民主的、独立的意识，是不会被尊敬的。”① “被束缚的个性如不得解放，就没有民主主义，也没有社会主义。”② 如果没有人民的个性的解放和个性的发展，在半殖民地半封建的废墟上建成社会主义和现代化，那完全是不切实际的空想。因此，社会主义的制度和政策，必须坚持解放和发展人这一标准，不断实现人的个性解放和个性发展。共产党的壮大、社会主义制度的巩固和发展不能没有人的个性。针对社会上流传的社会主义是要消灭个性的错误思想，毛泽东指出，社会主义不仅不反对人的个性，而且要积极促进人的个性的解放与发展。“每个党员有各种不同的个性，不能抹杀他们的个性，尊重人性就是发展他们的长处，就是发挥个性的自主性、创造性。”③ 毛泽东认为，生产资料和劳动产品的社会所有制是决定人的个性解放和发展的经济基础，人的个性的发展程度同人们对物质生活条件的占有程度有关，因此，在民主革命时期个性解放的基础就是消灭生产资料私有制，争取人的经济独立权利。所以，必须进行新民主主义革命和社会主义革命，建立新的政治和经济制度，使广大人民群众取得经济上和政治上的独立，成为社会的主人，成为生产资料的主人，为人的个性解放和个性发展奠定政治和经济基础④。

3. 培育“又红又专”“德智体全面发展”的劳动者

尽管毛泽东在对中国现代化建设的设计规划中强调现代化工业的重要性，同时他也特别重视科学文化现代化的关键作用。为此，他要求必须培养千千万万现代化建设事业的劳动者。现代化建设事业的劳动者必须是红与专、政治和业务统一，体力劳动和脑力劳动结合，具有社会主义觉悟的有文化的劳动者。现代化的劳动者不仅要懂现代化科学技术知识和文化，而且要懂马克思主义和社会主义的政治。因为现代化的劳动者不仅是现代化事业的建设者，而且是社会主义伟大事业的接班人。毛泽东认为，中国的现代化必须是社会主义性质的，社会主义是中国现代化的本质规定，如果现代化偏离甚至脱离社会主义道路，那是十分危险的。他在 1957 年 10 月明确提出了干部要“又红又专”的要求。1958 年 1 月，他在《工作方法

① 《毛泽东文集》第 3 卷，人民出版社，1996，第 336 页。

② 同上注，第 208 页。

③ 同上注，第 416 页。

④ 参见周建超：《中共三代领导核心关于人的现代化思想》，《党史研究与教学》2006 年第 3 期。

（草案）》说："政治和经济的统一，政治和技术的统一，这是毫无疑义的，年年如此，永远如此。这就是又红又专。"

毛泽东还认为，建设社会主义现代化的劳动者应该是多面手，是德智体全面发展的人，提出了德智体全面发展的教育方针。1957 年毛泽东在《关于正确处理人民内部矛盾的问题》指出："我们的教育方针，应该使受教育者在德育、智力、体育几方面都得到发展，成为有社会主义觉悟的有文化的劳动者。"毛泽东对德育非常重视，提出要培养高尚的道德人。毛泽东关于智育的思想中，强调"知"和"智"二者的统一。他认为"学习文化以后，政治、军事、经济哪一门都可学"。他注重智力的培养，要求青年学生要把精力放在分析和解决问题上，注重培养自己的创造力。

4. 充分发挥人的历史主动性和创造性

在新民主主义革命和社会主义革命、建设时期，毛泽东特别强调和重视人的主观能动性的作用。他说，战争的胜负决定于作战双方主观指导的能力。军事家虽然不能超过物质条件许可的范围争取战争的胜利，但可以而且必须在物质条件许可的范围内争取战争的胜利。他在《论持久战》中明确提出了战争中的"主观能动性"这一概念，强调人类的自觉的能动性特点在战争中所起到的重要作用。毛泽东不仅在指挥战争中重视人及其主观能动性的作用与发挥，而且在领导社会主义建设事业中同样把人看作决定性力量。加速社会主义建设步伐和实施"现代化赶超"战略，毛泽东始终坚持人民群众在历史发展中的主体地位和作用，特别强调通过生产关系和上层建筑的调整变革来调动人的主观能动性，充分调动一切可以调动的因素来提高人的自觉能动性，推动社会生产力的发展，加速社会主义现代化建设的步伐，使中华民族屹立于世界民族之林。人民群众是社会主义和现代化建设事业的"伟力"。他说，社会主义"事业是多数人做的，少数人的作用是有限的""有了不起的作用的还是群众"①。中国的现代化事业是千百万人民群众的事业，必须充分发挥人民群众的历史主动性和创造性。在经济文化落后的国家建设现代化、实施现代化的赶超战略，必须充分发挥人的主观能动性，这是后起现代化国家的一种普遍现象。毛泽东十分重视现代化目标和内容的全面性，强调改造人的主观世界、发挥人的主观能

① 《毛泽东选集》第 3 卷，人民出版社，1991，第 1060 页。

动性之于现代化建设的必要性和重要性。他认为，在社会主义现代化建设过程中，人人需要改造，要造就出一代又一代与社会主义现代化建设相适应的有觉悟、有文化、懂科学的社会主义新人。

毛泽东人的现代化思想以其独创性的内容和形式丰富了马克思主义人的全面发展理论，是我们党关于人的现代化思想的开端和奠基。

二、邓小平的人的现代化思想

邓小平作为新时期中国现代化建设的开创者、改革开放的“总设计师”，不仅对现代化建设提出了许多独到的看法，而且对人的现代化问题也十分关注，提出了许多有益的思想。

1. 搞现代化建设、实现现代化是中国“最大的政治”

实现四个现代化目标是国家的“大局”，是我们当前“最大的政治”。1975 年 3 月，邓小平指出：“现在有一个大局，全党要多讲。”这个大局就是发展我国国民经济的两步设想：第一步到 1980 年建成一个比较完整的工业体系和国民经济体系；第二步到 20 世纪末，把我国建设成为具有现代农业、现代工业、现代国防和现代科学技术的社会主义强国。“全党全国都要为实现这个伟大目标而奋斗。这就是大局。”① “文革”结束后，他多次强调，实现现代化是我们最大的政治，是 20 世纪 80 年代的核心任务。既然四个现代化是大局，是最大的政治，是核心任务，那么，党和国家的根本任务就不应再是“阶级斗争”“政治运动”了，而必须是现代化建设。在邓小平看来，现代化建设是社会主义的本质要求，是社会主义优越性的具体体现，是中国人民和中华民族最根本的利益。“社会主义现代化建设是我们当前最大的政治，因为它代表着人民的最大利益、最根本的利益。”② 现代化建设“是我们解决国际问题、国内问题的最主要的条件”③。所以说，“能否实现四个现代化，决定着我们国家的命运、民族的命运”④。因此，“当前以及今后相当长一个历史时期的主要任务是什么呢？一句话，

① 《邓小平文选》第 2 卷，人民出版社，1994，第 4 页。

② 同上注，第 163 页。

③ 同上注，第 240 页。

④ 同上注，第 162 页。

就是搞现代化建设”[①]。党和国家的中心工作必须转移到四个现代化上来，并且要坚持这个中心不动摇，除非遇到大的战争等风险。

2. 搞现代化建设、实现现代化，“关键在人”

1992 年，邓小平明确指出：办好中国的事情，“关键在人”。“中国的事情能不能办好，社会主义和改革开放能不能坚持，经济能不能快一点发展起来，国家能不能长治久安，从一定意义上说，关键在人。”[②] 这里的人，当然是千千万万的人民群众，但也不是一般的人，而是具有一定科学技术知识、具有一定专业知识和专业技能的人才。邓小平多次讲，中国要实现四个现代化，必须要有懂专业的人才，要有具备专业能力的干部队伍。“我们要实现现代化，关键是科学技术要能上去。……靠空讲不能实现现代化，必须有知识，有人才。”[③]

邓小平还分析了重视掌握先进科学技术知识人才的重视性。他说：“生产力的基本因素是生产资料和劳动力。科学技术同生产资料和劳动力的关系是怎样的呢？历史上的生产资料，都是同科学技术相结合的；同样，历史上的劳动力，都是掌握一定科学技术知识的劳动力。”科学技术发展到今天，已经成为“第一生产力”。因此，“无论在什么岗位上，都要有一定的专业知识和专业能力。”[④] 四个现代化包括科学技术现代化，科学技术现代化是现代化的基础，现代化是由科学技术现代化武装起来的，没有科学技术的现代化就不可能有其他方面的现代化，可以说科学技术现代化是现代化的核心和关键。同时，科学技术现代化必须是由掌握先进科学技术知识的人来建设的，只有懂得科学技术的人，必须有千千万万的科学技术大军，才能把科学技术现代化建设成功，中国的科学技术成果才能在世界上占有一席之地。

3. 教育要“面向现代化”

教育不仅是培养“全面发展的新人的根本途径”[⑤]，而且是实现现代化的根本途径之一。现代化的关键是科学技术的现代化，而发展科学技术必

---

① 《邓小平文选》第 2 卷，人民出版社，1994，第 162 页。

② 《邓小平文选》第 3 卷，人民出版社，1993，第 380 页。

③ 同前注①，第 40 页。

④ 同前注①，第 262 页。

⑤ 同前注①，第 107 页。

须首先发展教育。“发展科学技术，不抓教育不行。”① 实现现代化，人才是根本。要培养人才，也必须狠抓教育，大力发展教育。“一个十亿人口的大国，教育搞上去了，人才资源的巨大优势是任何国家比不了的。有了人才优势，再加上先进的社会主义制度，我们的目标就有把握达到。”②1983年，邓小平为景山学校题词，提出了教育要坚持“三个面向”：“教育要面向现代化，面向世界，面向未来。”“三个面向”是邓小平关于教育现代化思想的根本内容，为我国教育发展和人才培育指明了方向。教育面向现代化，就是要培养担负现代化建设重任的人才。培养现代人才是教育最根本的任务。因此，“整个教育事业必须同国民经济发展的要求相适应”，“必须提高教育质量，提高科学技术的教学水平，更好地为社会主义服务”，为现代化建设服务。他说：教育要从娃娃抓起。“中央提出要以极大的努力抓教育，并且要从中小学抓起，这是有战略眼光的一着。”③

4. 培养社会主义现代化建设需要的“四有”公民

邓小平不仅明确提出了中国实现现代化的战略目标，而且提出了现阶段实现人的现代化的具体目标与要求。实现人的现代化，就是培养“四有”公民。1985年在全国科学技术工作会议上，他说，要“教育全国人民做到有理想、有道德、有文化、有纪律”。从此，培养适应现代化建设需要的“四有”新人，成为我国现代化建设的一项重要任务。“有理想”，不仅要有共产主义的伟大理想，而且要有实现社会主义现代化的理想。实现现代化、为现代化建设而奋斗，是当代中国人的共同理想。现代化在中国既是一种具体的社会实践，又是一个长期的目标。建成现代化国家是一个比较长的过程，需要几代人的努力奋斗，且充满各种风险挑战，只有心怀理想的人才能有信心、有毅力坚持目标，为实现目标而奉献付出。因此，“我们一定要经常教育我们的人民，尤其是我们的青年，要有理想”④。“有理想”的人是实现现代化的先决条件。“有道德”，既是我国传统文化对人的基本要求，也是社会主义现代化建设对人的基本要求。实现现代化是一项伟大而艰巨的历史任务，非一日之功，更非一蹴而就，需要各族人民、

---

① 《邓小平文选》第2卷，人民出版社，1994，第41页。

② 《邓小平文选》第3卷，人民出版社，1993，第120页。

③ 同上注。

④ 同上注，第110页。

全体中国人的团结奋进、艰苦奋斗。因此，“有道德”的人是实现现代化的前提。“有文化”，是新时期对人的新要求，也是最能体现时代特色的新内容。邓小平赋予了“有文化”新的时代内涵，即主要指现代科学技术知识。有文化的人必须是懂得、掌握现代科技知识和专业技能的人。“有纪律”，是我党对人的一贯要求，更是现代化建设的需要，也是现代人的一个重要内容。邓小平说，在我们这样一个大国搞社会主义、搞现代化建设，要实现团结和发展，必须要有严格的纪律。有了纪律，现代化才会有保障。如果没有纪律，像一盘散沙，什么事情都干不成。因此，我们要把守纪律牢记在心，一方面要加强法治建设，一方面要培养人民遵纪守法。“有理想、有道德、有文化、有纪律”是一个相互联系的整体，培养“四有”公民，是邓小平关于人的现代化的具体内容和要求，是马克思主义人的全面发展思想在改革开放和现代化建设新时期的具体体现，也是邓小平对人的现代化思想的丰富发展。

三、江泽民的人的现代化思想

世纪之交，中国特色社会主义面临新的机遇和挑战。以江泽民同志为核心的党中央顺应国际社会和中国社会主义现代化建设实践的新变化、新特点和新要求，进一步把握人类社会和中国特色社会主义现代化建设的规律及趋势，提出了关于人的现代化的新思想、新观点，丰富了中国化马克思主义人的现代化理论。

1.“促进人的全面发展”是社会主义现代化的根本要求

人的自由全面发展是人类社会发展的必然趋势，是马克思关于建设社会主义新社会的本质特征。追求人的全面发展和社会的全面进步，是中国共产党的信仰和理想。随着中华人民共和国的成立、社会主义制度的建立、改革开放的深入发展，社会主义现代化建设事业不断推进，社会现代化和人的现代化及其全面发展取得了举世瞩目的成就。世纪之交，江泽民在庆祝中国共产党成立八十周年大会上发表讲话，着重阐述了人的全面发展的思想，认为促进人的全面发展是中国特色社会主义和现代化建设的本质要求，中国特色社会主义和现代化与人的全面发展是有机统一的。江泽民认为，社会主义社会应该是全面发展的社会，人的全面发展是社会进步的根本目标，党领导人民进行的经济建设、政治建设和文化建设的实质只有上升到人的发展高度，才有其根本性意义。国家的现代化、社会的全面发展，最终是为了人，为了人的全面发展；没有人的现代化、没有人的全面发展，就不可能实现真正意义上的社会现代化①。“三个代表”重要思想要求党必须把实现社会的进步与促进人的全面发展紧密结合起来，在任何时候“都必须坚持尊重社会发展规律与尊重人民历史主体地位的一致性，坚持为崇高理想奋斗与为最广大人民谋利益的一致性，坚持完成党的各项工作与实现人民利益的一致性”，充分调动人民群众的积极性、主动性、创造性，在不断推进社会现代化的基础上，使人民群众获得经济、政治、文化的利益，促进人的全面发展。中国特色社会主义的各项建设事业，中国共产党带领人民开展的一切工作，既要着眼于人民现实的物质文化生活需要，同时又要着眼于促进人民素质的提高，也就要努力促进人的全面发展。这是马克思主义关于建设社会主义新社会的本质要求。把人的全面发展当作体现中国现实社会主义社会本质的主题纳入现阶段人们的奋斗目标，充分体现了党的最高纲领与最低纲领的辩证统一。人的全面发展要立足于现实社会主义初级阶段、立足于当前社会主义市场经济的具体实践，一切促进人的全面发展的方针政策都要以此为依据，不能超越这个阶段。这就把人的全面发展深深植根于现实基础之上，任何超越现实社会主义初级阶段而谈论人的全面发展都“很容易陷入不切实际的空想”。因此，我们既要坚持“每个人的自由全面发展”的最高要求，又“更要脚踏实地地为实现党在现阶段的基本纲领而不懈努力，扎扎实实地做好现阶段的每一项工作”。既要大力发展生产力，发展科学、文化、教育，创造更高的物质文明、政治文明和精神文明，又要不断推动人的全面发展事业向更高目标迈进。

2. 加快创新步伐，大力培育高素质的创新型人才

20 世纪 90 年代，科学技术和全球化迅猛发展，世界进入信息化和知识经济时代，创新的重要性日渐凸显。江泽民指出：“创新是社会发展的不竭动力。”理论创新、制度创新、科技创新在很大程度上决定了一个国家和民族的命运，决定了一个国家和民族在日趋激烈的国际竞争中的成败。科技发展、科技创新成为信息化时代世界经济和社会发展的引擎。现

① 周建超：《中共三代领导核心关于人的现代化思想》，《党史研究与教学》2006 年第 3 期。

代化建设的关键在于科学技术现代化，在于科学技术的重大创新。科技创新的关键在于具有创新意识和创新能力的科技人才。因此，科学技术的竞争、科技创新的竞争归根到底是人才的竞争，是民族素质和创新能力的竞争。人力资源、智力资源已成为社会经济发展的战略资源和决定性力量，成为实现人的现代化的最重要的价值因素。江泽民指出：人是生产力中最具有决定性的力量，人才是科技进步和经济社会发展最重要的资源。“二十一世纪科技创新将进一步成为经济和社会发展的主导力量。”[①] 因此，国家必须坚持“科教兴国发展战略”，走创新发展之路，“把加速科技进步放在经济社会发展的关键地位，使经济建设真正转到依靠科技进步和提高劳动者素质的轨道上来”；要不断提高“全体人民的思想道德素质和科学文化素质，不断提高他们的劳动技能和创造才能”[②]。他还提出要树立新的发展理念，把人力资源能力建设放在社会经济发展的突出位置，动员各方面的力量提高人力资源开发的质量；要构筑终身教育体系，加快创建学习型社会，提高劳动者素质；要弘扬创新精神，培养创新能力，特别要培养青年创新人才[③]。

3. 建立完善的、与社会主义市场经济相适应的法律和道德规范体系，造就社会主义现代化建设的新型公民

党的十四大确立了建立社会主义市场经济体制、大力发展社会主义市场经济的目标任务。由计划经济体制向市场经济体制转变、大力发展市场经济是一种新的伟大实践。在这场新的实践中，人们的思想道德观念、行为方式、生活方式不断发生新的变化，社会发展出现许多新特点，对社会主义事业和人的现代化发展提出了新的课题。适应经济体制改革和发展市场经济的新要求，党的十五大提出了“依法治国”、建设社会主义“法治国家”新任务。党的十六大又适时地提出了“依法治国”和“以德治国”相结合的治国方略。发展市场经济，不仅要加强社会主义法治建设，提高全社会法治水平和法治精神，而且要加强社会主义道德建设，提高公民的思想道德修养，为社会主义现代化和市场经济的健康发展奠定思想文化和

---

① 《江泽民论有中国特色社会主义（专题摘编）》，中央文献出版社，2002，第 232-233 页、第 249 页、第 254-261 页。

② 同上注，第 249 页、第 254-261 页。

③ 参见周建超：《中共三代领导核心关于人的现代化思想》，《党史研究与教学》2006 年第 3 期。

法治道德基础。江泽民指出："发展社会主义市场经济，不仅要求建立相应的法律法规体系，而且要求建立与之相适应的思想道德体系。"① 加强思想道德和法治建设，提高人的精神境界，是人的现代化的重要内容，也是社会现代化的内在要求。江泽民指出，"培育适应社会主义现代化要求的一代又一代有理想、有道德、有文化、有纪律的公民"，"引导人们树立正确的世界观、人生观、价值观……重视受教育者素质的提高，培养德智体等全面发展的社会主义事业的建设者和接班人"，是"我国文化建设长期而艰巨的任务"②。要努力提高全民族的思想道德素质和科学文化素质，实现人们思想和精神生活的全面发展。面对新的国际国内形势，面对全球化的机遇和挑战，江泽民要求重视共同理想和民族精神的培育。他说，"面对世界范围各种思想文化的相互激荡，必须把弘扬和培育民族精神作为文化建设极为重要的任务"，"使全体人民始终保持昂扬向上的精神状态"。"民族精神是一个民族赖以生存和发展的精神支撑"，"有没有高昂的民族精神，是衡量一个国家综合国力强弱的一个重要尺度"。"一个民族、一个国家，如果没有自己的精神支柱， 就等于没有灵魂，就会失去凝聚力和生命力"③。

站在新的历史和发展起点，江泽民郑重指出，我们党必须始终代表"中国先进生产力的发展要求、中国先进文化的前进方向、中国最广大人民的根本利益"。"三个代表"重要思想不仅是加强党的建设的基本要求和指导原则，也是社会主义现代化和人的现代化的根本指针。发展先进生产力，发展先进文化，实现最广大人民群众的根本利益，核心在于促进人的现代化和全面发展。

四、胡锦涛的人的现代化思想

以人为本的科学发展观是我们党对中国特色社会主义理论的新发展，深化和丰富了对中国特色社会主义现代化建设规律的认识，对推进社会主义现代化和人的现代化事业具有重要指导意义。

---

① 《江泽民论有中国特色社会主义（专题摘编）》，中央文献出版社，2002，第 336 页。

② 江泽民：《高举邓小平理论伟大旗帜，把建设有中国特色社会主义事业全面推向二十一世纪》，人民出版社，1997，第 41-42 页。

③ 《论"三个代表"》，中央文献出版社，2001，第 179 页、第 66 页、第 67 页。

1. 以人为本，就是要以人的现代化和人的全面发展为目标

以人为本的科学发展观实现了中国特色社会主义和现代化在发展目标、发展理念上的根本转型，人的现代化、人的全面发展不仅与经济社会发展以及现代化建设的其他方面具有同等重要的地位，而且是经济、政治、文化和社会现代化的根本目的。2004 年，胡锦涛指出："坚持以人为本，就是要以实现人的全面发展为目标，从人民群众的根本利益出发谋发展、促发展，不断满足人民群众日益增长的物质文化需要，切实保障人民群众的经济、政治和文化权益，让发展的成果惠及全体人民。"① 以人为本的发展观把人的现代化、人的全面发展作为根本目标，改变了过去见物不见人、重物不重人的片面发展理念，凸显了人是社会发展的主体和目的，突出了发展的人本价值取向，使我们党对社会主义发展和人的现代化的认识达到了新的高度。

以人为本是科学发展观的核心。以人为本包含以下两方面的内容：一是把人当人，另一是使人成其为人。以人为本最根本的内容是要把人发展成人，把人发展为具有自由个性的人，成为占有自己全面本质的人，亦即自由全面发展的人。可以说，促进和实现人的自由全面发展是以人为本最重要、最根本的内容，也是核心内容。

纵观人类现代化的进程，无论是西方国家现代化还是在我国建设现代化，都曾出现过"重物轻人"的倾向，即过于重视物的现代化，强调社会物质财富增长和积累，忽视精神文化现代化的建设，忽视人的需要的满足、人的全面发展。以人为本，把现代化建设的重心从"物"转向"人"，转向人的需求的满足和人的发展，明确现代化的关键是人的现代化，社会主义发展的根本目标是促进人的自由全面发展。以人为本的科学发展观借鉴现代化发达国家的成功经验，适应中国现代化建设的新形势、新要求，明确经济社会发展的目的，并非单纯的物质财富的积累，而是要让人民共享发展成果，实现社会公平正义，促进人的现代化和人的自由而全面的发展。

2. 全面、协调、可持续发展是人的现代化的基本内容

科学发展观的基本内容是全面、协调和可持续发展。这也是人的发展、人的现代化的基本内容。全面、协调、可持续发展是围绕以人为本这

① 胡锦涛：《在中央人口资源环境工作座谈会上的讲话》，《人民日报》2004 年 4 月 5 日。

一核心的发展，是以促进人的全面、和谐发展为核心内容和根本目标的。

全面发展，不仅是经济、社会、自然、人文、生态系统等方面的全面发展，也包括人的全面发展。人是一个由多种因素构成的“有机体”，人的多方面的能力体系都应当得到发展，使人成为全面发展的人。经济社会全面发展和人的全面发展是互为前提、相互促进的。人自身的全面发展推动社会的全面进步，社会经济的全面发展促进人的全面发展；人的全面发展既是经济社会全面发展的决定性因素，又是经济社会全面进步的目的。协调发展，是要促进经济社会各方面发展相互衔接、相互促进、良性互动，关键因素也是要促进人的自由全面发展。同时，协调发展也必然包括人的各方面素质的协调发展。人的全面发展也是人的协调发展。从全面和协调的关系看，全面是协调的全面，协调是全面的协调。全面发展要求协调发展，协调发展也要求全面发展。人的全面发展是人的思想道德、科学文化知识、身体心理等众多因素的协调发展，只有各方面协调发展的人才是全面发展的人。从经济社会全面协调发展与人的全面发展的关系看，二者同样是协调发展的。前者是后者的条件，后者是前者的目的和要求。可持续发展，就是要既考虑当前的发展，又考虑未来的发展，既满足当代人的需要，又保护后代人的利益，根本目的在于促进人的发展。科学发展观提倡的可持续发展，既是为了保全当代人的发展，又是为了后代人的发展，实现人类的永续发展。全面、协调和可持续发展是相互联系相互作用的整体，要求经济发展、社会发展和人的发展的有机统一，要求社会现代化和人的现代化的辩证统一，要求当代人的现代化发展与未来人的现代化发展的历史统一。

3. 构建和谐社会，促进人的现代化

构建社会主义和谐社会是中国特色社会主义建设的重要目标。社会和谐是中国特色社会主义的本质属性。党的十七大报告指出：“构建社会主义和谐社会是贯穿中国特色社会主义事业全过程的长期历史任务，是在发展基础上正确处理各种社会矛盾的历史过程和社会结果。”“要通过发展增加社会物质财富、不断改善人民生活，又要通过发展保障社会公平正义、不断促进社会和谐。实现社会公平正义是中国共产党人的一贯主张，是发展中国特色社会主义的重大任务。要按照民主法治、公平正义、诚信友爱、充满活力、安定有序、人与自然和谐相处的总要求和共同建设、共同享有的原则，着力解决人民最关心、最直接、最现实的利益问题，努力形成全体人民各尽其能、各得其所而又和谐相处的局面。”①

民主法治、公平正义、诚信友爱、充满活力、安定有序、人与自然和谐相处，既是和谐社会建设的基本特征和总要求，也是人的现代化建设的根本要求。这 6 个基本特征和要求，归结起来，主要包括人与自然的和谐、人与人的和谐、人与社会的和谐，就是要科学合理地处理好人与自然、人与人、人与社会之间的关系。人与自然、人与人、人与社会之间既对立又统一。和谐社会建设就是要解决它们之间的对立和冲突，促使它们有机统一。在这三对矛盾中，人是主体，且处于核心地位。要解决好这些矛盾，关键在于解决人的问题。在实现社会主义现代化的历史进程中解决人的问题，其实就是解决人的现代化问题。

构建社会主义和谐社会，关键是构建人与人、人与社会的和谐关系，促进人与自然、人与社会的和谐发展。为此，在构建和谐社会的实践中，必须坚持以人为本，确立人的主体地位，肯定人的独特作用和终极价值。推动人的现代化、培养全面和谐发展的人是建设现代化国家的关键。离开人的现代化和人的和谐发展，不可能建设和谐的现代化国家，不可能建成和谐发展的现代社会。和谐的现代化国家、和谐的现代社会必须是由和谐发展的人来建造的，也必须是由全面和谐发展的人才能建造成功的。

构建和谐的现代化国家也是促进人的现代化和人的全面发展的必然前提。构建和谐社会，就是要不断坚持“五位一体”的战略布局要求，推进经济、政治、文化、社会、生态文明建设，大力发展科技、教育、文化、卫生、体育等社会事业，加强社会就业、社会保障、社会公正、社会秩序、社会治理等方面的建设，为全面提高人的素质、提高人的各方面能力、实现人的现代化和全面发展提供充分的社会条件。构建和谐的现代化社会，就是要全面深化改革，破除和解除一切制约人的现代化和社会现代化的制度、体制机制障碍，积极妥善解决我国经济社会发展不协调、不平衡的问题，推进人的现代化和人的全面发展。

---

① 《中国共产党第十七次全国代表大会文件汇编》，人民出版社，2007，第 17 页。

五、习近平的人的现代化思想

党的十八大以来，习近平在继承前人关于人的现代化思想的基础上，结合我国现代化发展的新情况、新特点和新要求，提出了一系列关于现代化和人的现代化问题的新看法、新观点，如建设社会主义现代化强国目标，现代化的本质是人的现代化，以人民为中心的发展思想，等等。这是习近平新时代中国特色社会主义思想的重要内容，是新时代我国现代化建设和人的现代化事业的科学指南。

1. 推进中国特色社会主义伟大事业，全面建设现代化强国

实现现代化和中华民族伟大复兴是近代以来中华民族的伟大梦想。中国共产党从诞生之日起，就义无反顾肩负起实现现代化和中华民族伟大复兴的历史使命。“今天，我们比历史上任何时期都更接近、更有信心和能力实现中华民族伟大复兴的目标。”[①] 改革开放以来，现代化建设取得举世瞩目的成就，综合国力大幅提升。党的十八大以来，我国经济实力、科技实力、国防实力、国际影响力进一步增强，取得了改革开放和社会主义现代化建设的历史性成就，中国特色社会主义进入新时代。以习近平同志为核心的党中央统筹国际国内两个发展大局，不断总结改革开放和现代化建设的成功经验，全面深化对建设中国特色社会主义和现代化国家的认识。一是把实现现代化与实现中华民族伟大复兴的中国梦统一起来。现代化和中国梦，在本质上都是实现国家富强、民族振兴和人民幸福。实现现代化和实现中国梦统一在建设中国特色社会主义的伟大实践中。二是把“全面建成小康社会”和“建成现代化强国”的“两个一百年”奋斗目标统一起来。党的十九大对实现现代化作出了新的战略安排：到2035年基本实现社会主义现代化，到本世纪中叶把我国建成富强民主文明和谐美丽的社会主义现代化强国。正因如此，“这个新时代，是承前启后、继往开来、在新的历史条件下继续夺取中国特色社会主义伟大胜利的时代，是决胜全面建成小康社会、进而全面建设社会主义现代化强国的时代”[②]。

① 《中国共产党第十九次全国代表大会文件汇编》，人民出版社，2017，第13页。

② 同上注，第23-24页。

2 现代化的本质是人的现代化

习近平明确指出："现代化的本质是人的现代化。"在中国实现现代化，必须促进人的全面发展，实现人民对美好生活的向往。同时，实现现代化，必须依靠全体人民的共同努力，必须充分发挥中国人民的聪明才智。全面建设社会主义现代化强国，绝不是靠一部分人就能实现的，而必须依靠全体中国人民；"绝不是轻轻松松、敲锣打鼓就能实现的"，而必须依靠努力奋斗。就是说，建设现代化强国，必须依靠全体中国人民的自主创业、艰苦奋斗。

现代化是全体中国人民的现代化，是中国人民创造、奋斗出来的现代化。中国人民是现代化的主体，主体的现代化程度决定了国家的现代化样式和水平。只有全体中国人民的现代化才能保证国家的现代化，没有中国人民的现代化就没有国家的现代化。从这个意义上说，现代化在本质上是人的现代化，中国的现代化在本质上是全体中国人民的现代化。

人的现代化是中国特色社会主义现代化建设的价值目标。人是现代化的建设主体，也是现代化的价值目标。所谓现代化的价值目标，就是建设社会主义经济、政治、文化、社会治理、生态文明现代化，根本目的是满足全体中国人民的需要，实现人民对美好生活的向往，即实现人民的幸福。这就要求现代化建设的重心和目标都必须立足于人，立足于人的现代化和人的全面发展。只有把人的现代化、人的幸福确立为现代化建设的价值目标，才能保证现代化建设的社会主义方向。中国的现代化，不是别的什么现代化，而是社会主义的现代化。社会主义的价值目标是人民的幸福，是人的自由全面发展。坚持社会主义方向、确保社会主义性质，这是中国的现代化与西方国家的现代化的根本区别。中国的社会主义现代化建设，人的现代化、人的发展是经济社会发展和国家现代化的根本目的，经济社会发展、国家现代化建设服务于人的现代化和人的全面发展，服务于积极促进人的自由全面发展这一最终目标的实现。

3. 坚持以人民为中心，推进人的现代化

坚持以人民为中心是新时代发展中国特色社会主义事业、全面建设现代化强国的内在要求。在党的十八届五中全会上，习近平明确提出坚持以人民为中心的发展思想，发展为了人民，发展依靠人民，发展成果由让全体人民共享。在社会主义现代化进程中，必须坚持以人民为中心的发展思想。在党的十九大报告中，他进一步指出："为什么人的问题，是检验一个政党、一个政权性质的试金石。带领人民创造美好生活，是我们党始终不渝的奋斗目标。必须始终把人民利益摆在至高无上的地位，让改革发展成果更多更公平惠及全体人民，朝着实现全体人民共同富裕不断迈进。"[①]

坚持以人民为中心的发展思想，必须确保人民群众的主体地位。人民是发展中国特色社会主义事业的主体，是建设社会主义现代化强国的主体。党的十九大报告指出："人民是历史的创造者，是决定党和国家前途命运的根本力量。必须坚持人民主体地位，坚持立党为公、执政为民，践行全心全意为人民服务的根本宗旨，把党的群众路线贯彻到治国理政全部活动之中，把人民对美好生活的向往作为奋斗目标，依靠人民创造历史伟业。"[②] 我国是社会主义国家，国家一切权力属于人民。保障人民的主体地位，其实质就是保障人民当家作主，亦即发展社会主义民主。我国社会主义民主是维护人民根本利益的最广泛、最真实、最管用的民主。坚持人民当家作主，发展社会主义民主政治就是要体现人民意志、保障人民权益、激发人民创造活力，用制度体系保证人民当家作主。中国特色社会主义现代化是全体中国人民的共同事业，必须调动全体中国人民的积极性、创造性，发挥全体人民的聪明才智和奋斗精神。为此，必须推进人的现代化，努力提高人的素质和能力，促进人的全面发展。这是中国特色社会现代化建设和实现人的全面发展事业的时代课题和历史任务。

坚持以人民为中心的发展思想，必须把握新时代我国社会的主要矛盾，实现人民对美好生活的向往。2012 年 11 月 15 日，习近平在十八届中央政治局常委同中外记者见面时向世界庄严宣示："人民对美好生活的向往，就是我们的奋斗目标。"[③]2013 年 3 月 17 日，习近平在第十二届全国人民代表大会第一次会议上指出："我们要随时随刻倾听人民呼声、回应人民期待，保证人民平等参与、平等发展权利，维护社会公平正义，在学有所教、劳有所得、病有所医、老有所养、住有所居上持续取得新进展，不断实现好、维护好、发展好最广大人民根本利益，使发展成果更多更公

---

① 《中国共产党第十九次全国代表大会文件汇编》，人民出版社，2017，第 36 页。

② 同上注，第 17 页。

③ 《十八大以来重要文献选编》（上），中央文献出版社，2014，第 70 页。

平惠及全体人民，在经济社会不断发展的基础上，朝着共同富裕方向稳步前进。”① 经过改革开放40多年的快速发展，我国社会的主要矛盾已经由人民日益增长的物质文化生活需要与落后的生产力之间的矛盾，转化为人民日益增长的美好生活需要和不平衡不充分的发展之间的矛盾。社会主要矛盾的变化是中国社会的根本性变化，是关系全局的历史性变化。社会主要矛盾的变化必然引起其他社会矛盾的变化，并且必然会出现新的时代特征。认识我国社会主要矛盾及其时代特征，把握主要矛盾引发的全局性、历史性变化，便成为推进中国特色社会主义伟大事业全部战略运筹的基本立足点，是制定党和国家的大政方针、完善发展战略和各项政策的客观依据。人民美好生活需要日益广泛，对物质文化生活的要求更高了，在民主、法治、公平、正义、安全、环境等方面的需求也日益增长。同时，我国经济社会发展不平衡不充分的问题还比较突出，已经成为满足人民日益增长的美好生活需要的主要制约因素。社会主要矛盾决定主要任务。党和国家的主要任务是继续坚持发展是第一要务，在推动发展的基础上，着力解决好发展不平衡不充分问题，大力提升发展质量和效益，更好满足人民在经济、政治、文化、社会、生态等方面日益增长的需要，更好推动人的全面发展、社会全面进步。因此，在发展的过程中，一切出发点都是要合乎最广大人民群众的利益，为最广大人民群众所拥护。习近平指出，“检验我们一切工作的成效，最终都要看人民是否真正得到了实惠，人民生活是否真正得到了改善，人民权益是否真正得到了保障”②。“改革发展搞得成功不成功，最终的判断标准是人民是不是共同享受到了改革发展成果。”③

坚持以人民为中心的发展思想，必须推动人的现代化，促进人的全面发展。习近平站在历史和时代发展的高度认为，教育发展的目的和初衷就是促进人类更好地创造未来，实现人们创造理想世界的目的。在党的十九大报告中，他提出了建设教育强国的目标。“建设教育强国是中华民族伟大复兴的基础工程，必须把教育事业放在优先位置，深化教育改革，加快教育现代化……培养德智体美全面发展的社会主义建设者和接班人。”④ 他

① 《十八大以来重要文献选编》（上），中央文献出版社，2014，第236页。

② 同上注，第698页。

③ 《人民日报》2015年10月31日。

④ 《中国共产党第十九次全国代表大会文件汇编》，人民出版社，2017，第36-37页。

说，当今世界的综合国力竞争，说到底是人才竞争，人才越来越成为推动经济社会发展的战略性资源，教育的基础性、先导性、全局性地位和作用更加突显。因此，必须优先发展教育，办好人们满意的教育，培育适应现代化建设和发展中国特色社会主义事业的全面发展的人才；必须实施人才强国战略，营造全社会“尊重知识，尊重人才”的良好风尚；必须加快建设学习型社会，大力提高国民综合素质。

现代化是一个过程，人的现代化更是一个过程。在全面推进现代化建设事业，全力建成现代化强国和实现中华民族伟大复兴的前进道路上，我们要高举中国特色社会主义的旗帜，坚持用党的指导思想引领现代化建设实践，在推进现代化事业的进程中，努力促进人的现代化，促进人的自由全面发展。

第三章 人的现代化的内容诠释

马克思认为："一个种的整体特性、种的类特性就在于生命活动的性质。"[①] 生命活动的性质是种的特性，种的特性蕴含在生命活动之中，通过其生命活动表现出来。人的生命活动的本质是实践的，人在本质上是实践性的存在。人的实践本质通过人的活动状态、方式和特性表现出来。人的现代化是人的现代实践活动对人自身的现代性改造；人的现代性则是人创造现代社会的生命活动表现出来的特性。由此，人的现代化可看作人的生命活动及其本质的改变，是人的生命特性、生活形态和精神风貌的整体性再生，是"传统人"的彻底转变和"现代人"的不断生成。从马克思主义理论的视角看，人的现代化主要包括人的实践方式现代化、人的生活方式现代化和人的思维方式现代化 3 个方面的内容。

第一节 人的实践方式现代化

马克思指出，人的全部社会生活的本质是实践的。人们"是什么样的，这同他们的生产是一致的——既和他们生产什么一致，又和他们怎样生产一致。因而个人是什么样的，这取决于他们进行生产的物质条件"[②]。从这一论述可知，人是怎么样的直接取决于人的生产活动，取决于人生产什么和怎么样生产，即取决于人的实践方式。人在实践中创造什么和怎么创造，人便是什么样的人，实践方式决定人的特性和本质。现代化是人进入到一定历史阶段的实践活动，亦即人的实践活动发展到一定阶段的产物及其过程。因此，现代化在本质上是人的实践活动的现代化，人的现代化则是人的实践方式的现代化、是人的实践本质和存在方式的现代化。

---

① 中共中央马克思恩格斯列宁斯大林著作编译局编译《马克思恩格斯全集》(第 42 卷)，人民出版社，1979，第 96 页。

② 中共中央马克思恩格斯列宁斯大林著作编译局编译《马克思恩格斯文集》(第 1 卷)，人民出版社，2009，第 520 页。

一、实践是人的存在方式

马克思一贯认为他自己是唯物主义者。他说：“当我们真正观察和思考的时候，我们永远也不能脱离唯物主义。”[①] 虽然他多次自称是黑格尔“这位大思想家的学生”，但他也明确自己秉持的研究方法并不是黑格尔的方法，他说：“我的阐述方法不是黑格尔的阐述方法，因为我是唯物主义者，而黑格尔是唯心主义者。”[②] 当然，马克思并不是一般的唯物主义者，而是实践的、辩证的“新唯物主义者”。

马克思的“新唯物主义”不同于“旧唯物主义”。马克思指出：“从前的一切唯物主义（包括费尔巴哈的唯物主义）的主要缺陷是：对对象、现实、感性，只是从客体的或者直观的形式去理解，而不是把它们当作感性的人的活动，当作实践去理解，不是从主体方面去理解。”[③] 他在批判费尔巴哈唯物主义的缺陷时指出：“他没有看到，他周围的感性世界决不是某种开天辟地以来就直接存在的、始终如一的东西，而是工业和社会状态的产物，是历史的产物，是世世代代活动的结果。”可见，“他从来没有把感性世界理解为构成这一世界的个人的全部活生生的感性活动”[④]。旧唯物主义的“物”是与人无关的、脱离人的实践活动的存在，其主要的缺点在于抛弃了实践，用感觉直观来看待“物质世界”。马克思认为，“直观的唯物主义，即不是把感性理解为实践活动的唯物主义”[⑤]。在旧唯物主义看来，世界是始终如一的存在，人类世界与自然界完全相同，人与其他的动物也是一样的，都是一种肉体组织而已。世界不是不断生成的世界，人也不是不断生成的人。正如马克思在批判费尔巴哈的直观唯物主义时所说：“费尔巴哈对感性世界的‘理解’一方面仅仅局限于对这一世界的单纯的直

① 中共中央马克思恩格斯列宁斯大林著作编译局编译《马克思恩格斯全集》（第 32 卷），人民出版社，1972，第 213 页。

② 中共中央马克思恩格斯列宁斯大林著作编译局编译《马克思恩格斯文集》（第 10 卷），人民出版社，2009，第 280 页。

③ 中共中央马克思恩格斯列宁斯大林著作编译局编译《马克思恩格斯文集》（第 1 卷），人民出版社，2009，第 499 页。

④ 同上注，第 528 页、第 530 页。

⑤ 同上注，第 502 页。

观，另一方面仅仅局限于单纯的感觉。”①“他把人只看作‘感性对象’，而不是‘感性活动’。”②恩格斯在评价费尔巴哈的思想时也说：“他紧紧抓住自然界和人；但是，在他那里，自然界和人都只是空话。无论关于现实的自然界或关于现实的人，他都不能对我们说出任何确定的东西。”③因而，世界是没有任何具体存在物的抽象的世界，人也是无任何内容的空洞的人。可见，旧唯物主义不理解实践、劳动及其创造世界和创造人的作用。

从实践的观点来理解世界和人，这是马克思的唯物主义与其他旧唯物主义的本质区别，也是马克思在哲学世界观上的革命创举。马克思认为，感性的实践是人改造世界的物质性的活动，是世界的生成和人的生成的创造性活动。人的世界包括人自身无一不是实践活动的产物，无一不是实践的创造结果：大自然是打上了人的印记的“人化自然”，社会是实践活动凝结的“共同体”，人是劳动的对象化，历史是实践的累积与积淀，意识和思维是实践长期的产物并以实践的对象为内容。因此，马克思、恩格斯在《德意志意识形态》中明确认为：“这种连续不断的感性劳动和创造、这种生产，正是整个现存的感性世界的基础。”④在人类世界本体论的意义上，实践构成了属人世界的终极基础，是人类世界的动力之源。人在实践中并通过实践不仅创造人自身的生命存在，把外部世界转换为人的一种生命存在，而且创建社会存在，把自然界转变为一种社会存在，不断创造人自身赖以存在和发展的物质条件及精神产品，并不断创立、变更人的各种社会关系、社会结构，改变社会的制度和性质。也就是说，实践不仅创造和改变人的存在形态，而且创造和改变社会的存在形态。正是在这个意义上，马克思指出，“整个所谓世界历史不外是人通过人的劳动而诞生的过程”⑤，全部社会生活的本质是实践的，即实践是社会生活的本质。实践决定人，决定人的社会生活。实践是怎样的，社会生活就是怎样的；实践的状况与人的生活状态以及社会生活的状态保持着时空的一致性与同步性。

---

① 中共中央马克思恩格斯列宁斯大林著作编译局编译《马克思恩格斯文集》（第1卷），人民出版社，2009，第527-528页。

② 中共中央马克思恩格斯列宁斯大林著作编译局编译《马克思恩格斯全集》（第3卷），人民出版社，1960，第50页。

③ 中共中央马克思恩格斯列宁斯大林著作编译局编译《马克思恩格斯文集》（第4卷），人民出版社，2009，第294页。

④ 同前注①，第529页。

⑤ 同前注②，第310页。

可见，马克思的实践的社会本质观不仅是对社会本质认识的科学结论，而且更是认识社会本质的科学方法论。

实践是主体能动地改造客观世界的物质性活动，是一种双重对象化的活动及过程。实践的这一本质规定，明确了实践是人特有的对象性活动，是人区别于其他动物活动的本质特性。实践由实践主体、实践客体和实践中介三部分构成。人是实践的主体，纳入人的实践活动之中的独立于人之外的客观世界及其事物是实践客体，作用于客观事物的工具、方法等是实践中介。实践主体、实践中介以及实践的存在物即人化自然，都是实践的产物。实践不仅以客观事物为对象，把人的目的、理想、意志、情感等本质力量融入客体之中，对象化为客观实在，创造对象化的属人世界，而且在改造世界和创造人类世界的实践中不断改变人自身、拓展人自身，既创造人的物质世界，又创造人的精神世界。

实践之所以不同于动物的活动，之所以是人之为人的本质特性的确证，根本在于实践是人的自觉能动性的活动。动物的活动是本能性的，而人的实践则是自觉能动性的活动。实践的自觉能动性体现在 3 个方面：自主性、创造性和为我性。实践的自主性表现为在实践中是人主动作用于客观事物，不仅认识客观事物的现象、揭示客观事物的本质，而且利用客观事物为人服务。实践的创造性在于实践不仅改变客观事物的存在形式、本来面目，使客观事物打上人的印记，而且创造出客观世界无法自我生成的存在物，创造出一个属人世界。正如马克思所说，人是按照自然界任一种的尺度、美的尺度创造世界的。实践的为我性在于实践不仅是人主动指向、改造客体的活动，而且是使客体满足人的需要、实现人的目的的活动。在实践中，人与物的关系是物“为我而存在”的关系。人对客观事物的改造不是任意的，而是合乎客观事物本性及其规律的，使客体按照其固有的逻辑改变其存在形式和组合方式；同时又是合乎主体需要和目的的，使客体朝着主体的要求、理想等发生变化、改变形式，把客体塑造成适合人需要的形式。也就是说，在实践中，“人把‘物’的内容映射到自身中，同时又把自身的需要以目的的形式贯注到‘物’的内容中，使观念的东西转化为物质的东西，使自在之物变为‘为我之物’，使‘物’成为从属于人的需要的存在，从而在人与物之间建立起一种新的更高的统一的关系，即‘为我而存在’的关系”[1]。

实践是人的存在方式。实践创造人，人在实践中成为自身、确证自身、发展自身。实践之于人具有本体论的意义，人在本质上是一种实践性的存在。人的身体、人的生存条件、人的发展状况、人的一切的一切，无一不来自实践创造，无一不是实践的产物。离开实践，特别是离开生产实践，人便无以为生、更无以为继。马克思指出："我们首先应当确定一切人类生存的第一个前提，也就是一切历史的第一个前提，这个前提是：人们为了能够‘创造历史’，必须能够生活。但是为了生活，首先就需要吃喝住穿以及其他一些东西。因此第一个历史活动就是生产满足这些需要的资料，即生产物质生活本身，而且，这是人们从几千年前直到今天单是为了维持生活就必须每日每时从事的历史活动，是一切历史的基本条件。"[2]所以说，"全部人类历史的第一个前提无疑是有生命的个人的存在"[3]。物质资料的生产不仅是人生存的前提，而且是人发展的基础和决定性条件。实践是怎么样的，人就是怎么样的；人是怎么样的，实践也是怎么样的，人与实践具有内在统一性。同样，人的实践是怎样的，社会也是怎样的；社会是怎样的，人的实践和人也是怎样的。由于人与实践、实践与社会、人与社会是统一的，社会是人的实践世界，人是从事社会实践的人，因此，社会生活在本质上是人的实践，人在本质上是实践的社会性存在或社会性的实践存在。

二、实践方式决定人的社会性本质

实践方式决定人的存在方式和存在状态。实践方式是指实践主体运用实践中介——工具系统直接作用、改造实践客体的活动形式及其状态，即实践主体以一定的方式方法运用实践中介作用于实践客体的活动及其状况。实践主体的实践水平、实践能力体现于实践内容各要素的不同组合方式。如果实践主体和实践客体相同，但实践中介与运用中介的方式不同，那么实践方式不同。如果实践主体、客体和中介完全相同，但主体运用中

---

① 杨耕：《重建中的反思》，北京师范大学出版社，2018，第39页。

② 中共中央马克思恩格斯列宁斯大林著作编译局编译《马克思恩格斯文集》（第1卷），人民出版社，2009，第531页。

③ 同上注，第519页。

介的方式方法不同，那么实践方式也不同。实践方式是衡量人的实践能力、实践水平的标尺。实践方式不仅包括社会的生产方式，而且包括人的社会行为方式。

实践构成全部社会生活的本质内容，实践方式决定整个社会生活的性质和状态，也决定人的生活本质和存在样式。正如马克思所说："他们是什么样的，这同他们的生产是一致的——既和他们生产什么一致，又和他们怎样生产一致。"[①] 归根到底，人的生存和发展状况是和人怎样生产，即人的生产方式、实践方式一致的。由此可以说，人的生存方式其实是人的实践方式，或者由实践方式所决定。实践方式不仅是人的实践能力和水平的体现，即人的本质力量的体现，而且是不同的人、不同时代的人相互区别的标志。不同的人、不同的时代，根本在于人的实践方式的不同。人们用以生产物质生活资料、精神生活资料乃至人自身的方式的不同，构成了不同的人、不同的时代及其特征。

实践方式不仅决定人的生存方式、生活方式，而且决定人的社会性本质及其内容。人的社会性本质及其内容是社会存在的性质、状态在人身上的渗透、融入和印证。人是社会的人，社会性是人的现实本质。马克思指出：人的本质在其现实性上是一切社会关系的总和。全部社会生活在本质上是实践的[②]。"社会本身，即处于社会关系中的人本身"[③]，"历史不过是追求着自己目的的人的活动而已"[④]。社会是人的实践创造，人的实践水平和状态决定社会的存在状态及水平。实践内在地包含三重关系，即人与自然的关系、人与人的关系、人与精神或意识的关系，这三重关系是构成社会的基本内容或基本的社会关系。实践是社会一切关系的浓缩形式，或者说，社会关系是实践的静态表现形式。如果说社会是人的实践的静态形式，那么，社会运动、社会发展则是人的实践的动态表现。人的实践的基本要素及其内在关系不仅构成了社会生活的基本领域，而且是推动社会发

① 中共中央马克思恩格斯列宁斯大林著作编译局编译《马克思恩格斯文集》（第 1 卷），人民出版社，2009，第 520 页。

② 同上注，第 501 页。

③ 中共中央马克思恩格斯列宁斯大林著作编译局编译《马克思恩格斯全集》（第 46 卷）（下），人民出版社，1979，第 226 页。

④ 中共中央马克思恩格斯列宁斯大林著作编译局编译《马克思恩格斯全集》（第 2 卷），人民出版社，1957，第 118-119 页。

展的动力系统。社会发展、社会进步只不过是人的实践活动在一定时间和空间中的展开及其过程。实践活动在时空中的运动推动社会的发展。实践达到什么范围和深度，社会就发展到什么程度和高度。在人的实践系统中，物质生产实践具有基础和决定作用，制约着整个社会生活及其过程。物质生产实践的能力和水平表现为生产力。生产力的发展水平是社会发展进步的最根本的标志。社会的文明程度、社会发展进步的状况直接表现为社会生产力的水平。生产力作为人处理自身与自然关系的实践能力，并不是独立的，而是在一定社会关系或生产关系中才能进行和展开的。生产力只有与生产关系构成现实的矛盾运动才能成为社会的基本内容，才能构成社会发展的根本动力。生产力和生产关系的统一及其矛盾运动构成物质资料的生产方式或实践方式。“生产方式既表现为个人之间的相互关系，又表现为它们对无机自然界的一定的实际的关系，表现为一定的劳动方式。”[①] 在特定历史条件下出现的“生产方式”，“既有表现为个人特性的主观的生产力，也有客观的生产力”[②]。在马克思主义看来，物质生活资料的生产实践及其方式不仅决定人的生存与发展，而且决定社会的存续，是社会发展的决定力量和根本动力。物质生活的生产方式制约着社会的经济结构、政治结构和思想文化结构及其发展状况，决定着社会结构的性质及其变革。马克思认为：“物质生活的生产方式制约着整个社会生活、政治生活和精神生活的过程。”[③] 整个社会生活的发展无非是物质生活的生产方式、实践方式的变动结果。物质生活的生产方式、实践方式的转变或转换不仅意味着生产技术、生产能力的改变以及社会组织形式、人与人的社会关系的改变，而且意味着社会基本结构及其性质或形态的改变。因此，从更深层或根本上说，社会形态的更替、社会性质的变更，则是人的生产方式或实践方式的改变，是新的实践方式代替旧的实践方式。

---

① 中共中央马克思恩格斯列宁斯大林著作编译局编译《马克思恩格斯全集》（第 46 卷）（上），人民出版社，1979，第 495 页。

② 同上注。

③ 中共中央马克思恩格斯列宁斯大林著作编译局编译《马克思恩格斯选集》（第 2 卷），人民出版社，1995，第 82 页。

三、实践方式现代化的根本内容

从本质上说，社会的进步、社会形态的更替是人的实践活动及其方式的改变。人的社会实践活动及其方式如果发生了根本性的改变，社会生活的样式和状态便会根本改变，社会形态也会随之发生质变。现代化在本质上是人的社会实践及其方式的根本性改变，是人以完全不同于传统的方式改变世界和创造新的世界的实践活动及其结果。由于生产工具在社会生产及其物质生活资料的生产方式中的基础与决定性作用，因而所谓实践方式的现代化主要是指以现代生产工具为标志的物质生活资料生产方式的现代化，也就是说是以现代生产工具为基本手段的社会生产力与生产关系相统一的现代化。科技化、智能化是现代生产工具——机器及其体系的本质特性，现代化的生产——工业化是以机器、机械化为主体的，现代化的实践方式则表现为实践主体、客体及其联结方式的知识化、科技化、机械化和智能化，或者说实践方式的现代化则是实践的知识化、科技化、机械化和智能化等等。

物资资料的生产方式是决定性力量，也是区分不同社会形态的一个根本标志。一个社会不在于生产什么，而在于人们用什么样的生产工具、生产手段、生产方法、生产工艺等进行生产。马克思认为，“各种经济时代的区别，不在于生产什么，而在于怎样生产，用什么劳动资料生产。劳动资料不仅是人类劳动力发展的测量器，而且是劳动借以进行的社会关系的指示器”[①]。正因如此，生产工具不仅是生产力发展水平的重要标志，而且是社会发展水平的重要标志。

人不仅能通过自身的器官作用于外部世界，而且更能通过人自身之外的社会性器官——工具来改造外部世界。工具的制造和使用是人类区别于其他动物界的根本标志。工具是人类智慧和理性的结晶与物化。工具的发明创造，既是人认识和掌握事物属性及其规律的产物，又是人不断把握、拓展和满足人的自身需要的结果。发明和制造工具，一方面需要人认识和掌握事物及其发展的规律，形成对于外部世界的认知体系；另一方面需要

① 中共中央马克思恩格斯列宁斯大林著作编译局编译《马克思恩格斯全集》（第 23 卷），人民出版社，1972，第 204 页。

了解和明确人自身的内在需要，形成对自身需要的认知体系；再一个方面需要把对自身需要的认知和对外部事物的认知结合起来，形成主客观相统一的认知。在这种认知的指导下，人发明和制造新的工具，不断积累和扩大人类的工具系统，人类认识和改造世界的能力不断增强。因此，工具是物的外在尺度和人的内在尺度的统一，是延伸人的大脑和肢体机能的外部器官，是物化的知识和技能体系，是人的本质力量的外化。工具的发明创造是一个无止境的过程。新工具的出现特别是生产工具的重大创新，必将极大地提高生产力，促使生产方式的变革，即产生新的生产方式，推动人类社会向新的高度迈进。16 世纪开始于西欧的现代化运动，便是从发明创造新生产工具——机器的诞生开始并迅速扩张和发展起来的。机器生产代替手工工具生产、工业代替农业，并在社会生产中占据主导地位，则意味着工业化时代——工业社会的来临。由于机器工具是近现代科学技术发展的直接产物，机器是物化的科学技术，生产的机械化从根本上讲就是生产的知识化、科技化，因此，工业化、机械化其实是知识化、科技化。传统生产工具和机器工具的根本区别在于知识化、科技化的含量和水平，传统生产工具，结构和功能都相对简单，知识和科技含量低，是经验型的；现代生产工具，结构复杂，功能多样，知识科技含量高，是理性的，知识型和科技型的。马克思在《资本论》及其手稿中对此有过比较细致的论述。马克思认为，机器是许多独立的生产工具的组合，一台机器能同时带动许多工具。“一台纺纱机同时带动几百个纱锭；一台粗梳机——几百个梳子；一台织袜机——一千多只针；一台锯木机——很多锯条；一台切碎机——几百把刀子等。同样，一台机械织机同时带动许多梭子”。此外，“在一个接着一个的生产过程上依次对原料进行加工的各种机器是互相连接的，而且是由同一动力推动的。生产过程的连续性以及各种机器在它们的各个阶段进行的过程的体系和结合就是这样”。与此同时，“很多工作机，在一个工厂里同完成准备作业的相应的预制机器相连接，由同一动力来推动”[①]。在现代生产过程中，“代替简单而便宜的工具的”不仅包括“这类工具（虽然形式有了改变）的组合”以及“加上由发动装置和传动装置组成的整套机器”，而且还包括“用来生产动力（如蒸汽）的材料”以及建筑物，

① 中共中央马克思恩格斯列宁斯大林著作编译局编译《马克思恩格斯全集》（第 47 卷），人民出版社，1979，第 451-452 页。

等等。与此同时，代替简单而便宜工具的不仅是单个机器，而且是整个机器体系；另外，“机器还包含旧工具所没有的要素等等”。现代工业是作为科学技术成果的生产工具——机器应用于整个生产过程的直接结果。18 世纪以蒸汽机的发明、改进和应用为标志，导致了一系列的新机器、新技术的发明创造，形成了以蒸汽机技术为核心的技术体系（“机器体系”），实现了生产工具上的机械力代替畜力和人力的重大变化。“机器的应用，这就是从 18 世纪中叶起工业用来摇撼旧世界基础的”“伟大杠杆”[①]。19 世纪中叶开始以电灯、电动机、发电机等电力技术的发明与运用为标志，形成了以电力技术为主导的技术体系，电力工具代替了蒸汽工具，实现了生产工具的第二次革命；电力技术的推广应用极大地促进了化工技术、钢铁冶炼技术、内燃机等技术的发展，给整个生产和社会带来了巨大而深刻的变化。20 世纪中叶开始，以核能、材料、数字技术等现代科技为标志，人类实现了第三次科技革命，进入知识经济时代。21 世纪，以生物、能源、人工智能等高科技为引领，人类的实践活动进入新的智能时代。

马克思认为，机器是生产力的革命性因素，机器工具代替手工工具是生产力的革命。“机器劳动这一革命因素是直接由于需求超过了用以前的生产手段来满足这种需求的可能性而引起的”[②]。在新的历史条件下，“人们越来越想发现达到人类劳动的一切目的的最好手段；知识面扩大了，知识的应用范围也扩大了，知识促进了劳动”[③]。“自然因素的应用——是同科学作为生产过程的独立因素的发展相一致的。生产过程成了科学的应用，而科学反过来成了生产过程的因素即所谓职能。每一项发现都成了新的发明或生产方法的新的改进的基础”。“实验和观察——以及生产过程本身的迫切需要——才第一次达到使科学的应用成为可能和必要的那样一种规模。现在，科学，人类理论的进步，得到了利用”[④]。“在机器大工业的生产中，科学、自然力和机器一起进入生产过程”，构成了生产力的革命性因素。“机器通过科学把巨大的自然力引入生产过程，彻底改变了生产的性质，

---

① 中共中央马克思恩格斯列宁斯大林著作编译局编译《马克思恩格斯全集》（第 2 卷），人民出版社，1957，第 300 页。

② 中共中央马克思恩格斯列宁斯大林著作编译局编译《马克思恩格斯全集》（第 47 卷），人民出版社，1979，第 472-473 页。

③ 同上注，第 347 页。

④ 同上注，第 570 页。

同时造成了生产和科学的独立关系”[①]。随着科学的发展和广泛应用，“科学作为应用于生产的科学同时就和直接劳动相分离”，成为“独立的力量”，且日益成为“最高意义的革命力量”。

随着机器生产代替手工工具的生产，机器工厂代替手工作坊和手工工场，必然要求新的实践方式代替旧的实践方式，以适应以机器工具为主体的生产力发展的需要。机器等生产工具的科技化必然要求运用机器工具的劳动者的知识化和科技化，必然要求培养新的劳动者。生产工具革命性的进步必然要求创造出新的劳动者，必然要求劳动者素质也发生革命性的进步。“自然科学在物质生产过程中的应用”，必然要求造就出一大批掌握新工具、新技术的熟练工人。恩格斯认为，“由于现代工业，由于运用机器，英国一切被压迫阶级已经汇合成为一个具有共同利益的庞大阶级，即无产阶级”[②]。工人、无产阶级是直接运用新的生产工具的劳动者，是新的生产力的代表者。新的生产工具和新的劳动者的有机结合大大改变了人与自然、人与人之间的关系，促进了生产力的大解放、大发展，使自然界的面貌和人类社会的状况发生重大变化。生产工具的改变及其效能的提高，劳动者素质的提高，必然改变劳动者的劳动方式以及人的实践方式。生产力的革命必然要求新的生产关系的革命。现代化的生产及其方式的确立与变革不仅拥有了巨大的资本量，而且创造了过去一切时代无法比拟的、丰富的科学技术知识及先进的劳动工具，因而创造了比以往任何时代都要高得多的生产率和多得多的社会财富总量，也创造了掌握现代工具、现代生产技能和享有现代生产成果的人。

在原始时代，人们刀耕火种，依靠最简陋的工具和人的自然力量进行生产，劳动生产率极其低下，社会财富极度匮乏，人民群众最基本的生活需求都难以满足。在农耕时代，人们用简单的铁质工具和自然力进行生产，劳动效率依旧低下，社会财富依旧匮乏，绝大部分劳动者在饥饿贫困中挣扎生存，只有极少数的统治者过着穷奢极欲的生活。当人类从制造和利用简单的生产工具进行生产完全进入到制造和利用机器或机器体系进行生产，并普及到整个社会生产的时候，工业化、现代化的时代就到来了。

---

① 宋涛主编《〈资本论〉辞典》，山东人民出版社，1988，第 329-330 页。

② 中共中央马克思恩格斯列宁斯大林著作编译局编译《马克思恩格斯选集》（第 1 卷），人民出版社，1995，第 310 页。

一个社会只有实现工业化、机械化，即工业化、机械化成为占主导地位的实践方式，才能进入到现代社会的行列。虽然生产方式的现代化不是社会现代化的全部内容，但由于物质社会生活资料的生产方式在社会存在与发展中的基础和决定作用，当以机器工具、科学技术为主体的机械化、智能化的实践方式全面代替以手工工具为主的农耕生产方式并占据统治地位之时，便可以认为，这个社会实现了实践方式的现代化，成为现代社会。同样，一个人只有掌握现代科技知识和技能，采用科技化、工业化的实践方式进行生产和生活，才可称之为现代人。可以说，一个不懂得现代科学知识、不会运用现代科学技术从事生产的人绝不是现代劳动者。

现代化作为一种社会实践，是人的实践活动方式的变革，是人的实践方式的机械化、科技化和智能化。科技化、机械化、智能化的实践方式既是现代化的根本内容和标志，也是人的现代化的根本内容和标志。作为现代化核心的工业化的实质是社会生产及其方式的机械化、知识化、科技化、智能化。因此，所谓人的实践方式的现代化，主要表现为人的实践方式的机械化、知识化、科技化、专业化和智能化。随着科学技术的日新月异和现代化的升级换代，人的实践方式现代化也随之更换内容和形式，知识化、科技化、工业化日益向信息化、数字化、智能化等方面发展。实践的社会性和历史性决定了人的生存方式、活动方式和社会本质也是变动和发展的。如果一个人的实践活动和实践方式没有随社会历史的变化而变化，未能接受更不能运用现代科学技术，依旧固守传统的实践方式或躺在"中世纪"愚昧无知的襁褓里"睡大觉"，那么，这个人无论如何是不可能成为现代人的。另外，人与人的社会本质的区别，不在于他做什么的不同，而在于他怎么做、用什么方式做的不同，即在于他的活动方式或实践方式的不同。传统人和现代人的区别，根本在于传统人以简单的手工工具从事社会生产，现代人则运用复杂的、知识和科技含量高的机器体系进行生产。

科学技术发展导致的生产工具等劳动资料与劳动者的变化，直接改变了人与自然的关系，促进了生产力的大解放、大发展，使自然界的面貌和人类社会的状况发生了重大变化。恩格斯指出："蒸汽和新的工具机把工场手工业变成了现代的大工业，从而把资产阶级社会的整个基础发生了革命。工场手工业时代的迟缓的发展进程转变成为生产中的真正的狂飙时期。”[①]科学技术的发明创造不仅使生产工具发生了革命性的进步，而且创造出新的劳动者，促进了劳动者素质的革命性进步。生产工具的改变及其效能的提高，劳动者素质的提高，必然改变劳动者的劳动方式，进而提高社会生产力的水平。生产工具、劳动方式的改变及生产力水平的提高必然要求生产关系和经济基础与之相适应，生产关系和经济基础必然会发生相应的变革，即生产方式的变革。马克思明确指出："机器劳动这一革命因素是直接由于需求超过了用以前的生产手段来满足这种需求的可能性而引起的。……随着一旦已经发生的、表现为工艺革命的生产力革命，还实现着生产关系的革命。"[②]生产关系的变革反过来推动了生产力的发展与革新，从而实现了生产方式、实践方式的变化和更新，进而引发了整个社会生活的变革与发展。邓小平曾指出：实现现代化，是一场根本改变我国经济、技术和人的落后面貌的伟大革命。"这场革命既要大幅度地改变目前落后的生产力，就必然要多方面地改变生产关系，改变上层建筑，改变工农业企业的管理方式和国家对工农业企业的管理方式，使之适应现代化大经济的需要。为了提高经济发展速度，就必须加强企业的专业化，大大提高全体职工的技术水平并且认真实行培训和考核，大大加强企业的经济核算，大大提高劳动生产率和资金利润率。因此，各个经济战线不仅需要进行技术上的重大改革，而且要进行制度上、组织上的重大改变。"[③]与机械化、工业化的生产力发展相适应的生产关系、生产方式的重大变革要求建立生产者与生产者之间、生产者与资本所有者之间公正、平等的社会关系，要求建立公正、公平的财富分配关系，即改变传统生产关系中人与人之间剥削与被剥削的不公正、不平等的关系。为此，必须变革人剥削人、人压迫人的社会制度，改变森严的专制等级体制，建立保障人人平等的公正的民主的社会制度体系。

工业化的实践方式必然会带来整个社会生活的大变动，必然会使整个社会的生活方式、思维方式发生变化。同样，人的实践方式的机械化、科技化、知识化、智能化等等，必然引起人的生活方式、思维方式乃至人的

---

① 中共中央马克思恩格斯列宁斯大林著作编译局编译《马克思恩格斯选集》（第3卷），人民出版社，1995，第728页。

② 中共中央马克思恩格斯列宁斯大林著作编译局编译《马克思恩格斯全集》（第47卷），人民出版社，1979，第472-473页。

③ 邓小平：《在中国工会第九次全国代表大会上的致辞》，《人民日报》1978年10月12日。

生命状态和社会本质的深刻变革。

第二节 人的生活方式现代化

人的生产、实践是为了人的生活，人需要创造历史，人更需要生活。人从事现代化的生产实践，是为了过现代化的生活。相对于生产实践、实践方式的现代化而言，生活的现代化、生活方式的现代化更为重要，也更为根本。因此，人的现代化不仅包括人的实践方式、生产方式的现代化，而且更包括人的生活方式的现代化。生活方式的现代化不仅是人的现代化的重要内容，而且是最为根本的内容，因而，从某种意义上说，生活方式的现代化应当是人的现代化的根本。

一、人的生活方式是人的根本

马克思、恩格斯在《德意志意识形态》中认为："人们用以生产自己的生活资料的方式，首先取决于他们已有的和需要再生产的生活资料本身的特性。这种生产方式不应当只从它是个人肉体存在的再生产这方面来加以考察。更确切地说，它是这些个人的一定的活动方式，是他们表现自己生命的一定方式、他们的一定的生活方式。个人怎样表现自己的生命，他们自己就是怎样"的人[①]。马克思、恩格斯的这一论述具有丰富的思想内涵，不仅从唯物史观的高度阐明了生产方式和生活方式的关系，而且揭示了生活方式对于人的根本意义，也提示后人不仅要从生产方式去观察人，而且更要从生活方式去理解人。在这里，马克思、恩格斯认为，第一，生活高于生产，生活是生产的目的，生产为生活服务。生产方式作为生产人的"生活资料的方式"，是人的生活赖以存续的基础，但它依然只具有手段的性质，人的生活才是社会生产的目的；同时，生产方式在一定程度上可看作人"一定的生活方式"，是生活方式的组成部分。第二，人的生活、生活方式比社会生产、生产方式更为根本，更能体现人的本质。人的实践本质不仅体现在人的生产中，而且体现在人的生活中，且在"更大程度上"体现在人的生活中、体现在人的生活方式中。人怎样表现自己的生

① 中共中央马克思恩格斯列宁斯大林著作编译局编译《马克思恩格斯文集》（第1卷），人民出版社，2009，第520页。

活，人的本质就是怎样的，或者说，人的生活方式是怎样的，人的本质就是怎样的。因为生活方式是从总体上体现和反映社会物质的、经济的、政治的、文化的、精神的、思想的、心理的等各种要素相互作用的结果的一个总括性的范畴，它不仅反映社会物质、经济、政治、文化、精神、思想、生态等方面的发展程度及其状态，还反映一定社会形态及其发展的阶段的特征（王玉波，1983）。不仅如此，生活方式还反映人的物质的、精神的、文化的等整体状况及其社会特性，反映人的现实的社会本质。可以说，生活方式比生产方式具有更为丰富的内涵和意义，更能体现人的本质，或者说，人的本质更多地体现为人的生活方式，生活方式更加具有人的本质内涵和意义。

从理论上讲，生产和生活应该是统一的，有什么样的生产就会有怎样的生活；人的本质与人的生产、生活也应该是统一的，人的生产和生活不仅体现人的实践本质，而且体现人的社会本质。然而，由于生产、生活以及人的本质都是具体的、历史的，因而在不同的社会或历史条件下，生产、生活和人的本质并非完全统一，有时却是对立的。在存在剥削、压迫的社会，社会生产和人的生活并不是统一的，因此与人的本质也不是统一的。人在生产中不是自由自主的，而是强制被迫的，一旦有了可能，人会像逃避瘟疫一样逃避劳动、逃避生产；在劳动中，人创造得越多，人则越愚钝、生活愈赤贫。正如马克思所说，“生产的每一进步，同时也就是被压迫阶级即大多数人的生活状况的一个退步”①。因此，劳动者在生产中不是体现自己的本质，而是异化自己的本质。由于生产和生活的不一致，劳动者虽然生产了丰富的产品，却没能享受富足的生活；虽然在生产中创造了美，却没能享有美的生活。恰如马克思所言，“资本使工人阶级所处的生活状态是：……没有其他一切生活享受，完全没有希望达到更高的社会地位和保持某种体面，他们整个生活毫无内容”②。这里，马克思揭示的工人“整个生活毫无内容”，不仅包括物质生活的无内容，而且包括精神生活的无内容。可见，“无内容”的生活恰恰是剥削社会中劳动者生活的“内容”，是劳动者存在的本真状态，是人的异化本质在生活中的表现。也

---

① 中共中央马克思恩格斯列宁斯大林著作编译局编译《马克思恩格斯全集》（第47卷），人民出版社，1979，第173页。

② 同上注，第345页。

就是说，劳动者在生产中被异化了的本质又通过“无内容”的生活表现出来。这样，“无内容”的生活则成为劳动者的现实本质。在消灭了阶级和阶级剥削、阶级压迫的社会，在以“每个人的自由而全面发展为基本原则”的社会，人的生产方式和生活方式不仅是自由的、全面的，而且是统一的，人的自由本质和创造性本质不仅表现在社会生产中，而且表现在个体生活中。马克思、恩格斯曾以浪漫的笔调对未来社会生活及其方式作了形象的描述：未来社会，“任何人都没有特定的活动范围，每个人都可以在任何部门内发展，社会调节着整个生产，因而使我有可能随我自己的心愿今天干这事，明天干那事，上午打猎，下午捕鱼，傍晚从事畜牧，晚饭后从事批判，但这并不因此就使我成为一个猎人、渔夫、牧人或批判者”①。这就是未来社会自由而全面的生产方式与生活方式的和谐统一，也是人的自由而全面发展的本质的生动体现。

二、生活方式的内涵

对于什么是人的生活方式，我国理论界的认识各异，迄今为止没有形成一致的认识。万俊人认为，生活方式实质上人是在一定社会物质生活条件下对社会生产成果和社会条件的使用与享受方式。由于人类的社会生产可分为物质生活资料和精神生活资料生产两大类，所以生活方式包括物质生活与精神生活方式两个方面。因为人的生活方式是在一定社会物质生活条件下形成和表现的，不仅受个人生理结构与心理情感等主观因素的影响，而且受一定社会的生产方式、社会环境等诸多因素的影响，所以，生活方式本身是一个复杂的系统。王玉波认为，生活领域是指生产领域之外的人们为了生存、发展与满足自己的需要而消费物质资料与精神产品的价值以及人们之间实现生活上的联系、交往的领域。生活方式就是这一领域的人们活动形式的总和。人们生活活动的范围是广阔和复杂的，包括人们对待生活的态度、表现；包括学习、文化娱乐、体育、卫生等业余时间的活动；包括婚姻、家庭与衣、食、住、行等日常生活的方方面面；包括人们生活上的交往、联系等等。生活领域，基本上属于人“自身生产”（种的繁衍）与维持生命活动的领域，生活方式主要是人的生命活动方式的总

① 中共中央马克思恩格斯列宁斯大林著作编译局编译《马克思恩格斯全集》（第 3 卷），人民出版社，1960，第 37 页。

和。刘觉生认为，生活方式是人们以一定社会的物质生产活动（或生产方式）为基础，并在相应的社会意识形态指导之下形成的有典型意义的生活模式。它是物质文明和精神文明相结合的典型产物，是在特定意义下的社会意识现象。汪业周认为，广义的生活方式是指人为满足自己的生存与发展需要而进行的全部活动总体模式，即人的全部实践活动方式。广义的生活方式包括物质生产与物质生活的活动方式、生命的生产活动方式、社会交往活动方式等。狭义的生活方式是指个人、家庭及相关人群在一定历史条件、社会环境中，谋求自己的生存与发展而选择、确立的日常生活诸方面构成和实现的方式。学术界对生活方式的界定，还有不同的看法，在此就不一一列举了。以上几位学者的看法，都有各自的道理，揭示了生活方式不同的方面和内容，同时也各有自身的不足。由于生活本身是极其复杂的，生活的种类是多样的，生活方式也是复杂多样的，对生活方式的认识必然也是多种多样的。人的生活世界以及人的认识本身的复杂性，决定了我们不可能、也不应该要求对复杂的生活及其方式有统一的认识。“横看成岭侧成峰，远近高低各不同”。各领风骚，别有滋味，生活的本质似乎就是多样的味道。

人进行实践活动，为的是能够生活和更好地生活。人从事物质生产实践，是为了有更富足的物质生活；人从事处理社会关系的政治实践活动与进行科学文化实践活动，是为了有更丰富的精神生活；人发展生产，生产更多更好的物质和精神产品，是为了有更美好的幸福生活。对美好生活的向往是人不断改进生产工具、提高生产效率和质量的强大动力。正如马克思所说的：人们为了能够“创造历史”，必须能够生活，而为了能够生活，首先就必须生产满足人的生活需要的物质资料。人不仅是自然存在物，而且是社会存在物和精神存在物，人除了生产物质生活资料，还必须生产维系人的社会关系的制度产品和满足人的精神生活需要的文化产品，即不仅要从事生产实践，而且要从事社会政治实践和科学文化实践。从广义上看，人的生活不仅包括这几类生产活动本身，而且包括生产活动之外的其他活动，特别是包括人享受生产出来的产品的活动以及发展自身兴趣、爱好等能够体现和实现自己个性的活动。在广义的生活中，生产则是人的生活的一个很重要的部分。从狭义上看，人的生活则是指除从事生产活动——物质生活产品、社会生活产品、精神生活产品的生产活动之外的其他一切活动及其过程，即除生产领域之外的人的一切活动领域都是人的生活领域，除生产活动及其过程之外的人的其他一切活动及其过程都可以看作人的生活。人的生活即指除生产活动及其过程之外的其他一切活动及其过程。从内容上看，人的生活是指人运用生产成果、自然和社会条件，满足人自身生存、享受和发展需要的活动及其过程。由于运用一定的产品和条件满足人自身需要的活动本质上其实都是消费活动，亦即人的生存、享受、发展需要的满足无一不是需要消耗一定的自然资源和社会产品才能实现的，因此，人的生活可看作人不断消耗资源和产品以满足自身需要的活动及其过程。没有消费便没有人的生活，没有消费就没有人的生存与发展，因此，从这个意义上讲，生活即是消费。人的消费不仅包括社会生产产品的消费，而且包括自然物品的消费。另外，从生产和消费的关系视角看，由于人的生产和生活、生产和消费之间是紧密联系、无法截然分开的，生产是消费，消费也是生产，因此，生产是人的生活，消费也是人的生活，人的生活既是生产又是消费。在广义上，人的生活是由生产和消费构成的生命及其过程；在狭义上，人的生活则是指人的消费活动及其过程。人进行生产有一定的目的和意义，人进行消费，更有一定的目的和意义。人既可以在生产的目的和意义中体现出人生价值，也可以在消费的目的和意义中彰显人的生命的价值。然而，无论是生产还是消费，人生的价值和意义必然体现在人对美好生活的追求及实现中。没有人的美好生活，生产和消费便没有意义，人生也没有价值。

简单地讲，生活方式是人在整个生活领域的活动方式或实践方式，是人用一定形式表现和实现自己生活的本质内容。具体而言，生活方式是在一定社会条件下人怎样生活、怎样表现自己的生活状态和生命形态，以及展现生命力量、生命价值，也可以说是人如何处理生活事务、如何对待生活处境、如何表现生活态度和实现生命价值，表现为人对各种生活要素的处置、配置形式和生命活动的状态。由于人的生活实质上是维持、展现人的生命力量和价值，因而生活方式便可看作人的生命活动或生命价值的实现形式。

三、生产方式与生活方式

马克思主义认为，人类的生存方式在一定意义上可划分为生产方式和生活方式。生活方式与生产方式之间是相互联系、不可分割的。马克思十分强调生产力、生产方式对生活方式变革的革命性作用。针对一项具体的技术发明，他曾写道，“近年来，任何一种机械发明都不像‘珍妮’纺纱机和精梳纺纱机的创造，在生产方式上，并且归根到底，在工人的生活方式上，引起那样大的改变”，“‘机械发明’，它引起‘生产方式上的改变’，并且由此引起生产关系上的改变，因而引起社会关系上的改变，并且归根到底引起‘工人的生活方式’上的改变”①。大机器生产的方式不仅改变了社会生产方式和状况，而且改变了人的整个生活方式和状况，并改变了人自身。他指出：“当 18 世纪的农民和手工工场工人被吸引到大工业中以后，他们改变了自己的整个生活方式而完全成为另一种人。”②他还指出，正是资本的力量，在“克服流传下来的，在一定界限内闭关自守地满足于现在需要和重复旧生活方式的状况”中起到了“伟大的文明作用”③。具体而言，首先，生产方式决定生活方式。一方面，生产方式决定生活方式的产生或出现，生产方式必然要求与之相适应的生活方式的产生，即有什么样的生产方式，就会有什么样的生活方式；如果从广义或更宽泛的意义上讲，生产方式是构成人的生活方式不可或缺的一个内容，生产方式的出现或更换则是生活方式的出现或更替。另一方面，生产方式决定了生活方式的变化发展，即生活方式随社会生产方式的变化而相应发生变化。生产方式的现代化必然要求改变传统的生活方式，实现生活方式的现代化。现代化的生产方式为人们创造了丰富多样的产品，与财富匮乏相适应的简单、俭朴的传统生活方式便必然会改变，崇尚消费的生活方式必定会出现。再如，大机器工业的生产方式在很长时间内是粗放型的，它既创造了巨大的物质财富，又大量消耗了自然资源并造成对环境的巨大破坏，生态环境问

① 中共中央马克思恩格斯列宁斯大林著作编译局编译《马克思恩格斯全集》(第 47 卷)，人民出版社，1979，第 501 页。

② 中共中央马克思恩格斯列宁斯大林著作编译局编译《马克思恩格斯全集》(第 4 卷)，人民出版社，1965，第 307 页。

③ 中共中央马克思恩格斯列宁斯大林著作编译局编译《马克思恩格斯全集》(第 46 卷)(上)，人民出版社，1979，第 393 页。

题乃至生态危机日益成为制约、威胁人的生存发展与社会进步的重要因素。与这种粗放的生产方式相联系，人的生活方式也是粗放型的。由于这种粗放型的生产方式使自然资源迅速减少并日益枯竭，生物多样性遭到毁灭性的破坏，人类处于生存发展的危机之中，于是，人们要求改变这种生产方式并付诸实施，粗放型的生产方式不断向科技型、环保型的绿色生产方式转变。与此相适应，粗放型的生活方式也必须改变，通过各国政府、各种组织及有识之士的倡导和呼吁，绿色的生活方式必将逐渐成为大多数人的生活选择。其次，人的生活方式影响和制约着生产方式，对生产方式的巩固和发展具有重要作用，并且是推动生产方式变革的内在动力。生活方式既能强化并推动生产方式的完善，同时，生活方式也能促使生产方式的改变和更新。一种生活方式特别是在社会上占主导地位的生活方式的改变相应地会促进生产方式的改变，并逐步被新的生产方式所代替。如果从广义上把生产方式看作生活方式的构成部分，那么，生活方式的改变直接是生产方式的改变。随着生产力和科技的发展，未来的发达社会，生产和生活、生产方式和生活方式之间的界限必将越来越模糊，甚至成为一体。这种状态在今天的某些行业中似乎已初现端倪。如对于从事精神产品生产的人士来说，生产即是生活，生活也是某种生产。另外，生活方式还具有相对的独立性和一定的历史延续性。当一种生产方式消亡之后，与之相随的生活方式并不会立即消亡，甚至在较长的时间内能够继续保留。当代中国，封建传统的生产方式在大部分地区基本上不存在了，一些传统的生活方式却依然存留，有的甚至以改头换面的形式大行其道。再如，对于一些群体和个体而言，尽管新的生产方式和生活方式在社会中已经成为主流，但是，他们依然坚持沿袭传统的生活方式且怡然自得。不过，不管一些传统的生活方式在某些人的生活中如何沿袭和保存，他们终究不得不注入或吸纳新的或现代生活的内容与形式，完全不变的传统生活方式是不可能存在的。总之，在马克思主义的视域内，从归根到底的意义上看，在生活方式和生产方式的关系中占决定和主导地位的是生产方式，生产方式决定生活方式是第一位的、绝对的，生活方式的相对独立性和继承性甚至顽固性，则是第二位的、有条件的。

四、生活方式现代化的主要内容

生活方式的现代化，是社会现代化及其成果的体现，是人的现代化的根本内容。生活方式的现代化是现代文明的标尺，也是现代化建设成败的指示器。人的生活方式越是现代化，标志着现代化越成功，相反，如果人的生活方式没有根本性的变化，或者说人们没有过上现代化的生活，那么，现代化建设就是不成功的或是畸形的现代化。一个国家的现代化建设不仅要通过施行科技化、工业化以及智能化提高生产力的水平，促进社会财富的极大增长、推动民主政治的健康发展以及社会文明程度的逐步提升，而且更要促进人的物质生活和文化生活的改善、人的素质的提高以及生活方式的现代转型。人的物质生活、精神和文化生活及水平的丰富提高，是生活方式现代化的重要表现，也是人的现代化的重要内容。《中共中央关于经济体制改革的决定》指出："在创立充满生机和活力的社会主义经济体制的同时，要努力在全社会形成适应现代生产力发展和社会进步要求的、文明的、健康的、科学的生活方式，摒弃那些落后的、愚昧的、腐朽的东西。"从这里可以看出，改革开放、建设现代化，不仅要改革和创立经济体制、促进生产力的发展，而且要改革和创设新的生活方式，促进人的整个生活的现代转型。

如前所述，工业化、科技化、知识化既是现代化的核心内容和标志，也是人的实践方式现代化的根本内容。现代科技、现代知识、现代工业改变了世界，改变了人的生产和生活，也改变了人自身。人的生活方式现代化的主要内容或本质内容依然是知识化、科技化、工业化及智能化等等。人的生活方式现代化，不仅包括人创造和享受工业化、知识化、科技化、智能化的成果，享受工业化等生产方式创造出来的丰富多样的社会财富，而且包括在享受现代文明成果的过程中形成的新的生活样式、生活习惯和生活作风，以及对传统生活方式的改造和转换。现代科学技术的广泛应用、机器大生产以及工业化、信息化的发展，创造了巨大的社会财富。人们不仅是丰硕社会财富的创造者，而且是丰硕社会财富的全面享有者，且人只有成为全面的享有者，人的生活方式才可能是现代化的，人才可能成为现代人、文明人。然而，仅仅只是依靠科学技术、社会财富、文明成果的创造与享有，人的生活方式还不可能实现现代化。诚如马克思所说的，人们“要多方面享受，他就必须有享受的能力，因此他必须是具有高度文明的人……”[①] 也就是说，人的生活方式现代化还要求以科学的、智性的，即理智的、文明的方式，而不是那种寄生的、腐朽的方式来对待和享有社会财富和文明成果。

现代科学技术的发展、生产方式的现代化以及引起的整个社会生活的变化必然促进人的生活方式的现代化，必然使人的生活方式具有现代科学技术的内容，具有知识化、科技化、信息化的功能和特性。“一切科学都是生活的科学”。科学技术不仅是为解决生产过程中的问题而产生的，而且是为解决人们生活中的问题而发展起来的。科学技术的进步、工业化的发展极大地改变了生产方式、社会的经济结构和政治结构，极大地促进了生产力的发展，社会财富得以快速增长，人们的生活条件、生活环境尤其是生活的物质基础和条件发生了重大变化，因此，人的生活方式必然会随之发生改变且日益现代化。另外，科学技术的进步、工业化的普及、信息化的迅猛扩展不仅大大缩短了人的必要劳动时间，而且大大缩短了人用于制作社会消费品的时间；于是，人的自由时间不断延长、闲暇时间越来越多，人们必然变革自身的生活方式、创造出新的生活方式。马克思引用尤尔的话说：“上帝给改良的进程规定的使命是，把工人的肉体的职能从牲畜般的劳动中解放出来，并让工人有空闲时间运用自己的智力去思考自身永恒的利益。”[②] 现代科学技术的发展正改变着人们生活的方方面面，使生活方式发生巨大变化，且日益科技化、数字化、智能化。现代信息技术提供的新的处理、存储、传递信息的方法和手段，几乎完全改变了人的学习、工作和生活方式；现代交通工具、通信手段的更新与普及，在很大程度了打破了人与人之间的时空限制，改变了人们之间的交往方式。任何一种生活方式总是以特定历史条件下的生活状况为前提的。在现代社会，人们的生活世界面对的是科学技术的突飞猛进，不论是人的生活、工作、学习活动，还是人与人之间的交往、文化娱乐及日常生活，都在发生着深刻

① 中共中央马克思恩格斯列宁斯大林著作编译局编译《马克思恩格斯全集》（第46卷）（上），人民出版社，1979，第392页。

② 中共中央马克思恩格斯列宁斯大林著作编译局编译《马克思恩格斯全集》（第47卷），人民出版社，1979，第572页、第573页。

变革和普遍重构。数字化、智能化体现的不只是一种生产方式和活动方式，而且是一种生活方式和生活场景。不管人们喜欢或不喜欢、习惯或不习惯，几乎每个进入现代社会的人都会被卷入或被裹挟到这种数字化的生存和生活状态中来，都会以这样的生活方式生存和生活。现代世界，无论是生产还是生活，无论是经济、政治活动还是文化、社会治理等活动，都离不开现代科学知识和技术，都离不开工业化的方式。没有科学技术、没有工业化，就没有现代化。同样，没有科学技术和工业化及其成果构成的生活，就没有现代生活，更没有生活方式的现代化。科技化、知识化不仅是生活方式现代化的实质内容，而且是现代生活方式的本质特征，即科学的生活方式是生活方式现代化的本质内容。

科学技术是生活的，也是自由的，且自由是科学技术的本性。没有自由，便没有科学技术的诞生和发展。既然现代化的生活方式是科学的，那么生活方式的现代化也是自由的，自由也是生活方式现代化的根本内容。人不仅要过经济生活、文化生活，而且要过政治生活。人的生活方式的现代化不仅要求经济生活、文化生活及其他生活的自由，而且要求政治生活的自由。政治自由是人最为重要的自由，是人的生活自由的重要内容，更是人的生活方式现代化的重要内容。在一定意义上，现代化的生活方式便是人的政治自由的生活。民主的政治生活及其政治生活的自由与民主的方式是现代社会人的生活的重要领域，在人们的自由生活中占有十分重要的地位。政治生活在很大程度上制约和规定着人的生活状态和质量。虽然生活方式与上层建筑有很大区别，但也有着密切的联系。政治、法律制度及其设施，是生活方式形成、发展和转变的重要条件。生产方式、生产关系和经济基础对人的生活方式的决定及制约作用，实际上往往是通过与一定生产方式、生产关系和经济基础相适应的政治上层建筑来实现的。同时，观念的上层建筑与生活方式的联系更为密切，占统治地位的社会意识形态直接影响和制约人的生活方式的形成、沿袭、变革以及发展。传统社会是人的依赖性社会，大一统的专制政体、不平等的等级制度直接侵入人的生活，人的生活环境、生活条件、生活观念和态度、生活习和风尚等等，无处不深深打上传统政治的印记。正如马克思在《资本论》中所说的，在中世纪，“物质生产的社会关系以及建立在这种生产基础上的生活领域，都是以人身依附关系为特征的”。[①] 现代社会是自由、民主、平等、公正的社会。自由、平等的社会状态和民主、公正的政治环境不仅为人提供了自由的生活环境，而且提供了自由、公正生活的保障，或者说，这本身就是人的自由、公平的生活或生活的自由与平等。自由、平等的生活必定是多样多元的。现代社会，人的生活没有固定的模式、统一的格式，每个人都可以根据自身的特点和喜好，自主独立地选择和拥有各自不同的生活方式，过自己想过的生活。当然，自由、平等的生活方式是以科学为根基的，是尊重和合乎科学的。这里的科学不仅是自然科学，而且是人文社会科学；不仅是对自然规律的遵循，而且是对社会规律的尊重和依赖；不仅符合自然法则，而且合乎社会法则。不过，科学和技术的发展虽然扩大了人的生活自由，增进了人的平等，但是，它也为人的自由、平等的生活带来了新的问题和障碍，甚至在一定的范围内限制了人的自由，也带来了新的不平等。人似乎越来越走不出卢梭提出的“怪圈”：人生而自由，却无处不在枷锁之中。如何跳出这一“怪圈”，是追求现代生活的当代人需要面对的严峻问题和担负的历史责任。

科学技术不仅在积极解除人与自然之间的障碍，扩大人与自然交流的领域，而且在不断破除人与人之间的地域界限和时间限制，人类居住的星球日渐变成“地球村”，人与人之间的交往范围扩大到了整个地球，真正变成“世界性的交往”。当今时代，各民族、各人群以及个人，以不同的形式不断加入或被卷入到世界性的交往序列之中，形成交往主体的全面性，形成“全面的生产”“全面的依存关系”和“世界历史性的共同活动形式”；任何民族、个人面对的都是以全球为单位的，由其他民族、国家和个人组成的整体，形成了交往中介的普遍性。在世界交往中，中介性涉及每一个民族、国家和个人，因而形成了世界性、全球性的中介形式和相关性。在这种普遍的中介性中，每一个民族、国家和个人都可以进行普遍的比较，从各个方面吸取养料来培育和发展自身。随着交往成为世界性的交往，社会发展的特点、人的社会生活及其方式不断发生根本性的变化：片面性、局限性被充分揭示出来并不断被克服，全面性不断出现并成为主

① 中共中央马克思恩格斯列宁斯大林著作编译局编译《马克思恩格斯全集》（第23卷），人民出版社，1972，第95页。

导力量[①]。世界交往、世界历史在当今时代突出表现为全球化。全球化是现代化发展的产物，也是现代化的新特点。现代化推动全球化的进程，全球化进一步促进现代化的发展。生产全球化、经济全球化、科学文化全球化的发展和加深，必然使人的生活方式日益全球化。人们不仅分享全球化发展的积极成果，而且分担全球化的责任，解决全球化引发的问题和矛盾，同时尊重和接纳世界各地不同的生活方式，并在一定的条件和范围内把它们融入本民族、本地域及个人的生活方式之中。因此，生活方式的现代化既是民族的、个体的，也是具有世界性或全球化特性的，是民族性和世界性、地域性与全球性的统一，即是一种“厚德载物”、海纳百川的融合性和包容性的生活方式。

每一种生活方式，既是在新的生产方式的基础上发展起来的，也是传统生活方式延续的结果。生活方式的现代化是创新发展和历史传承的统一，是现代与传统的统一。现代生活方式的形成与发展，既要从整体上变革传统的生活方式，改造其内容和形式，特别是要剔除其中陈旧落后的内容，创造出新的符合现代文明要求的生活方式，又要传承与现代化相适应的传统生活方式，保留传统生活方式中积极、有益的成分。现代化的生活方式既是现时代的，也是具有民族传统特点的。英格尔斯认为：“从历史发展上看，现代化倾向本身就是人类传统文明的健康的继续和延伸，它一方面全力吸收以往人类历史创造的一切物质和精神财富，一方面又以传统所从来未曾有过的创造力和改造能力，把人类文明推向一个新的高峰。诚然，现代化过程必然使人们与某些传统的生活和习俗诀别，但从一种新的意义上讲，现代人比传统人更能真正维护、珍惜和保存传统。”这是由于，现代人对周围世界采取理智思考的态度，“现代人正是去理解传统的思想遗产，而不是去迷信。现代人对历史遗产古为今用，去芜存菁，他们唾弃那种古人、死人、圣人的言论都是金科玉律的愚昧态度。现代人希望做传统文化的主人、发扬光大者和革新派。现代人不肯俯首帖耳地跪倒在传统精神之下，做奴隶、囚犯和盲信者。”所以，“现代人比传统人更理解历史遗产的价值，更主动地赋予传统以新的生命力和存在形式”[②]。因此，现代生活方式是最能体现本民族的传统文化精神特色的生活方式，是对传统的

---

① 参见杨耕：《重建中的反思》，北京师范大学出版社，2018，第 107 页。

② 英格尔斯：《人的现代化》，四川人民出版社，1984，第 14 页。

变革与继承的最佳的统一的生活方式。

总之，生活方式现代化是人的生活的知识化、科技化、平等化、自由化、多元化、世界化、世俗化等；生活方式现代化是人的生活自由的扩大、人的创造性的增强、人与人之间平等的增进以及多元多样的生活的自由选择；生活方式的现代化还是民族性与世界性的统一、传统性与现代性的有机结合，具有融合性和包容性。

第三节 人的思维方式现代化

人的实践方式的现代化、生活方式的现代化必定会导致人的思想观念和思维方式的现代化。就是说，整个社会生产的工业化、科学技术的广泛应用不仅促使人的行为方式和生活方式的变化与创新，而且必然导致人的思想观念和思维方式发生转变，即促使人的精神世界现代化。思维方式的现代化是人由传统人转变为现代人的标志。

一、思维方式及其要素

什么是思维方式，对此，学界的认识并不完全一致。有学者认为，思维方式就是一种稳定化、定型化的思想方法，是一种固定的、深层的思维习惯或思维定式（潘忠贵，1990)。思维方式，不外是思维活动的某种特殊活动样式，这种样式既是由它的构成要素的不同组合所形成的，又有思维者的特殊习惯样态。换言之，思维方式一般由其内在因素和外在条件所规定，是由其主导因素、内容、出发点，运行的依据、路线，解决问题的某种形式、方法以及本身的体现形式等方面相互配合的总和所形成的。思维方式是思维活动的进行方式及其相应的活动样式（苗启明，2001)。思维方式作为主体把握客体的理性认识方式，属于一个综合性、概括性的认识论范畴，是一个由许多不同要素、方面所构成的思维活动的复杂系统（胡蓓，2002)。思维方式即是人们在思维过程中必然要运用的各种思维模式、样式的总和，其中包括人们认识事物和思考问题的各种原则、步骤（程序)、方法、标准、逻辑形式以及各种倾向与习惯，也包括由各种基本概念、范畴和原理所反映出来的理论框架或规范（尹星凡，王斌，2003)

……总体而言，理论界对思维方式概念的认识大致有以下几个方面。第一，思维方式主要是指思维模式或思维活动样式，是知识、观念、习惯等要素逐渐形成的主体反映和思考问题的定型化的思维模式。第二，思维方式主要是指思维方法或思想方法，是各种思维方法作为构成要素综合而成的系统整体。第三，思维方式是主体与客体的某种定型关系，是人们处理主体—客体关系的特定模式或范型。第四，思维方式是人类思维能力的逻辑表现，是人类认识世界和改造世界的主要方式。第五，思维方式是精神产品的生产方式，是思想、意识、理论、学说、计划、方案等的产生方式[①]。这些对思维方式的看法揭示了思维方式的不同特点，都有一定的道理。然而，仔细揣摩，这些看法有的过于宽泛，有的则显偏狭，并未能揭示思维方式的本质；有的过于复杂，有的则过于简单，不太符合概念界定的要求。

在马克思主义的认识论中，思维是人的理性认识活动，是人以感性认识为基础，运用概念、判断、推理等理性形式，并依据一定的逻辑规则认知客体和掌握世界的活动。思维的成果不是感性认识，而是理性认识。因此，思维是人理性地认知和把握世界的活动，或者说是人把握世界的理性认识活动。认识活动的复杂性和认识过程的长期性、反复性等特征，决定了人的思维活动、思维过程也是复杂、反复和长期的。正是这种复杂性、反复性和长期性，使得人的思维活动发展到一定阶段则会形成一定的思维习惯、思维程式或思维范式。这种思维习惯、思维程式或思维范式可看作思维方式。或者说，思维方式则是人认识和把握世界的思维习惯、思维程式或思维范式。

思维作为一种理性认识活动，不能没有一定的材料或要素，思维是运用概念等要素和形式进行判断、推理来认知和把握世界的。在构成思维的要素中，概念、知识、观念等是最为基础和重要的，即概念、知识、观念是构成思维的基本因素，没有概念，没有由概念构成的知识、观念等，人是不可能有思维的。然而，仅有概念、知识、观念等，还不能构成现实的思维或思维活动。除了概念、知识、观念等要素之外，还需要有促使思维正常进行的思维规则，或称逻辑规则或辩证法。依据不同的思维规则，运

① 参见苗启明：《论思维方式的现代化、科学化、合理化》，《青岛海洋大学学报（社会科学版）》2001 年第 1 期。

用相同的思维材料一般会有不同的思维结果。因此，在很大程度上人的思维方式可看作人们运用思维规则对思维材料进行加工、改造、重构的理性认识过程，运用的思维规则不同、方法不一，思维的结果就很可能不同。因此，思维规则及其运用，应该是思维范式的核心要素或决定性要素。尽管思维材料的不同会影响思维的结果，但从根本意义上讲，思维材料不决定思维结果，决定思维成果的是思维规则，同时，思维材料的选取及其运用也与思维规则直接相关。可见，所谓思维方式的不同，其根本在于运用思维规则的不同。可以说，思维规则既是思维方式的构成要素，也是思维方式本身。区分思维方式的标志，不仅在于选择的思维材料，而且更在于思维规则的选择和运用。个体思维方式的形成是长期的过程，群体的、民族的思维方式的形成更为漫长。思维方式一旦形成，便具有相对的独立性和稳定性，也具有强大的惯性，构成一个群体、民族的思维习惯，甚至成为一种“集体无意识”，深深地影响着人的思维方式。因此，一个民族或群体的传统思维或思维习惯在一定程度上也是构成每一个体思维方式的要素。传统思维方式是传统文化最深厚的内容甚至是传统文化的内核。因此，在培育和形成新的思维方式的过程中，对传统思维方式要进行全面分析、辩证对待，取其精华、去其糟粕，实现思维方式传承与创新的统一。

综上所述，思维方式是人们在长期的思维活动中形成的思维方法、思维定式或思维模式，是依据一定的思维规则、遵循一定的思维程式对思维材料进行加工、改造、组合、重构的认识过程，是人理性把握世界的精神形态及其活动方式，是构成人的精神世界的核心要素。

二、思维方式现代化与实践方式、生活方式现代化

思维方式是构成一种文化和文明形态的深层内核。人是一种文化存在物，思维方式是构成一个人的精神世界的核心要素和本质内容。人的实践本质、社会本质不仅在于实践和社会具有客观性，而且更在于人具有主观能动性，在于人能够理性地认识和把握世界，且以理性的、合目的的方式改造世界、建构世界。因此，社会的现代化的根本在于人的现代化，人的现代化关键在于思维方式的现代化。

人的现代化，不仅是人的实践方式、生活方式的现代化，而且更是人

的思维方式的现代化。从本原的意义上看，社会存在决定社会意识。人的实践方式、生活方式决定人的思维方式。社会生产力的性质、水平以及实践方式是决定思维方式的特点及其变化发展的最根本的因素。正如恩格斯所说的：自然科学和哲学一样，直到今天还完全忽视了人的活动对他的思维的影响，自然科学认识自然界，哲学反思人的思想。但是，人的思维的最本质的和最切近的基础，正是人的实践活动所引起的自然界的变化，而不单独是自然界本身，人的智力是按照人在实践基础上如何学会改造世界、建设世界而发展的。思维方式是实践方式、生活方式的内化，或是内化了的实践方式和生活方式。实践方式、生活方式的变化必然促使人的思维方式发生相应变化；同样，实践方式、生活方式的现代化必然引起思维方式的现代化。现代工业、现代科学技术的发展创新全面改变了思想意识依存的社会环境，改变了认识的实践基础和实践方式，同时也改变和创新了人类认识的工具。这样，人们的思想观念、思维方式必然会随之发生变化和变革，必然要求实现思维方式的现代化。科技革命、工业革命使人类改造自然的力量空前高涨，工业化的实现、城市的扩大、现代社会的形成，使社会发生了翻天覆地的变化：不仅创造了巨大的社会财富、发达的物质文明和空前繁荣的景象，而且改变了人的思想观念和思维方式，创造了丰富的精神文明。人的知识结构、观念结构逐步随社会生活的变动而不断改变和更新，与传统社会相适应的等级观念、特权思想和服从意识等逐渐淡化，与现代社会相契合的自由、平等、参与意识则不断增强，科学精神、权利意识、法治观念、竞争理念、开放思想等日渐强化，人的自主意识和个性开始得以张扬。此为其一。其二，从生成的意义上看，思维方式的现代化是实践方式和生活方式现代化的发动机。人对实践的改造和生活世界的构造都是在一定的思想意识指导下进行和完成的。一个社会只有人的观念、思维方式实现了现代化，才能实现真正意义的现代化。人的思想观念、思维能力、思维结构如果没有现代化，即没有人的思维方式的现代化，实践方式现代化、生活方式现代化的成果不可能保存、巩固和发展，更不可能真正实现现代化。事实上，在前工业社会，现代社会的一些因素已经萌芽，资本主义经济的某些因素已缓慢发展，人的某些思想观念也有向现代性转变的倾向，一些现代性的因素也初现端倪，甚至有些现代性的思想观念及其因素成为推动传统社会向现代社会转变的重要力量。然而，人依然以传统的认识方法、思想方法和思维方式观察、认识世界和处理社会现实问题，社会依旧停留在传统观念之中或被传统思想观念所笼罩，因而社会依旧是传统社会。传统的中国社会，很早就有了一些早熟的现代性因素，如技术上的发明、统一的中央集权的管理体制、科举制中的官僚层级体制、民众对于国家的忠诚、等级身份的流动、在一定程度上的对知识的尊重等，但整个社会的思想观念和思维方式依旧是守旧的、传统的，因此并没有产生崇尚自由、崇尚科学和理性、崇尚商业、尊崇财富等精神，便不可能促成生产方式的现代革命，使社会发生重大转变而步入现代化。其三，思维方式是内在的，思维方式隐含在生产方式和生活方式之中；生产方式和生活方式是外在的，体现和表征思维方式。现代思维方式是理性的、系统的、试验性的，也可以说是科学的，即以科学的方法来观察、理解和改造世界。科学技术的产生和广泛应用，构成了现代社会的生产方式和生活方式。从根本上讲，人以现代的方式进行生产和生活，即实践方式和生活方式的现代化正是现代思维方式的应用和推广，或者说，现代化的实践方式和生活方式的内核是现代的、科学的、理性的思维方式。

从总体看，思维方式的现代化与实践方式、生活方式的现代化是内在统一的，它们相互作用、相互影响，共同构成社会生活现代化的基本内容，共同构成人的现代化的内容。当然，对于不同的个体而言，它们则有可能是分离的，既不同步，也不协调，有时可能是矛盾和对立的。

三、思维方式现代化的主要内容

知识化、科技化、智能化等是构成实践方式现代化、生活方式现代化的基本或核心内容，科学化、知识化、技术化等必然是构成思维方式现代化的主要内容。

现代社会是由科学知识、技术构建的世界，科学技术在当代世界成为第一生产力。科学技术之所以成为改变世界的第一力量，其根本在于劳动者是掌握科学知识、科学技术和具有科学精神的人。人们懂得了认识普遍规律的科学知识，掌握了一定的科学技术知识和技能并运用于生产劳动、生活实践之中，日积月累，便能形成科学化、理性化的思维方式，即以客观、理性、自由、包容、开放的方式认识事物、研究和解决问题的思维形式。

现代化的世界是知识化、科技化、智能化的世界，生活在这个世界上的人必须掌握一些普遍的科学知识和技能，掌握适应现代社会生产和生活的基本经验和技巧。唯有如此，人们才能运用现代科学技术从事生产，才能享有现代科学技术、现代文明的成果，才能过上比较富裕的生活，才能顺利、从容地生存和享受人生。这应该是一个人成为现代人所具备的基本条件。如果一个人没能掌握一定的大众化、普及化的科学知识和科学技能，不能运用现代科学技术从事生产，不能享用现代社会的文明成果，是很难成为现代人的。同时，我们还应该看到，如果人们仅仅只能运用科学技术进行生产或只能享用现代文明的生活，但不能以理性化的、科学化的方式来思考、研究和解答现实问题，那么，这样的人既不可能持续参与现代文明成果和生活的创造，更不可能成为真正意义上的现代人。就是说，一个人如果不能拥有现代的科学知识和思维方式，便不能称之为现代人。

思维方式的现代化，首先是理性化的思维方式。理性化是思维方式现代化的本质特征。现代科学知识、科学技术的产生和发展既是理性的产物，也是以理性为标志的。理性化是现代化的重要特征和标志。理性化也是现代社会与传统社会相区别的一个主要或基本的特征。韦伯认为，现代化就是“理性化”，传统社会向现代社会的转化就是一个理性化的过程，即不断由经验性、情感性向理性化的转变过程。“理性化在各方面的展开，构成了现代化的整个过程。目的理性（工具理性）和形式理性，以两个最为关键的内容改造着世界：第一是个人和组织（包括国家）的目标的现实性或功利性；第二是手段的技术化，尤其是精于‘计算’。这两者又是紧密联系在一起的。只有注重现实的利益（尤其是经济利益），才能精心计算；大家都注重现实的利益和精于计算，才能有‘契约’的必要性，也才能在此基础上建立起现代法律。”① 在韦伯看来，整个现代社会都是理性化的，特别是工具理性化的。现代化就是使整个现代社会成为一个理性化的组织或一个理性化的机器。另外，科学技术是以理性化为基本内容和本质特性的。理性化的科学技术不是为神服务的，也不是为道德的、审美的、宗教的终极目的服务的，而是为人的现实目的服务的。可见，科学技术自身及其目的都是理性的、现实的或实用的。因此，现代化、科学化的思维

① 尹保云：《什么是现代化——概念与范式的探讨》，人民出版社，2001，第 74 页。

方式，本质上是理性化的思维方式或思维方式的理性化。

思维方式的理性化在本质上是理性地把握世界的方式，即对事物内部联系及其规律的理性认识，是对事物客观的、必然的、内在的特性及其关系的理性把握。理性思维是运用概念、判断、推理等思维形式进行逻辑思考和论证的思维形式。理性认识是对于对客观世界及其规律的真实的、本质的把握。因此，人在实践中所获得的对世界的理性认识、理性思维一般都具有较高的实证性和可解释性，也具有可靠的稳定性和逻辑的连续性以及可验证性和可信性。因而，理性认识、理性思维及其形式具有普遍性和可复制性，可以通过教育、训练等手段和方法促使人们掌握这些认识方法和思维方式。这是理性思维、理性认识超越和高于感性经验、灵感直觉等非理性认识的本质特征。

理性的、科学的思维方式是辩证的思维方式。它要求不能在局部上，而是从整体上，不是从现象上，而是在本质上把握事物及其联系，以获得对事物的整体性和规律性的认识，即认识事物的本质和规律。因此，理性思维是整体性思维、本质性思维。科学认识不是对事物局部的、现象的把握，而是对事物整体和本质的把握。它要求人们在认识事物和思考问题时，不仅要研究事物的各个部分及其特性，更重要的是要研究事物各部分、各要素之间的关系，研究由各要素、各部分所构成的整体的性质、特性及其功能。如果仅仅从事物的局部、部分，而不是从事物的整体，从各要素、各部分之间的内在联系去认识事物，那么，永远也无法揭示和把握事物的性质及其内在规律。辩证思维不仅是对事物规律性的认识，而且是对事物价值性的认识，是真理性和价值性的统一，是合规律性与合目的性的统一。从思维形式而言，辩证思维也是分析和综合的统一。事物是由各部分构成的整体。离开部分、局部，认识不了事物的整体，不能获得对整体的准确把握；离开整体，也把握不了事物的部分、局部，难以获得对局部、部分的正确认识。没有对局部的分析，就不能有对整体的综合；没有对事物认识的综合，也就没有对局部的精准分析，对事物的认识则会永远停留在感性认识阶段。只有坚持分析与综合的统一，才能获得对事物及其本质的理性认识。

理性的、科学的思维方式也是反思性、批判性的思维方式。科学的、理性的、辩证的思维方式内在地包含着怀疑、辨别、批判的内容，具有否定性和批判性等特征。马克思认为，辩证法不崇尚任何东西，它在本质上是批判的、革命的。对事物肯定的理解，也是否定的理解，即暂时性的理解。任何事物都不是永恒不变的，都没有恒定不变的界限，新事物代替旧事物是世界发展的客观规律。世界、人的实践与人的思维创造物，都是变化发展的，人的思想观念、思维、精神世界便不能停留在某处静止不动，也不可能总是完全正确的。客观世界的这种本性必然要求人们对世界的万事万物特别是对思维自身及其创造物进行必要的反思和批评。科学的、辩证的思维方式对世界、思想创造物以及思维或思维方式自身的反思、批判是全面的、彻底的。理性的思维方式“不仅要求对已有的认识成果和实践成果进行再思考，而且要求对认识和实践结果的理论前提、依据进行再思考。它不仅要反思已有的理论的内容的正确性，还要反思其理论产生的前提、条件和方法的真实性和正确性”①。科学的、辩证的思维方式所具有的反思、批判本性和功能并不是为了保存固有的思维方式和思维成果，而是为了改变现存世界的状态和既有的思想观念及思维方法，创造新的思想观念、新的认识世界和改造世界的方式方法，进而实现生产方式、生活方式的更新，以创造新的世界，更好地满足人们新的实践需要和生活需要。

科学的、理性的思维方式在本质上也是自由的、创新的。在更为深层的意义上，思维方式的现代化就是实现思维自由和思维创新。思维自由与思维创新相比更具根本性和前提性。思维自由是思维创新的基础，只有具备自由的思维，才能具备创新的思维。没有思维的自由，便不能实现思维的创新。同时，创新在本质上就是人的自由本质的实现。思想的自由与创新是与科学技术的本质及其发展相统一的。科学技术在本质上是自由的、创新的，是追求自由和创新的活动。科学技术通过对自由和创新的追求，获得对自然的真理性认识，获得使自然朝着人的需要、人的意志的方向发生改变的技能，即获得认识世界和改造世界的自由。可以说，科学技术及其创新发展，既是人们追求自由的成果，也是人们在科学技术研究活动中实现的“自由”。科学技术的发展进步不仅是人类科学技术成果的增长，而且是人类实现自由能力的增强以及自由范围的扩大和自由度的提高。近代科学技术产生以来，科学技术的两大要素——理性和经验，便成为科学研究者和技术人员追求自由、实现自由的“武器”；科学家运用这种“武

① 郭湛：《哲学素质培养》，中国人民大学出版社，2003，第119页。

器”从事科学技术的研究活动，构建科学技术的理论大厦和技能宝库。科学技术作为人类一种重要的实践活动，不仅是追求自由、实现自由的，而且还是以自由为条件和手段的。也就是说，科学技术作为人类追求自由的活动，是在突破或打破各种认识的、实践的条条框框的限制的。可见，科学技术在本质上是自由的、创新的，也是需要自由、必须创新的。自由、创新既是科学技术的目的，也是发展科学技术的手段和必要条件。哪里有自由，哪里鼓励创新，科学技术就会蓬勃发展；同样，哪里没有自由，哪里故步自封，科学技术就会窒息，就会倒退。科学技术在近现代的出现和迅猛发展，一个重要的前提和条件就是中世纪后期西方国家不断冲破社会的、宗教的、思想观念的各种枷锁，通过资本主义革命和改良的方式建立了相对自由宽松的社会环境。随着工业资本、商业资本的兴起与壮大，自由主义便成为一种必然的社会选择。当资产阶级“认定自身已经强大到足以统治整个世界市场时，它又毫不犹豫地放弃了重商主义理论，转而颂扬自由贸易的功效；而当资产阶级强大到在政治上足以与专制主义相抗衡时，它又同样迅速地用自由和平等的新理论把自己武装起来”。“18 世纪，自由主义运动又获得了新的进展：在英国，自由之梦首先意味着经济自由，即贸易自由和生产自由，资产阶级尽可能以最低价格购买劳动力的自由以及采取各种措施预防和对付工人结盟与造反行动的自由；在法国，自由的要求则主要是政治自由，即取消特权，颁布宪法，实现平等”①。随着科学技术和资本主义的发展，基于功利原则的、理性的、自由主义的思想观念和思维方式逐渐在社会中“占统治地位”。可以说，现代化的发展既是现代科学技术的不断进步，又是人的思维自由、思想自由的不断扩展，更是人作为自由主体的真正确立和切实保障。现代人不仅是崇尚科学且被科学知识和技能武装的理性人，而且是追求社会解放、美好生活和自我实现的全面发展的自由人。

构成人的现代化主要内容的实践方式现代化、生活方式现代化、思维方式现代化之间是相互联系、相互制约、相互作用的，其中实践方式现代化是基础，起决定作用，生活方式现代化是表征、是根本，思维方式现代化是内核、是先导。

---

① 张一兵主编《资本主义理解史》（第一卷），江苏人民出版社，2009，第 38-39 页。

第四章　人的现代化的灵魂觅幽

现代化是推动传统社会转变为现代社会的历史性活动及其过程，人的现代化是促使传统人转变为现代人的实践活动及其过程。现代人是追求解放和自由的人，是全面发展的人。人的现代化的根本在于促进人的全面发展，使人成为自由的、全面发展的人。人的自由和全面发展是人的现代化的核心和灵魂。

第一节　人的现代化与现代性

人的现代化是与现代性紧密相连的。如果说“传统性”是前现代社会和前现代社会人的本质特性，那么“现代性”则是现代社会和现代人的本质特性。从现代性的视角看，现代化就是建造现代性的社会，人的现代化则是造就丰富现代性的人。

一、什么是现代性

现代化是与现代性紧密联系在一起的。现代化是一种社会活动，是一场持久不衰的世界性社会运动，是人类不断追求的目标和“未竟的事业”。现代性则是人类在这场伟大社会运动和社会活动中发育、生成的特性，是人在现代化实践中积淀的实践方式、生活方式和思维方式，亦即人在建设现代社会的实践中所形成的活动特性、生活特性和思维特性。也就是说，现代性不仅是现代社会的特性，而且是现代人的特性；不仅是社会生活的现代表征，而且是人的生命活动、社会实践和精神状态的现代表征。

“现代性”作为概念和理论命题，是20世纪后期出现的反思和批评现代化进程及其特性的后现代理论提出来的。后现代理论为了突出自己与现代化理论的区别，使用了“现代性”这一术语来表征现代社会及其精神特质。于是，现代性则常常与现代化和现代主义纠缠在一起，成为一个与后现代性相对应的概念，成为现代化理论研究特别是人的现代化问题研究中一个重要范畴。不过，也有学者认为，现代性是早于现代化而出现的，它是一种观念体系，包括民主、法治、自由、人权等观念；现代化是在这种观念体系指引下的变革社会的现实过程，是现代性的外化及其实现过程。从这个角度看，现代性是现代化的引领，现代化是不断实现现代性的过程。还有学者认为，现代化和现代性产生于由传统向现代转型的同一历史过程，现代化的实践推动现代性的产生和发展，现代性引领现代化的实践进程。同时，现代性问题还引起了其他众多学科理论的兴趣，政治学、社会学、历史学、经济学等都对此进行了研究，提出各自的看法，因此，“现代性”便是一个不固定的、开放性的概念。

在亨廷顿的现代化理论中，现代性被看作现代化的结果。亨廷顿认为：现代性是现代化的完成，只有完成了现代化，才能获得现代性。在他看来，现代化是一个过程，是一场社会运动，现代化容易带来国家和社会动荡，而现代性则是现代化运动的沉淀，意味着稳定。亨廷顿在对先发型现代化国家和后发型国家的历史进行比较论证后认为：“过渡型国家和现代国家的显著区别，令人信服地证明了现代性意味着稳定， 而现代化意味着动乱这一点。”① 布莱克认为：“从上一代人开始，‘现代性’逐渐被广泛地运用于表述那些在技术、政治、经济和社会发展诸方面处于最先进水平的国家所共有的特征。‘现代化’ 则指社会获得上述特征的过程。”② 安东尼·吉登斯认为，他是在比较宽泛的意义上使用“现代性”一词的。“现代性”基本等同于“工业化的世界”，是“在后封建的欧洲建立而在20世纪以后成为具有世界历史性影响的行为制度与模式”。“对世界的一系列态度……复杂的经济制度，特别是工业生产和市场经济一系列的政治制度，包括民族国家和民主”等，是构成现代社会的基本要素③。“现代性”在制度或结构上包括资本主义、工业化、各种现代监督系统和由国家统一掌握的军事力量四个基本的维度。因此，“现代性”可看作“是现代社会或工业文明的缩略语。”④ 哈贝马斯把现代性看作一种时代精神，是靠理性建立起来的一系列规范，还是人类一项未竟的事业。舍勒则进一步走向了人的

---

① 亨廷顿：《变化社会中的政治秩序》，生活·读书·新知三联书店，1989，第40页。

② 布莱克：《现代化的动力：一个比较史的研究》，四川人民出版社，1988，第9-10页。

③ 安东尼·吉登斯、克里斯多弗·皮尔森：《现代性：吉登斯访谈录》，新华出版社，2001，第69页。

④ 安东尼·吉登斯：《现代性与自我认同》，生活·读书·新知三联书店，1998，第16页。

精神世界，他在探讨现代性问题时明确指出："现代性不仅是一场社会文化的转变，环境、制度、艺术的基本概念及形式的转变，不仅是所有知识事务的转变，而根本上是人本身的转变，是人的身体、欲动、心灵和精神的内在构造本身的转变。"① 英格尔斯认为，在"现代的"所有内容中，没有任何一项能单独说明现代性。他说："给现代性下定义便不像仅以制度结构来确定那样，紧紧束缚在特殊的时间和地区。'现代性'可以被认为是一种'精神状态'。"② 福柯也把"现代性"看作"一种态度"，一种类似于"希腊人所称的社会精神气质"。"所谓态度，我指的是与当代现实相联系的模式；一种由特定人民所作的志愿的选择；最后，一种思想和感觉的方式，也就是一种行为和举止的方式……这种方式标志着一种归属的关系并把它表述为一种任务。无疑，它有点像希腊人所称的社会的精神气质（ethos）。"③ 按照福柯的说法，"现代性主要指的是一种与现实相联系的思想态度与行为方式，一种时代的意识与精神，因此它关涉的是某个社会的道德与价值观念、思想方式与行为方式"④。舍勒、英格尔斯、福柯等学者把现代性问题看作人的问题，看作人的精神状态、人的态度，为后人提供了新的研究思路。

现代性是现代化的产物和结果，是现代化的体现和表征；现代化是现代性在社会中不断发育、生成和成熟及其根植于社会各种领域和人的生活各个方面的现实运动及过程。国内有学者认为，现代性是现代化一种基本结果和状态；对正在开展现代化建设的国家和民族来说，现代性则是一个目标体系⑤。也有学者认为，现代性是在社会高度工业化过程中形成的一种特性，是各个发达国家在技术、政治、经济、社会发展等方面所具有的共同特性。还有学者认为，任何理论对一个新术语、新概念的界定总是一件难事，要求得到统一、一致的界定更不容易。尽管对现代性的理解难求一致，但大多数学者普遍认为：现代性源于西方，后成为世界性现象；现代性是近现代出现的，有时代性；现代性是一种精神状态⑥。

---

① 刘小枫：《现代性社会理论绪论》，上海三联书店，1998，第19页。

② 英格尔斯：《人的现代化》，四川人民出版社，1985，第20页。

③ 福柯：《何为启蒙》；汪晖：《文化与公共性》，生活·读书·新知三联书店，1998，第430页。

④ 陈嘉明：《"现代化"与"现代性"》，《厦门大学学报（哲学社会科学版）》2003年第5期。

⑤ 吴忠民：《渐进模式与有效发展》，东方出版社，1999，第62页。

⑥ 汪伊举：《现代化与现代性》，《学海》2006年第5期。

虽然现代化起源和成熟于西方，现代性发源和兴起于西方社会，但许多学者依然认为，现代性同现代化一样，是个中性概念和普遍性的概念。英格尔斯认为："现代性的特质，并不是任何一种文化传统下的独有的产物；反之这些特质却展现出一个普遍的模型，所表示的是人类潜能的一种形式，一种在特定社会情况下特定历史时间里，逐渐突出的形式。"① 尹保云认为："现代性本身是普遍主义的，它潜藏在人的共同本性之中，没有民族与文化的界限。"② 尽管如此，我们却无法否认现代化运动、现代化理论和现代性问题等不可避免地具有西方文化的特征。正如 A. 波特斯（Alejandro Portes）所言：现代性并不是人的普遍的潜能，而是西方文化的特点，"现代性的普遍性，乃西方价值观及其模型普遍扩散的显明结果"③。另有学者认为，现代化是一个中性概念，现代性却不是一个中性概念，现代性的发展不仅分裂了整体性的世界，而且消解了传统的积极价值，颠覆了世界的"常道"④。现代性在不同的国家和民族具有不同的含义和意蕴。比如，构成现代性的诸如民主、自由、人权等要素在不同的时代、不同的国度都有不同的内容和理解，其实现的方式和构成的意义彼此之间有很大的区别。另外，现代性在演化过程中，也可能走向自身的反面，或具有相反或对立的内涵。民主的发展有可能演变为民粹主义的盛行，自由的扩大有可能转化为对法治、秩序的冲击或破坏，科学技术的进步、工业化的升级可能会带来更多更大的环境污染与生态危机，等等。因此，现代性的生成与生长总是伴随着现代性的批判的。

真正来看，现代性是一个特殊性和普遍性相统一的概念，既具有西方文明的特质，又具有普遍主义的特性，也具有那些选择现代化道路、建设现代化的国家各自的特性。现代化、现代性之所以具有西方特性，首先在于它生长、成熟于西方社会，因此不可能不具有西方文化的传统。试想，如果现代性和现代化不具有西方文化特质，那么，那些非现代化国家也会同样具有现代性。然而，事实上，非现代化国家在没有实现现代化之前虽然有一定的现代性资源，但却既不能自主地产生现代化的运动，也不能依

① 转引自尹保云：《什么是现代化——概念与范式的探讨》，人民出版社，2001，第 119 页。

② 尹保云：《什么是现代化——概念与范式的探讨》，人民出版社，2001，第 8 页。

③ 转引自尹保云：《什么是现代化——概念与范式的探讨》，人民出版社，2001，第 120 页。

④ 张汝伦：《我们需要什么样的文明》，商务印书馆，2017，第 387 页。

靠自身促使现代性生成。现代性之所以具有普遍性，根本在于它反映和凸显了人类共同的人性特点、社会需求、理想等特性。如果现代化、现代性不具有普遍性、世界性，那么，就不会出现当今世界的现代化图像，就无法理解，不论社会性质、社会制度、发展道路如何不同，但几乎所有的国家和民族都选择现代化这一世界性运动的事实。现代性本身并不是单一的色调，而是纷繁复杂的图景。“现代性的种种因素合为一体，以征服一切的力量证明了它自己才是真正的‘中心’，谁最多地占有了它，谁就会获得一种现实的客观力量。”① 因此，正在进行现代化的国家就必须占有在西方现代化的有益成果。而要占有这种现代性就不能故步自封、闭关自守，关起门来搞现代化，必须对外开放，主动走向世界，走向现代化、现代性的成熟地带。当然，走向西方，在内容上不是要获取西方的一切，而是吸取优秀的文明成果；在方式上不是照搬照抄，而是根据各自的历史传统、实际情况有选择地吸收改造，进行创造性转换，使之适合自身、发展自身，并具有自身的独特意蕴。中国的现代化建设应依据自己的传统、国情和现代化发展的需要，既要充分利用前现代社会所形成的现代性资源，又要大胆选择吸取西方的现代性成果，使之“中国化”，形成具有中国特色的现代性②。

二、现代性是人的现代化的内核

任何事物都具有其质的规定性，质的规定性是事物的本质属性，是确定一事物之所以为该事物而不是其他事物的根据。现代人之所以不同于传统人，是因为现代人具有传统人所不曾有的特性，现代人的特性则为现代性，或者说现代人便是具有现代性的人。人的现代化是使人发展成为现代人，是促使人成为拥有现代精神状态的人。

现代性的问题归根结底是人的问题。现代性的核心是人的现代化。如前所述，舍勒、福柯等人都曾认为，现代性问题是人的问题。王锐生认为，“现代性问题（诸如理性、主体性、主客二分等）说到底是人的问题”③，现代性是人的思维方式问题。舍勒、福柯等人认为现代性是人的

① 尹保云：《什么是现代化——概念与范式的探讨》，人民出版社，2001，第 8 页。

② 李青、龙艳、邓明辉：《和谐社会道德体系构建研究》，时事出版社，2015。

③ 王锐生：《现代性、马克思的人的理论和科学发展观》，《学术研究》2005 年第 10 期。

"精神状态"问题、"态度"问题；英格尔斯认为现代性是人的人格、心理、思想和行为方式等问题。英格尔斯曾说："一个国家，只有当它的人民是现代人，它的国民从心理和行为上都转变为现代的人格，它的现代政治、经济和文化管理中的工作人员都获得了某种与现代化相适应的现代性，这样的国家才可真正称之为现代化的国家。……如果一个国家的人们缺乏一种能赋予这些制度以真实生命力的广泛的现代心理基础，如果执行和运用着这些现代制度的人，自身还没有从心理、思想、态度和行为方式上都经历一个现代化的转变，失败和畸形发展的悲剧是不可避免的。"[①] 应该说把现代性归于人的思维方式、人的精神状态或态度，虽然看到了现代性的主体性和精神性，但似乎过于突出了现代性的主观性。英格尔斯把现代性看作人的思想、心理、观念、态度和行为方式的现代化转变，不仅从思想意识等主观方面考察现代性，而且从人格、人的行为方式探讨现代性，突出了现代性的实践性特征，具有相对的真理性。

近代以来，否定神和上帝的权威，否定"神性"，肯定人性，确立理性和主体性的权威，是西方社会从传统社会向现代社会转变进程中精神发展的重要特征。文艺复兴和启蒙运动所提出的自由、民主、平等、博爱、法治、功利化、世俗化等概念，既是现代社会的价值诉求和社会表征，又是人们的行为要求和特征。正如尹保云所说：启蒙思想家们所阐述的"'自然状态''理性''科学''个人自由''民主''平等''人权'等概念，深刻而系统地描绘了现代社会的特征，是每个社会必须经历的而且每一代人都必须重复的启蒙教育的内容。"[②] 李秀林等人主编的《中国现代化之哲学探讨》一书认为：现代性贯穿于现代社会和现代人的各个向度、各种活动中，是在经济、政治、科学、技术、思想文化诸方面与传统社会和传统人不同的各种特性的总和。开放性、竞争性、商品性、民主性、世俗性、科学性等表征现代社会或现代人特征的特性，都属于现代性的内容[③]。

现代性是理性、自由、个体权利等因素的集合，其基础是人的理性的主导，核心是人的自由和权利的保障与实现。现代文明、现代精神从源头来说是发端于希腊文明的。黑格尔把希腊文明看作西方人的精神家园，认

---

① 英格尔斯：《人的现代化》，四川人民出版社，1985，第 273-274 页。

② 尹保云：《什么是现代化——概念与范式的探讨》，人民出版社，2001，第 6-7 页。

③ 李秀林、李淮春、陈晏清等主编《中国现代化之哲学探讨》，人民出版社，1990，第 3-4 页。

为西方世界的科学、艺术以及一切“使精神生活有价值、有光辉的东西”，都是从古希腊世界中直接或间接传承而来的[①]。希腊文明以其自由的个性和卓越的成就著称于世。希腊人热爱自由，不肯屈服于暴君，其民主体制年轻而充满活力；他们热爱生活，天性乐观；他们崇尚理性和智慧，热爱真理，对求知有一种异乎寻常的热忱。吴国盛教授认为，希腊人对世界的贡献不是在伟大的工程、杰出的技术发明上，而是在精神文明方面。他们创造了一种全新的精神，这种精神“恰恰是真正的现代精神”[②]。发源于古希腊的“逻各斯”精神和“努斯”精神是西方文化的两大传统。“逻各斯”精神使西方文化偏重于对外在世界尤其是世界的最终本原和根据的认识和探索。“人是理性的存在物”这一命题是西方文化一贯强调和坚持的。西方文化主张主客二分，强调人的理智思维能力的培养和提高，重视科学研究和技术革新，注重对外在世界的征服和改造。“努斯”精神为人的自由、终极关怀、宗教信仰、彼岸世界的追求等提供了无穷的精神动力。这为现代化开启之时便高扬“自由”“平等”“自然权利”“科学”“知识”“理性”“法治”等思想观念奠定了基础，这些观念构成了现代性和现代化的基本内容。哈贝马斯曾对现代性的“自由”特征进行了这样的描述：“现代性首先是一种挑战。从实证的观点看，这一时代深深地打上了个人自由的烙印，这表现在三个方面：作为科学的自由，作为自我决定的自由，还有作为自我实现的自由。”[③]尹保云也说：启蒙时期的思想家们阐述的“理性”“科学”“自由”“民主”“平等”“人权”等观念是现代社会的基本特征，是每一个走现代化道路的国家和民族必须构建的“基本内容”[④]。正是由于人们在现代化进程中不断对“自由”“理性”这些价值体系的肯定和追求，现代社会才具有科学、理性、自由、平等、发展等显著特征。

现代性不仅在内容上具有质的规定性，而且具有量的规定性。就是说，说一个国家和社会是现代的，不仅在于是否具有这些现代性的基本内容，而且更在于在多大范围和多大程度拥有这些内容。当今世界，完全意义上的传统社会和传统国家是没有的，所有国家和地区都在社会生活的某

① 黑格尔：《哲学史讲演录》第一卷，商务印书馆，1959，第157页。

② 参见吴国盛：《科学的历程》（第二版），北京大学出版社，2002，第55-56页。

③ 包亚明主编《现代性的地平线——哈贝马斯访谈录》，上海人民出版社，1997，第122页。

④ 尹保云：《什么是现代化——概念与范式的探讨》，人民出版社，2001，第7页。

些领域和方面拥有现代性。然而，并不是所有的国家和社会都成了现代国家和现代社会。相反，还有相当数量的国家和地区没能跨进现代国家的门槛，没能实现现代化。在这种意义上说，区分一个社会是现代社会还是传统社会，不仅在于一个社会具有现代性的质，而且更在于其拥有现代性的量，因为只有当现代性的量积累到了一定的程度，社会才会发生质变，传统社会才能转变为现代社会。这里的“量”，既包括拥有现代性的人在人口总量中所占的比例，也包括现代性在社会中所达到的程度。同样，区分一个人是不是现代人，也主要在于他或她拥有多大程度的现代性，即现代性在其精神世界所占有的地位及分量。那些成熟的现代化国家，并不是每个人都具有完备的现代性，都是现代人，也不是那些能够称之为现代人的所有方面都具有现代性，不同的个体之于不同的现代性的内容也是不一样的。那些非现代化国家，也不是所有的人都没有具备现代人格，都是传统人，也不是每一个传统人身上的所有方面都是封闭的、传统的，而没有一丝一毫的现代性。韦伯在《新教伦理与资本主义精神》中所描述的新教徒的特性，如注重现实利益、平等互助、精于计算、辛勤工作、节俭生活等，完全可看作“现代人”的特性，然而，那些生活在资本主义经济兴起之前的新教徒却还不能称之为“现代人”，至多可称之为“准现代人”，他们所生活的社会也不能称之为“现代社会”。因为这些现代特性只是人的精神世界的一个方面——经济方面的内容，还没有成为人的精神世界的主导因素；同时，这些现代特性也并没有成为社会绝大多数人的精神世界的根本内容。当然，现代性和传统或非现代性并不是截然分离的，区分现代性与传统、现代社会与传统社会，在精神层面上并没有一个绝对的标准。可以说，农耕社会是传统社会，工业社会是现代社会；但很难确定一个在现代农场劳作的农民一定是传统人，一个在工厂干活的工人一定是现代人。事实上，一个人的精神世界的现代性因子究竟要达到多大的程度才算是现代人，一个国家的人们在整个人口中究竟要占多大的比例才算是现代化的国家，这在理论上是难以精确回答的。但至少可以认为，倘若现代性在社会生产、生活的主要领域已经成为主导因素或成分，大多数社会成员是以现代性的方式从事社会生产和生活实践的，那么这个社会便可看作一个现代化的社会；如果一个人在社会生活的主要领域特别是公共领域体现现代性或具有现代性，即按照现代性的要求和标准从事社会活动、处理社会事务以及选择和安排自身的日常生活，那么这个人便可称之为现代人。

综上所述，现代性是现代化实践所体现、积淀的社会特征，既是现代化的深层内容，又是现代化的表征；既是人的现代化的内在规定，也是人的现代化的核心内容。

三、人的现代化是人生成现代性的活动及过程

如果把现代化看作一个国家和社会不断生成现代性的过程的话，那么人的现代化就是一个不断使人发展成为具有现代性的人的过程。因此，人的现代化是人的现代性的生成及其过程，或者说是人培育、生成现代性的活动及其过程。现代化是现代性的生成和积淀以及现代性在社会时空中的展开和显现，人的现代化则是现代性之于人的生成和积淀，亦即现代性的特征及过程。具体而言，人的现代化就是人在现代化的实践中不断生成和拥有现代性，亦即人不断形成和巩固自由、民主、平等、理性、科学精神等现代思想观念，并不断在生产实践、日常生活中践行这些现代思想观念且日渐转化为人的实践方式、生活方式和思维方式，从而形成现代性品格，生成现代性人格。简言之，人的现代化是现代性在人的实践活动中的培育和生成，是现代人格和现代品性的养成及表现过程。人的现代化可看作人的实践方式、思想观念、行为方式和生活方式的现代化，或者说是人的现代性的实践方式、思想观念、行为方式和生活方式的生成。这应该是现代化的本质与核心内涵。

现代化作为一个历史过程，具有阶段性和历史性的特点。一个社会的现代化程度在不同的历史阶段是不一样的。就整个社会而言，工业化、现代化、科技化、知识化和智能化的程度和水平在不同历史时期有高有低，范围有大有小。党的十九大提出的对我国现代化建设的战略安排，即从基本实现现代化到建成现代化强国，就体现了现代化的阶段性特征。基本实现现代化和建成现代化强国，现代化的程度和水平是有很大区别的，有些方面甚至有质的不同。这种区别或不同，不仅在于社会财富、工业化、信息化等方面，而且在于社会制度、体制机制和人的实践方式、生活方式以及思维方式等方面，即主要在于一个社会及其成员所具有的现代性的程度或人们的精神及心理世界的状态。与此相连，人的现代化，即人在参与现

代化建设实践中所获得与生成的现代性，也具有阶段性的特征，是一个不断丰富完善的历史过程。由于现代性的各个方面并不是齐头并进，同时发育、生长和成熟起来的，而是不均衡、历时性发展的。在某个历史阶段，现代性的某一或某些方面发展得较好，而另一或另一些方面的发展却可能会受到抑制或缓慢发展，因此，人的现代化的内容在不同历史时期的发展是不平衡、不同步的。就不同的个体的现代化而言更是如此，不同个体的现代化的内容和程度是不相同的，更是不均衡的。同一个体在现代化的进程中，其所生成的现代性的内容也是不一样的，有的甚至是互相矛盾的；个体在现代化建设不同阶段所形成的现代性的内容也是不同的，也可能是不稳定的，可能会随着社会和人生轨迹、际遇的变化而改变。由此可见，现代化、现代性和人的现代化，作为概念，都是历史范畴；作为一种社会实践，则是一场持续不断、丰富多彩的历史运动，是一个经久不衰、螺旋上升的历史过程。

一个社会的特性特别是它的时代特性都是人的实践活动、人的生活及其本质的呈现，都是人的本性和本质力量的展示。现代社会的特性——现代性，不仅体现在规约人的实践活动的社会制度及其规范上，而且更体现在人们参与社会实践和创造美好生活的状态中。全部社会的本质是人的实践和人的生活。社会由人创造，同时也创造人。社会与人同为一体的关系决定现代化进程中所形成的现代性的实质，是人的实践和生活的现代性。社会的现代化不仅是指经济、政治、文化、社会生活等领域具有现代性，而且更是指人的实践方式、思想观念、思维方式和行为方式等拥有现代性。如果人的实践方式、思想观念、价值目标、行为方式、生活形态不具备现代性的品格与要求，那么，社会则称不上是现代社会，人也算不上是现代人。也就是说，尽管一个社会可能有较高程度的工业化、机械化和信息化，有较高比例的城镇化，有比较完备的法律法规，等等，但全体人民却未能公平公正地享有经济现代化发展的成果，公民的经济政治社会权利没有在实际的社会生活中落地生根，公民不能广泛动员、平等参与实际的经济政治文化等实践活动，公民的法治意识、公民意识没能得到唤醒和培育，等等，这种社会就不能看作现代社会。同样，一个人尽管留学发达的现代化国家，接受过现代教育，享受着现代化的物质成果，但却依然固守着传统社会的思想观念，比如特权思想浓厚、平等观念淡薄，并心安理得地享受着不公正体制提供的种种特权，等等，这样的人便不是具备现代性的现代人。因此，人的现代化，既是促使人积极参与现代化建设实践、创造现代美好生活的过程，更是促使人形成、丰富发展现代性的过程，且关键是人的现代性的生成、丰富与发展。真正的现代人，不仅在于其创造现代社会财富的能力和享有现代成果的水平，而且更在于其获得和拥有的现代性的质量及其程度。从一定意义上说，真正的现代人是在社会实践和生活中具有丰富现代性的人。因此，人的现代化，不仅要鼓励人积极参与现代化建设实践，而且要创造条件保障人培养、提高参加现代化实践的能力素质；不仅要创建有利于保障每个人平等参与现代化实践和公平享有现代化成果的公民权利体系，而且要创设公正的制度结构和法治环境，促使每一个体形成、发展拥有丰富现代性的精神世界，促使每一个人平等自由发展其作为现代人的能力体系，使其成为全面发展的现代人。

第二节　人的自由全面发展是人的现代化的灵魂

人的发展同社会的发展一样，是一个由低级向高级不断提升的过程。由于社会的主体是人，社会的发展最终应归结于人的发展。人的自由全面发展是人类社会的终极价值目标，是人的发展的最高形式。人的现代化是人的发展在社会现代化历史进程中的表现形式及其结果，既以人的自由全面发展为目标，又以人的自由全面发展为核心内容。

一、人的发展是人的本质

对人的本质的认识多种多样，包括人的自然本质、社会本质、理性思维本质、宗教信仰本质、劳动本质、语言本质、审美本质等等，不一而足。马克思关于人的本质的直接论述也有不少。根据学术界的仔细挖掘和深入研究，马克思对人的本质的直接论述有以下几点。“人的根本就是人本身”“人是人的最高本质”；“人是类存在物”，人的类特性是自由自觉的活动；“实践是社会生活的本质”，实践也是人的本质；“人的本质是社会关系的总和”；“发展是人的本质”；等等。

马克思循着费尔巴哈的人本学的道路，在继承费尔巴哈关于“人是人的本质”这一观点的基础上，提出了自己对人的本质的理解。马克思在《黑格尔法哲学批判》导言中提出了“人的根本就是人本身”“人是人的最高本质”的重要命题。显而易见，马克思在这里继承了费尔巴哈对人的本质的看法，同时又在对人的本质内涵的理解上超越了费尔巴哈。马克思不仅把人的本质归结为人本身，而且将其引入到现实社会生活之中。马克思认为，“人不是抽象的蛰居于世界之外的存在物。人就是人的世界，就是国家，社会”①。因此，要使人成为人，要把人的本质归还给人，“必须推翻使人成为被侮辱、被奴役、被遗弃和被蔑视的东西的一切关系”②。

“人是人的最高本质”“人的根本是人本身”，虽然不能被认为是对人的本质的科学界定，但却可以看作认识人的本质的新方法。对人、人的本质的认识，不能从人之外的某种存在，如天地、上帝等去寻找根据，也不能从人的某个因素、特点中获得答案，而必须在人自身中去探寻，因为人的本质蕴藏在具有丰富内涵的总体性的人自身之中。既然人的本质是人本身，那么，人本身究竟是什么？人之所以为人的根本究竟在哪里呢？于是，马克思通过对资本主义社会异化劳动的研究，又提出了对人的本质的新看法。人是类存在物，人具有类本质。自由的有意识的生命活动是人的类本质，人因此与动物区别开来。他说：“人把自身当作现有的、有生命的类来对待，当作普遍的因而也是自由的存在物来对待。”③作为自由的存在物，自由自觉的活动会把人推向何种境地呢？或者说，自由会把人带向哪里？另外，人具有了自由生命活动的类本质，是否就意味着自由本质的实现呢？人的本质是自由的，自由必定会把人推向更高更远的境界，会把人带到更美好的生活之地吗？人有自由的需求、自由的本质，那么，人是否有发展的需要、发展的本质呢？因此，马克思在探讨人的自由的类本质及其异化的同时，更进一步提出了人的发展本质这一问题。马克思说：“我们已经承认劳动异化、外化这个事实，并对这一事实进行了分析。现在要问，人怎么使他的劳动外化、异化？这种异化又怎么以人类发展的本质为根据呢？我们把私有财产的起源问题变为异化劳动同人类发展关系问

---

① 中共中央马克思恩格斯列宁斯大林著作编译局编译《马克思恩格斯文集》（第1卷），人民出版社，2009，第3页。

② 同上书，第11页。

③ 同上书，第161页。

题，也就为解决这一任务得到了许多东西。”[①] 显然，马克思在此提出了人的发展本质的范畴，并试图探讨异化劳动与人的发展本质的关系，而且认为研究私有财产的起源是解决这一问题的根本方法。同时，在《1844 年哲学经济学手稿》中，马克思进一步认为，人的发展本质就是指人的需要本性。人的发展是指人的需要的不断满足和扩大。在马克思关于人的需求理论中，人的需要包括 3 个方面的内容：一是满足生命活动的生存需要，这是自然需要；二是在满足生命活动需要的基础上产生的追求更高生存质量的新的需要，即享受需要；三是在此基础上出现的提高生活水平、自身能力素质和精神境界的需要，即发展需要。人的发展的需要是人所独自具有的，是人高于其他生命体的本质特性。

在《德意志意识形态》中马克思和恩格斯则明确认为：人的需要即人的本性。需要是生命体活动的动力之源。人作为最高的生命体，自由、发展都是人的需要的根本内容，都是人的本质不可或缺的重要内涵。自由和发展是相互规定、相互融通、相互促进的。自由的本质规定发展的本质，发展的本质同样也规定自由的本质。自由作为人最深层的生命需要，作为人的类本质，必然促使人不断扩大自由的范围，提高自由的程度，提升自由的境界。自由的这些内涵都是发展的内在规定性，自由的每一次前进、每一步跨越，都是发展。同样，发展作为人的本质，必然促使人不断超越现实、追逐新的需要和新的目标。发展意味着人的自由需要的满足与实现，人的每一步发展，都是人的自由的扩大。人之所以为人，既是自由的，又是发展的。自由发展是人的不懈追求和目标。因为人是自由的，人便不会把自己固定或限制在某种特定的范围和领域，而必然会以新的手段和方式同新的世界打交道，开拓出新境地，创造出新事物，以不断满足人自身日益增长的需要。因为人是发展的，人便不会满足于既有的“自由”及其成果，必须突破既有的“自由”界限，追求新的自由需要，促进人向新的、更大更广的自由迈进，使人变得更自由、更自我，使人的生活及其所在的世界变得更富足、更美好。从这一视角看，发展是人的自由的实现和人的自由的超越；自由则是人的发展需要或发展本质的不断实现。人的自由本质和人的发展本质及其实现便成为人永恒的追求与最高价值，也成

① 中共中央马克思恩格斯列宁斯大林著作编译局编译《马克思恩格斯全集》（第 42 卷），人民出版社，1979，第 102 页。

为推动社会持续进步的不竭动力。

人的发展本质是具体的、现实的，必须在现实的改造世界（社会）的实践中才能实现。现实的东西必定是历史性的存在。人的发展的本质也是历史性的。就是说，在不同的历史环境和阶段，人的发展本质及其实现是不同的，促使人发展的方式方法或道路途径也是不同的，人的发展的状态和特点也不同。因此，考察和探讨人的发展本质必须放在具体的历史环境和历史阶段中，脱离具体的历史环境和阶段，孤立地谈论人的发展本质则不是科学的态度。实现人的发展本质、促进人的发展，更应该依据不同的历史环境和阶段采取不同的方式方法。当然，人的发展作为人的需要、人的本性、人的本质，并不是一个自然而然的过程，更不是简简单单便可以实现的，需要人们自觉持续努力行动，积极改变既有环境，创设新的条件，开创新的局面，最终实现人的自由全面发展目标。

二、人的自由全面发展是人的发展的最高形式

马克思根据作为社会历史主体的人的发展状况，把人类社会历史划分为人的依赖性社会、物的依赖性社会和个人全面发展的社会。“人的依赖性关系（起初完全是自然发生的）是最初的社会形态，在这种社会形态下，人的生产能力只是在狭窄的范围内和孤立的地点上发展着的。以物的依赖性为基础的人的独立性，是第二大形态，在这种社会形态下，才形成普遍的社会物质交换，全面的关系，多方面的需求以及全面的能力体系。建立在个人全面发展和他们共同的社会生产能力成为他们的社会财富这一基础的自由个性，是第三个阶段。”①

在人的依赖性社会中，人们的活动具有强迫性的特点，人们的活动受血缘关系、地域关系、宗族关系和宗教关系的限制，为维持生存所进行的物质生产活动是最主要的生产活动。由于人的生产活动范围的狭隘性，人的生产目的被限制在自给自足中，人不是为了获取丰裕的财富，不是为了扩大物质交往而获取交换价值而生产，更不是为了自身的发展而生产。人的一切活动只是为了维持自身最基本的生存而进行的，人和人之间的关系十分简单，除了最简单的两性关系、血缘关系和偶尔发生的产品交换关系

① 中共中央马克思恩格斯列宁斯大林著作编译局编译《马克思恩格斯全集》（第46卷）（上），人民出版社，1979，第104页。

之外，就是不同共同体之间的战争关系了。同时，由于社会分工的极不发达，人的活动还没有被分割，人与对象的交往蕴含着多方面的属性，其本质力量通过整体性活动的生成和发挥出来，人的发展也具有“原始”的全面性。

正如马克思转引勒蒙特的话所说：“我们十分惊异，在古代，一个人既是杰出的哲学家，同时又是杰出的诗人、演说家、历史学家、牧师、执政者和军事家。这样多方面的活动使我们吃惊。”[①] 然而，尽管如此，在原始社会、奴隶社会和封建社会，个人之间的关系表现为明显的人的依赖关系，个人只是作为某种社会规定性的个体而存在，没有独立的人格和个性。在整个人的依赖性社会时期，人和人之间缺乏丰富的社会联系，单个人受到各种社会关系的束缚，成为某一或某些狭隘人群共同体的附属物。“在发展的早期阶段，单个人显得比较全面，那正是因为他还没有造成自己丰富的关系，并且还没有使这种关系作为独立于他们自身之外的社会权力和社会关系同他们相对立。”因此，“留恋那种原始的全面是可笑的，相信必须停留在那种空虚之中，也是可笑的”[②]。

在物的依赖性阶段，由于商品经济的发展，世界市场的开辟，科学技术的快速发展与广泛应用，教育等文化事业的兴起，交通的四通八达……彻底打破了以血缘关系为基础的宗族制度、以地域关系为主的狭隘人群共同体对人的发展的限制，个人获得了较大限度和较高程度的独立与自由，社会个体在全社会甚至在世界范围内“形成普遍的社会物质交换、全面的关系、多方面的需求以及全面的能力体系”。马克思认为，在资本和商品经济发展阶段，商品的等价“交换，在所有方面确立了主体之间的平等，那么内容，即促使人们去进行交换的个人和物质材料，则确立了自由。可见，平等和自由不仅在（以）交换价值为基础的交换中受到尊重，而且交换价值的交换是一切平等和自由的生产的、现实的基础”[③]。在商品经济条件下，“个人之间的互相的和全面的依赖，构成他们的社会联系。这种联

① 中共中央马克思恩格斯列宁斯大林著作编译局编译《马克思恩格斯选集》（第 1 卷），人民出版社，1995，第 169 页。

② 中共中央马克思恩格斯列宁斯大林著作编译局编译《马克思恩格斯全集》（第 46 卷）（上），人民出版社，1979，第 109 页。

③ 中共中央马克思恩格斯列宁斯大林著作编译局编译《马克思恩格斯全集》（第 30 卷），人民出版社，1995，第 198 页。

系表现在交换价值上，因为对于每个个人来说，只有通过交换价值，他自己的活动或产品才成为他的活动或产品；他必须生产一般产品——交换价值，或本身孤立化的、个体化的交换价值，即货币。另一方面，每个个人行使支配别人的活动或支配社会财富的权力，就在于他是交换价值的或货币的所有者。他在衣袋里装着自己的社会权力和自己同社会的联系”①。在这个阶段，社会为人提供较好的全面发展的机会和条件，人具备全面发展的现实可能，促进人的全面发展、使人成为全面发展的人应该成为社会发展的方向。在资本和科学技术的推动下，社会经济飞速发展，社会财富迅速增长且日益丰富，完全改变了传统社会的贫困落后的面貌而进入丰裕的状态，人的物质生活水平普遍得到了较大提高；科学技术的发展、机器的广泛应用，极大地提高了劳动生产率，缩短了劳动者的必要劳动时间，这虽然增强了人的劳动强度，也导致一些人离开原来的劳动岗位，但劳动时间的减少则意味着剩余时间的增加，即“自由时间”的增多，这为人的自由发展和自我实现提供了现实条件。随着社会分工的进一步发展，生产劳动和社会实践中的科学技术含量不断增进，虽然人在很大程度上失去了人的依赖阶段的“原始丰富性”，日益成为某个领域或某个生产环节上的“专家能手”，表现为某种意义的“片面性”或“单向度”，但是，就整体而言，人普遍挣脱了对人的依附性“枷锁”，从奴仆变成了“法律意义上”的公民，从作为他人的附庸变为成为自己的主人，从狭隘的、简单的生产和交往拓展为广泛的世界性的交往与交换，从单一的劳动状态发展为“多方面的需求和全面的能力体系”。因此，在人的物的依赖阶段，人成为全面发展的人，既有现实的需求和现实的条件，也是一种不可否认的且客观的社会事实。那种认为这个阶段的人只是被“异化”的人、“单向度的人”的看法，并不是对这一整个阶段人的生存、发展状态的普遍性和总括性的概括，而是对在这一历史阶段某些特定时期的人的存在发展状态的具体的历史的描述。不可否认，在这一历史阶段的某些时期，特别是在早期，个人之间的关系少有过去人的依赖阶段的“温情脉脉的面纱”，主要表现为冷酷的物的关系、物的联系，或者表现为冰冷的货币关系，但是，“这种物的联系比单个人之间没有联系要好，或者比只是以自然血缘关系和统治

① 中共中央马克思恩格斯列宁斯大林著作编译局编译《马克思恩格斯全集》（第30卷），人民出版社，1995，第106页。

从属关系为基础的地方性联系要好”[①]。因为“在货币关系中，在发达的交换制度中，人的依赖关系被打破了，被粉碎了，人在交换中成为自由的平等的主体”[②]。当然，我们必须承认，由于对物的依赖关系——对金钱关系和商品关系的依赖，扩大或膨胀为商品拜物教，“独立的个人”被物的关系层层包裹，人为物役，成为“异化”的个人；由于社会分工日益精密、人的劳动能力被资本所控制，人被限制在某个生产领域而不能脱身，成为“单向度的人”；由于财富分配不公、贫富差距不断拉大，一些人陷入贫穷的困顿之中，失去全面发展自身的现实条件，人则成为“孤独的贫困者”……在这个阶段，人的全面发展，还没有成为“全体人们”的全面发展，即“每个人”的全面发展；同时，人的全面发展，也没有成为“每个人的自由”，人被强制在“物的依赖关系”之中而失去了自身的自由。因此，人并没有争得自由而实现每个人的全面发展。这是这一历史发展阶段人的生存和发展的基本特征。然而，探讨“物的依赖性”与人的全面发展的关系，确认“物的依赖性”阶段能够促进和实现人的全面发展的历史事实，对于我们在社会主义初级阶段坚持以人为本和以人民为中心、促进人的全面发展具有重要的理论和实践意义。

自由个人的自由联合体是人类发展的第三个阶段，是人的全面自由发展的社会——共产主义社会。“共产主义和所有过去的运动不同的地方在于：它推翻一切旧的生产关系和交往关系的基础，并且第一次自觉地把一切自发形式的前提看作是前人的创造，消除这些前提的自发性，使这些前提受联合起来的个人的支配。”[③] 在这个阶段，人们建立了自由的人的共同体。“在这个共同体中各个人都是作为个人参加的。它是各个人的这样一种联合（自然是以当时发达的生产力为前提的），这种联合把个人的自由发展和运动的条件置于他们的控制之下。”[④]

实现人的自由全面发展是社会发展的目标和最高原则。人不仅是推动社会发展的动力，而且也是社会发展所追求的目标。社会发展史说到底不

---

① 中共中央马克思恩格斯列宁斯大林著作编译局编译《马克思恩格斯全集》（第 30 卷），人民出版社，1995，第 111 页。

② 赵学清：《马克思〈1857—1858 经济学手稿〉研究读本》，中央编译出版社，2017，第 203 页。

③ 中共中央马克思恩格斯列宁斯大林著作编译局编译《马克思恩格斯选集》（第 1 卷），人民出版社，1995，第 122 页。

④ 同上书，第 121 页。

过是个人本质力量发展的历史，而实现人的自由全面发展则是社会发展的最高目标。未来社会，“每个人的自由发展是一切人的发展的条件”[①]。未来社会是“自由人的联合体”，是“以每个人的全面而自由的发展为基本原则的社会形式”[②]。恩格斯认为：共产主义社会是一个可以“使每一个社会成员都能够完全自由地发展和发挥他的全部力量和才能”的共同体[③]。当每个人都获得自由发展的时候，所有的人全面发展的时代就到来了。恩格斯信心满怀地展望：在未来社会，“人在一定意义上才最终地脱离了动物界，从动物的生存条件进入真正人的生存条件。人们周围的、至今统治着人们的生活条件，现在受人们的支配和控制，人们第一次成为自然界的自觉的和真正的主人，因为他们已经成为自身的社会结合的主人了。人们自己的社会行动的规律，这些一直作为异己的、支配着人们的自然规律而同人们相对立的规律，那时将被人们熟练地运用，因而将听从人的支配。人们自身的社会结合一直是作为自然界和历史强加于他们的东西而同他们相对立的，现在则变成他们自己的自由行动了。至今一直统治着历史的客观的异己的力量，现在处于人们自己的控制之下了。只有从这时起，人们才完全自觉地自己创造自己的历史；只是从这时起，由人们使之起作用的社会原因才大部分地并且越来越多地达到他们所预期的结果。这是人类从必然王国进入自由王国的飞跃”[④]。每个人的自由全面发展是人类自由王国的实现。

三、人的自由全面发展是人的现代化的核心

人的现代化是人的自由全面发展在现代社会的表现形式和阶段性成果，人的自由全面发展是贯穿人的现代化过程始终的核心内容和追求目标。人的现代化既是构成人的自由全面发展的历史环节，又是推动人的自全面发展的必由之路。

① 中共中央马克思恩格斯列宁斯大林著作编译局编译《马克思恩格斯选集》（第1卷），人民出版社，1995，第294页。

② 中共中央马克思恩格斯列宁斯大林著作编译局编译《马克思恩格斯全集》（第23卷），人民出版社，1972，第95页，第649页。

③ 同前注①，第237页。

④ 中共中央马克思恩格斯列宁斯大林著作编译局编译《马克思恩格斯选集》（第3卷），人民出版社，1995，第633-634页。

1. 人的自由全面发展是人的现代化的目标

人的自由全面发展作为人的最理想的存在状态，不仅是人类社会发展的理想目标，而且是人的现代化的目标，是现代社会的人的发展状态和存在方式。从马克思的社会发展“三阶段”论来看，现代化是人类社会从传统走向现代，即从“人的依赖性”阶段走向“物的依赖性”阶段进而走向未来“人的自由个性”发展阶段的历史进程。从历史时间而言，现代化可以对应于“物的依赖性”阶段，现代化的发展过程与“物的依赖性”阶段是重叠在一起的。从整个世界看，那些已经完成了现代化第一阶段、第二阶段任务的国家和地区，今天仍然处于“物的依赖性”阶段。那些处于前现代社会与现代社会之间的国家和地区，则是介于“人的依赖性”与“物的依赖性”之间，其“物的依赖性”问题还没有得到充分的解决。从这个意义上说，现代化运动就是不断实现和完善人的“物的依赖性”同时为人类发展的“第三阶段”夯实基础的社会活动。现代化作为人类社会未竟的事业，其任务和目标便应该是建立马克思主义所设想的未来社会形态，促进人的自由全面发展。因此，作为现代化本质的人的现代化，其目标和任务也必然是把人从传统的生存状态转化为现代性的生存状态，由传统人转变为现代人，不断扩大全面的需要，提高“全面的能力体系”，最终实现人的“自由个性”——人的自由全面发展。

现代化是人类社会走向理想社会形态的一场重要历史活动或运动，人的现代化则是在一定历史阶段人的全面发展的一种形态和内容，也是走向人的全面自由发展目标的一个阶段性的重要成果。人的自由全面发展就是由无数现代化的发展成果持续累积而成的。恰如无数的相对真理构成绝对真理一样，无数的“人的现代化”将构成人的自由全面发展的理想形态，实现人的发展的理想目标。

2. 人的自由全面发展是人的现代化的中心内容

人的现代化的内容很多，既有物质方面的内容，也有精神方面的内容，还有人自我发展方面的内容，等等，是一个体系。然而，人的现代化的中心内容是人的自我发展，是人自由全面的发展。因为人的自由全面发展、人的自由个性的实现是人最大的需要和最根本的利益。

需要和利益是人的活动之源。人从事一切活动或进行社会实践的动力来自满足基本需要和实现根本利益。现代化作为人类近代以来最典型的社会实践活动，其根本目的在于满足、实现人的需要和利益。作为现代化的本质的人的现代化，其实就是人的需要的满足和人的根本利益的实现。因为人的最大需要和最大利益其实就是实现人自身，即实现自我或实现人自身的自由与全面发展。

对人的需要的研究由来已久，不乏洞见。袁贵仁认为，人的需要是人对其生存、享受和发展的客观条件的依赖和需求。它反映的是人在现实生活中的贫乏状态，可以理解为人反映现实的一种形式、积极行动的内在动因。需要决定利益。马斯洛认为，人的需要是在一定的生活环境中形成和发展起来的，是社会生活的产物，也随着个人需要的满足而变化。人的需要是一个具有复杂关系的大系统，是一个综合的整体，人的需要具有不同的层次，各种不同层次的需要之间具有内在的关联。在马斯洛的“需要五层次”理论中，自我实现的需要是最高层次，它是人成长、发展、利用潜能的需要，是在前四种层次的需要得到满足之后才出现的。马斯洛认为，自我实现的需要是“一种想要变得越来越像人本来的样子、实现人的全部潜力的欲望”①。“我们所有的人都有一种改进自己的冲动，一种更多地实现我们的潜力、一种朝向自我实现或人性充分发展的冲动”“自我实现也许可以大致描述为充分利用和开发……能力、潜能等等。这样的人几乎在竭尽所能，使自己趋于完美”。“自我实现或意味着基本需要再加上最起码的天才、能力或者（人性）的丰富”。自我实现是“人性发展能够达到的境界”“自我实现意味着充分、忘我、集中全力，全神贯注地体验生活”②。总之，自我实现的需要是人的高级本质的发展需要。自我实现的人是自我全面发展的人，或潜能得到充分发展的人。因此，人应当不断培养自己的潜能，发挥自己的潜能，追求更加充实的、完善的自我。

马克思认为，人的需要和人的本性是联系在一起的，人的需要就是人的本性。“他们的需要即他们的本性，以及他们求得满足的方式，把他们联系起来”“所以他们必然要发生相互关系”③。马克思在《政治经济学批判大纲》中曾提出应该研究人的“需要体系”，认为人的需要是一个多样性

---

① 弗拉克·G. 戈布尔《第三思潮：马斯洛心理学》，上海译文出版社，1987，第45页。转引自赵敦华：《西方人学观念史》，北京出版社，2005，第431页。

② 转引自赵敦华：《西方人学观念史》，北京出版社，2005，第438页。

③ 中共中央马克思恩格斯列宁斯大林著作编译局编译《马克思恩格斯全集》（第3卷），人民出版社，1960，第514页。

的复合体。但是，在人的众多需要中，只有符合人的本性的需要才是真正的需要。人的需要从其作用上可分为生存需要、享受需要和发展需要。生存需要也叫自然需要。人的生存需要主要是指维持人的生存所必需的食、衣、住等方面的需要，是一切社会形态中的人的共同需要，是人的最直接的需要。当然，人的生存需要并不是纯粹的“自然”需要，而是“随着一定的文化水平而发生变化的自然需要”。人的生存需要是人最基本的需要。人的生存需要的满足是人生存和延续的基本前提，是其他需要产生和实现的基础。因此，马克思也把人的生存需要称之为“必要的需要”，即“必要的需要就是本身归结为自然主体的那种个人的需要”。享受需要是人旨在改善生存状态、提高生活质量、增强舒适程度的需要。享受需要不仅包括物质生活的享受，而且包括精神生活的享受。恩格斯认为，“人类的生产在一定的阶段上会达到这样的高度：能够不仅生产生活必需品，而且生产奢侈品，即使最初只为少数人生产。这样，生存斗争——假定我们暂时认为这个范畴在这里仍然有效——就变成为享受而斗争，不再是单纯为生产资料而斗争，而是也为发展资料，为社会的生产发展资料而斗争”①。人的享受需要及其满足具有历史性与合理性。享受需要和生存需要在一定条件下是能够相互转化的。在一定的社会发展阶段，作为享受的需要可能会在另一历史发展阶段转换为必要的需要；反之，在一个时期作为必要的需要，在另一个时期可能是人的享受需要。发展需要是人为了自身的完善和文明程度的提高，为实现人的自由个性而产生的需求。发展需要既表现为满足人的物质生活、精神生活的需要，又表现为实现自由、个性的需要。作为最高价值的人本身，主要是指人本身的发展、完善、自我选择和自我实现，人的自我实现主要是指人的创造性潜能的全面自由实现，是人充分发挥自己的创造性潜能，从而使自己成为可能成为的最完善、最完美的人，即实现一个真正完全的自我。

人的需要决定利益，人的需要的层次决定利益的不同层次。人的不同需要在人的自我实现中居于不同的地位，人的利益在人的发展过程中也有不同的地位和作用。毛泽东认为，在复杂事物的发展过程中所包含的各种矛盾的地位和作用是不平衡的，其中，贯穿于事物发展过程的始终、决定

---

① 中共中央马克思恩格斯列宁斯大林著作编译局编译《马克思恩格斯全集》（第34卷），人民出版社，1972年版，第163页。

过程的本质的矛盾是根本矛盾。根本矛盾规定和影响着事物发展过程中其他矛盾的发展。毛泽东关于矛盾问题的思想是我们分析利益的方法论。

利益是一个涵盖面很广的总体性概念，是政治、经济、文化等方面各种利益的复合体。利益结构可以分为根本利益和非根本利益。什么是根本利益？从利益的大小讲，根本利益是最大利益，反之，就是非根本利益。从利益对利益主体的重要性讲，人赖以生存和发展的不可缺少、不可替代、不可剥夺的需要物，称之为根本利益；对人来说，可有可无、可以替代的需要物，称之为非根本利益。从利益复合体所处的地位讲，根本利益在利益结构中处于基础地位，支配、决定和影响着其他各种利益的实现；否则就是非根本利益。

人的自由和人的全面发展无疑是人的最根本利益。从发展的主体看，人的自由而全面的发展，不是一部分人的发展，而是所有的社会成员即每一个人的自由全面发展。从构成上看，人的自由全面发展包括人的自由发展和人的全面发展。在共产主义社会，人的发展是自由发展，是建立在个体高度自由自觉基础上的发展，发展什么、怎么发展是个人的自由自觉的选择，是“人的自由个性”的发展，而不是被迫的、强制的发展。人的发展是人的需要和能力体系的全面发展。全面发展不仅体现在人的体力、智能的发展，各方面的才能和工作能力的发展，而且体现在人的社会联系和社会交往的丰富。从发展的内容上看，人的自由全面发展包括人的能力的自由全面发展、人的社会关系的自由全面发展以及人的个性的发展。人的自由个性的实现是人的发展的高级形态。“建立在个人全面发展和他们共同的社会生产能力成为他们的社会财富的这一基础上的自由个性”，是扬弃人的依赖、物的依赖阶段的“第三个阶段”，第三个阶段其实就是共产主义社会。只有在共产主义社会的“自由人的联合体”中，“有个性的人”最终代替“偶然的人”，每一个人都可能实现自由全面的发展，形成“自由个性”。自由而全面的发展，实现人的自由个性，意味着人所从事的不是任何单独枯燥和具有强制性的活动，而是人自己乐意从事的实现自我的活动。正如马克思所说的，劳动不再是单纯的谋生的手段，而成为“生活的第一需要”，成为发挥人的才能和力量的活动，成为实现人的本性和本质力量的活动，成为人生快乐幸福的巨大源泉。

在现代化的实践中，人自身的现代化同样是为了实现人的利益、满足人的需要。如果人在实现自我现代化的进程中不能满足自身需要和实现自我利益，人是不可能参与到这种社会实践中来的，即使被迫投入其中，也会使之中断、覆灭。现代化从西欧发轫到成为一场全球性的社会运动，无论是西方还是东方，无论是北半球还是南半球，各国都纷纷投身其中，可谓积极主动、热情高涨、轰轰烈烈、方兴未艾。由此可以说明，现代化、人的现代化是实现人的根本利益、满足人的需要的社会活动，或者说，现代化、人的现代化本身就是人的根本利益的实现和人的需要体系的满足。从世界现代化几百年的历史中我们可以看到，现代化的实践把人从贫穷困苦的状态中解放出来，使人过上富裕自足的生活；把人从人身依附关系中解放出来，使人成为独立自主的自由劳动者；把人从专制、等级森严的社会关系中解放出来，是人成为平等的权利主体；把人从愚昧无知的状态中解放出来，使人接受大众教育、成为掌握一定科学技术知识的“文明人”；把人从孤立、狭隘的关系中解放出来，使人成为具有全面素质和全面能力体系的人……可以说，现代化较为全面地满足了人多方面的需要，持续不断实现着人的多样的利益。人在现代化的进程中不断完善自己、发展自己和实现自我，人的能力体系、需要体系和利益体系在不断得以满足和提高。

3. 人的现代化是人的自由全面发展的现代形式

人的自由全面发展是一个历史过程，也是一个不断累积的增长过程，是历史有限性与无限性的统一。人的自由全面发展在不同的历史时期表现为不同的内容和特点。人的自由具有历史性，人的“全面”发展也具有历史性，人的自由全面发展也是具体的、历史的。可以说，人的现代化便是人的自由全面发展在人类进入现代文明历程中的历史性环节和阶段性成果。

社会发展是一个自然历史过程，人类由必然王国向自由王国的飞跃是一个历史过程，人的自由全面发展也是一个历史过程。人的自由全面发展是一个由相对走向绝对、由有限走向无限的永无止境的过程。人的发展，一方面要受到人的主观条件即受人自身的认识能力限制；另一方面要受到人的实践水平、客观条件的制约，即人类实践所提供的物质手段和条件、客观物质世界的制约。人的发展的实际状况只能是客观和主观条件达到什么样的程度，人的自由全面发展就跃进到什么程度。社会向前发展一步，人的发展则前进一步。当人类进入现代社会，人的发展则表现为人的现代化，人的现代化便是人的自由全面发展在现代化阶段的表现和实现形式，也可以说，人的自由全面发展在现代社会则表现为人的现代化，人的自由全面发展直接通过人的现代化来体现、推进并逐步实现。

人的发展则意味着：人从必然状态获得了某种程度的解放，争得了更多的自由，人的自由全面发展就向前迈进了一步。人的自由全面发展是一个不断累积、不断更新的连续过程，不可能要等到了共产主义社会才能开始着手实施，也不可能到了共产主义社会便能够自然而然地自动实现或立刻实现，更不可能在社会主义现代化建设时期不推进人的自由全面发展。实际上，人的自由全面发展是一个由不发展到发展、由片面发展到全面发展、由被动发展到自由发展的，不断转化、不断积聚的进程，每一点哪怕是十分微小的发展变化都是这个转化发展过程中的一个必要的环节。人类的每一次解放、每一个进步、每一步跨越、每一点发展都是对自由全面发展的接近。而人的每一次解放和发展又都包含着人的自由全面发展的颗粒。因此，人的发展过程是一个不断接近人的无限自由全面发展的永恒过程。人的发展，就像登山运动员登山一样，每迈上一个台阶、每越过一座山峰，就接近顶峰一步。但与登山不同的是，山有最高峰，人可以到达峰顶，而人的自由全面发展是一个无限的永无止境的过程。正如江泽民所指出的："社会生产力和经济文化的发展水平是逐步提高、永无止境的历史过程，人的全面发展程度也是逐步提高、永无止境的历史过程。这两个历史过程应相互结合、相互促进地向前发展。"① 社会历史的发展是无限的，人的发展同样是无限的。社会进步的脚步不停顿，人的发展的步伐就不会停顿；反之亦然。人类的现代化，无论是资本主义现代化还是社会主义现代化，都是摆脱人的依赖性阶段不断走向人的自由个性发展阶段的社会运动和历史进程，都是在为实现人类社会最理想的社会形态、促进人的全面自由发展奠定基础、创造条件，都是实现人的自由全面发展最高理想的历史性环节。可以说，人的现代化是促使人的全面自由发展的重要历史阶段和成果。

社会主义现代化的根本在于实现人的现代化，促进人的自由全面发展。人的现代化以促进人的自由全面发展为根本内容，为最终建立人的自

① 《江泽民文选》第 3 卷，人民出版社，2006，第 295 页。

由全面发展的社会创造条件。从历史发展的过程看，社会主义现代化从根本上是对资本主义现代化的“扬弃”，社会主义现代化进程中的人的现代化的根本在于克服资本主义现代化所造成的人的异化、人的片面或畸形发展，在不断发展生产力和促进社会各方面的协调发展的过程中实现人的现代化，为实现人的自由全面发展奠定基础。社会主义社会的人的现代化，既要克服人的“原始丰富性”的不足和人的“畸形发展”的缺陷，又要积极促进人的自由全面发展。社会主义现代化，不仅要创造更优越的社会经济发展条件，从而促进人的现代化，而且要直接把人的自由全面发展作为人的现代化的最终取向和最高原则。

在社会主义社会，人的现代化在本质上是与人的自由全面发展完全一致的。邓小平认为，中国的现代化，首要的是社会主义现代化，没有社会主义就没有现代化。中国的现代化在本质上是社会主义的，必须是符合社会主义本质要求的。邓小平指出：“社会主义的本质是解放生产力、发展生产力，消灭剥削，消除两极分化，最终实现共同富裕。”[①] 人是生产力中最活跃最革命的因素，因而解放和发展生产力首要的是解放人、发展人。只有首先解放人和发展人，才能最充分最广泛地发挥劳动者的积极性、主动性和创造性，才能有效实现解放和发展生产力。社会主义的本质内在地要求把解放每一个人、发展每一个人作为社会主义社会的一个根本性的历史任务，内在地要求充分发展每个人的才能、提高每个人的素质、平等地发挥每个人的能力。解放和发展生产力，一是解放、发展人自身，二是为人的自由全面发展创造现实物质条件；“消灭剥削，消除两极分化，最终实现共同富裕”，一个是改变社会关系，扫除制约解放和发展人的障碍，另一个是建立促进人的解放和自由全面发展的新型社会制度。可见，邓小平的社会主义本质观体现了马克思关于未来理想社会的设想，包含了实现人的自由全面发展的基本内容。人的自由全面发展既是共产主义的理想目标，也是社会主义现代化的本质内容和内在要求。社会主义现代化为人的自由全面发展提供了前所未有的客观历史条件，人的现代化不断为人的自由全面发展开辟新征程和新前景。

中国特色社会主义是“面向现代化、面向世界、面向未来”的科学社会主义。中国特色社会主义现代化建设的最终目标是建立“以人的自由全

① 《邓小平文选》第3卷，人民出版社，1993，第273页。

面发展为根本原则”的理想社会。因此，建设社会主义现代化强国，实现人的现代化就是要促进人的全面自由发展，这是新时代中国人民最大的、最根本的利益。建设社会主义现代化强国，实现人民对美好生活的向往，最根本的是实现人的现代化，促进人自由全面发展，使人真正成为现代化的建设者、现代化成果的享有者，成为推动现代化建设向新的更高层次和更美好前景发展的“现代人”，成为“面向现代化、面向世界、面向未来”的自由全面发展的“现代人”。

第五章　人的现代化的价值核定

邓小平郑重指出："中国的事情能不能办好，社会主义和改革开放能不能坚持，经济能不能快一点发展起来，国家能不能长治久安，从一定意义说，关键在人。"① 就是说，中国的发展，关键在人，关键在人的发展。同样，中国的现代化，关键在人，关键在人的现代化，人的现代化是建成社会主义现代化国家的先决条件，是实现中华民族伟大复兴的根本动力，是实现人的自由全面发展的必由之路。

第一节　人的现代化是建成现代化国家的先决条件

现代化是近代以来开始的一场全面深刻的社会变革运动，是人的实践活动方式、人的生活方式和思维方式的大变动、大更新。现代化不断推动社会和人的全面变动和发展，但现代化也是由不断变动和发展着的人推进和促成的。国家和社会的现代化推动人的发展、人的现代化，同样，人的发展、人的现代化也推动国家、社会现代化的进步。但从主体和根本的意义上，由于人是世界的根本和主体，人的现代化是现代化的根本，现代化事业归根到底只有通过现代化的人才能建造成功。没有人的现代化，就不可能有国家和社会的现代化。英格尔斯明确认为："人的现代化是国家现代化必不可少的因素，它并不是现代化过程结束后的副产品，而是现代化制度与经济增长赖以长期发展并取得成功的先决条件。"②

一、新时代开启了全面建设现代化强大中国的新征程

党的十九大在新的历史起点上，结合我国现代化建设取得的巨大成就和中国特色社会主义发展的新要求，科学分析我国现代化建设的国内国际形势和发展中国特色社会主义的现实条件，不失时机地提出了建成社会主

① 《邓小平文选》第 3 卷，人民出版社，1993，第 380 页。

② 英格尔斯：《人的现代化》，四川人民出版社，1985，第 8 页。

义现代化强国的战略安排，开启了全面建设社会主义现代化强大国家的新征程。

改革开放以后，我们党对我国社会主义现代化建设做出战略安排，提出“三步走”战略目标。解决人民温饱问题、人民生活总体上达到小康水平的两个阶段性目标提前实现。在这个基础上，我们党提出，到建党一百年时建成经济更加发展、民主更加健全、科教更加进步、文化更加繁荣、社会更加和谐、人民生活更加殷实的小康社会，然后再奋斗30年，到新中国成立一百年时，基本实现现代化，把我国建成社会主义现代化国家。

党的十八大以来，我们党团结带领全国各族人民不懈奋斗，我国的经济实力、科技实力、国防实力、综合国力不断提升，进入世界前列，我国的国际地位大幅度提高，党的面貌、国家的面貌、人民的面貌、军队的面貌、中华民族的面貌发生了前所未有的变化。为此，党的十九大审时度势，做出了“中国特色社会主义进入了新时代”的科学判断。“新时代”是中国社会发展新的历史方位，是制定发展路线、方针、政策的新的历史起点。

从党的十九大到二十大，是“两个一百年”奋斗目标的历史交汇期。我们既要全面建成小康社会、实现第一个百年奋斗目标，又要乘势而上开启全面建设社会主义现代化国家新征程，向第二个百年奋斗目标进军。为了更好地推动社会主义现代化建设事业，明确现代化建设的阶段性任务，党的十九大提出了从2020年到本世纪中叶中国现代化发展两个阶段的战略新安排。

第一个阶段，从2020年到2035年，在全面建成小康社会的基础上，再奋斗15年，基本实现社会主义现代化。第二个阶段，从2035年到本世纪中叶，在基本实现现代化的基础上，再奋斗15年，把我国建成富强民主文明和谐美丽的社会主义现代化强国。习近平在十九大报告中指出：“从全面建成小康社会到基本实现现代化，再到全面建成社会主义现代化强国，是新时代中国特色社会主义发展的战略安排。”①

十九大报告还对现代化建设的两个阶段提出了具体的目标、任务和要求。在基本实现现代化阶段，我国经济实力、科技实力将大幅跃升，跻身创新型国家前列；人民平等参与、平等发展权利得到充分保障，法治国

① 《中国共产党第十九次全国代表大会文件汇编》，人民出版社，2017，第23页。

家、法治政府、法治社会基本建成，各方面制度更加完善，国家治理体系和治理能力现代化基本实现；社会文明程度达到新的高度，国家文化软实力显著增强，中华文化影响更加广泛深入；人民生活更为宽裕，中等收入群体比例明显提高，城乡区域发展差距和居民生活水平差距显著缩小，基本公共服务均等化基本实现，全体人民共同富裕迈出坚实步伐；现代社会治理格局基本形成，社会充满活力又和谐有序；生态环境根本好转，美丽中国目标基本实现。

到建成现代化强国之时，国家、社会的各个领域、各个方面以及人民的生活水平、人的素质，都发生新的质的飞跃。社会主义物质文明、政治文明、精神文明、社会文明、生态文明将全面提升，实现国家治理体系和治理能力现代化，成为综合国力和国际影响力领先的国家，成为富强、民主、文明、和谐、美丽的社会主义现代化强国；全体人民共同富裕基本实现，我国人民将享有更加幸福安康的生活，人的现代素质和全面的能力体系全面跃升，人的现代化达到较高水准；中华民族在汲取五千年优秀传统文明的基础上，在构建人类命运共同体和促进世界和发展的进程中，充分沐浴现代文明之光，将焕发出前所未有的蓬勃生机与活力，以更加昂扬的姿态屹立于世界民族之林。

二、人是现代社会的创造者

人的实践本性决定人不仅是社会存在的主体，而且是建设社会的主体，是人类历史的创造者。人自己创造自己的历史。社会发展离不开人的活动，社会历史是人的创造活动的产物。“在社会历史领域内进行活动的，是具有意识的、经过思虑或凭激情行动的、追求某种目的的人；任何事情的发生都不是没有自觉的意图，没有预期的目的的。”① 人在活动中形成人与物、人与人之间的各种关系。人与物、人与人之间相互制约、相互作用、相互对立和冲突，形成无数的“力”，由无数的“力”构成的“总的合力”，使社会历史成为一个“自然过程”，构成人类活动的规律——社会发展的规律。社会发展规律是由物的发展规律和人的发展规律交合而成的统一体，是合规律性与合目的的统一。

---

① 中共中央马克思恩格斯列宁斯大林著作编译局编译《马克思恩格斯选集》（第 4 卷），人民出版社，1995，第 247 页。

人不仅能够改变自然物质的存在形态，使之朝着人的方向变化成“人化自然”，而且能够创造靠自然力无法生成的“人造物”和文化成果，即创造人类社会。“在人类历史中即在人类社会形成过程中生成的自然界，是人的现实的自然界；因此，通过工业——尽管以异化的形式——形成的自然界，是真正的、人本学的自然界”。“自然界没有制造出任何机器，没有制造出机车、铁路、电报、走锭精纺机等等。它们是人类劳动的产物，是变成了人类意志驾驭自然的器官或者人类在自然界活动的器官的自然物质。它们是人类的手创造出来的人类头脑的器官；是物化的知识力量”①。“对社会主义的人来说，整个所谓世界历史不外是人通过人的劳动而诞生的过程，是自然界对人来说的生成过程，所以关于他通过自身而诞生、关于他的形成过程，它有直观的、无可辩驳的证明”②。人类社会区别于大自然的内在根据在于人的对象化活动的丰富性。动物的生产是片面的，而人的生产是全面的。人不仅进行物质生产、精神生产，而且还从事人自身的生产。人不仅改变自然世界，而且改变人类世界和人自身；人不仅创造物质财富，而且创造精神财富。正如马克思所说的：“工业的历史和工业的已经生成的对象性的存在，是一本打开了的关于人的本质力量的书。”③人的本质力量，根本在于人是人类世界的创造者，是社会财富的创造者，是社会历史的创造者。

人是现代社会物质财富的创造者。人要生存和发展，就要有吃、喝、住、穿、用等物质生活资料来满足自身的需要。这是社会历史存在的一个前提。而自然界不会满足人，因此人决心改变世界。人不仅要从大自然中获得满足人类需要的物质生活资料，而且要通过自身的劳动改变自然界的物质存在形态，创造自然界不能自然而然生成的物质成果。人在与自然打交道的过程中形成和发展着社会生产力。从生产力的实体性构成要素看，人是首要的、决定性的因素。人类进入近代以来，科学技术是生产力内在的智能性的要素，渗透到生产力各种实体性要素之中，不仅可以转化为直接的生产力，而且成为“第一生产力”；科学技术及其进步不仅从根本上

① 中共中央马克思恩格斯列宁斯大林著作编译局编译《马克思恩格斯全集》（第46卷）（下册），人民出版社，1980，第219页。

② 中共中央马克思恩格斯列宁斯大林著作编译局编译《马克思恩格斯全集》（第3卷），人民出版社，2002，第310页。

③ 同上书，第306页。

增强了生产工具的性能、提高了劳动者的技能，而且扩大了劳动对象的范围，从而推动了生产力发展的质的飞跃。科学的产生和发展、技术的发明与推广、机器的制造与广泛应用都是人的实践活动及其结果。现代工厂、农场和其他生产领域的劳动者都是掌握一定机器设备性能、操作规程与技能的人，不然，机器不能正常运转，形成不了现实的生产力，更生产不了合格的产品。马克思、恩格斯在《共产党宣言》描述的巨大社会财富蜂拥而出的场面正是现代化生产的产物，是现代工人、现代农民等劳动者辛勤创造的结果。

人是现代社会精神财富的创造者。人是精神性的社会存在物，是理性的存在物。德国著名哲学家卡西尔认为，把人定义为理性的动物并不正确，因为理性是一个很不充分的名称。人的正确定义应该是：人是“符号的动物”。因为，人与动物的根本不同之处在于：人不仅生活在一个单纯的物理宇宙中，而且生活在一个符号宇宙中。语言、神话、艺术和宗教等等无不是这个符号宇宙的各个部分……所有这些人化的形式无不是符号的形式。因此，“我们只有把人定义为符号的动物”，才能指明人的独特之处，才能真正理解向人开放而通向文化的新路。符号文化使人从自然界分离出来，也同样使人与自然界紧密相连。符号是人把握世界的重要方式，是人区别于动物的特有能力，符号的发展则体现着人类的文化发展。虽然动物也制造符号，但是，人的符号与动物的符号之间有本质的区别，动物的符号单纯是物理世界的一部分，而人的符号不仅是物理世界的一部分，而且是意义世界的一部分。符号由两部分组成：一是物理的、可感知的感性材料；二是不可感知的意指，二者的结合是感性和理性的统一。随着人类自身的进步，符号也从低级向高级发展，人类文化也不断从低级发展到高级。总之，只有把人与他们的符号生活联系起来，才能真正理解人所有的本性。由于人是符号的动物，人类所创造的文化则是符号文化。人类文化的各种形式，如语言、神话、艺术、科学等无不是符号的不同形式。人生活在其中的文化世界，无不是人的符号和意义世界。

人之所以创造精神财富，使人类世界具有无穷的、近似“魔魅”的神奇，根本在于人的精神需要。精神需要是人的社会性需要，是认知、道德、情感、审美、信仰等方面的需要。人的精神需要虽然依赖于一定物质需要的满足，但也具有相对独立性。随着人类社会的不断发展，这种独立性越来越强烈，对社会发展的推动力越来越强大。精神需要本身在人的社会生活中的地位也会越来越高，作用会越来越大。在社会物质财富能够满足人的基本物质生活需要时，人的精神需要便必然凸显，日益成为人们所追求的最重要、最根本的生活目的。日益扩大和增长的精神需要便是人创造社会财富的不竭动力。在这种强大精神动力的推动下，人的精神生产活动地位日趋重要，范围不断扩大，生产能力不断提高。于是，不仅社会精神财富增长的速度、数量和质量会极大提高，而且物质财富的精神性因素也会不断增多，物质产品也会越来越考虑人的精神需求的满足，所体现和蕴含的精神因素必然会越来越多，物质财富与社会生活更会突出人的“精神性”。物质财富不仅仅是满足人的物质需求的对象，而且是满足人的精神需要的对象，且这种作用越来越显著。与此同时，精神产品的“物化”倾向也越来越严重。精神产品必须通过物质作为媒介，精神需要的满足也必定通过一定的精神产品才能实现。物质产品“精神化”和精神产品“物质化”的发展的趋势，使得物质财富和精神财富的界限越来越淡化。这样，人类世界则会变得日益符合人的主体需要的满足，日渐“人性化”，日渐有利于整个人的全面自由发展，日渐真正成为现代人的新世界。

因此可以说，人是历史的创造者，是现代社会的创造者。人是现代经济、现代政治、现代文化等一切现代生活的创造者。离开了人和人的现代化，便不可能有现代社会的存在，更不可能有现代社会的改良与完善。现代化的生产创造了懂得现代生产的人，懂得现代生产的人或人的现代化创造了现代社会的一切财富，也创造人的现代生命和生活本身。中国的现代化事业必然要由具有现代性的中国人来承担，也只有具有现代性的中国人才能完成把具有古老文明历史的中国改造成为现代文明国家的伟业。

三、人的现代化是建成现代化国家的决定性因素

人的现代化、人的现代素质和能力体系是现代社会文明内化人自身的产物，现代社会文明则是人的现代化、人的主体素质和能力体系外化的结果。现代化的生产力表现为人征服自然的主体能力的现代化；现代化的科学技术表现为人的认识水平、思维能力、实践手段的现代化；现代化的经济表现为生产的现代化、人的需要及其满足方式的现代化，即人不仅拥有

丰裕的财富，而且形成平等、公正的经济关系；现代化的政治表现为政治生活的民主化，即人具有高度的民主意识、参与意识和法治精神以及自由、开放、包容的政治态度；现代化的道德观念、行为规范表现为人精神文明境界的现代化，即人具有强烈的公共意识、平等意识和个体意识等；现代化的社会风尚表现为人的人格的现代化，即人是一个独立自主、自强、有责任心和社会奉献精神的人。总之，“社会现代化体现着人的现代化，是人的思想和行为活动的现代化”①。

根据唯物史观，社会生产力是社会发展的根本动力和决定性力量。生产力的发展水平既是社会富裕程度的标志，也是社会发展水平的重要标志。生产力的发展水平既是社会发展水平的重要标志，也是现代化程度的主要指标。人是生产力中最主要、最活跃的因素，是现代社会财富的创造者，是科学技术的真正代表者。人作为自然存在物，具有“人本身的自然力”，即具有与自然界相适应的自然力。因此，人可以直接与自然物进行物质、能量和信息交换，能够以一种现实的、感性的力量同作为活动对象的自然物产生这样或那样的关系，从而使自然物按照人的意志改变其存在形态。当然，人本身的自然力不同于其他自然存在物的自然力。人的自然力是在意识、精神支配下的物质力量，是具有社会性、历史性的自然力，因而人不仅能够适应自然界，而且能够改造自然界。这是人之所以成为生产力中首要的、灵活的、决定的因素的根本原因。人的自然力发展到近现代社会，成为以科学知识、科学技术武装起来的物质力量，成为改造世界的巨大生产力。同时，科学技术本身也表现为人的一种自然力。“科学作为社会发展的一般精神产品在这里同样表现为直接包括在资本中的东西（而这种科学作为同单个工人的知识和技能脱离开来的东西，它在物质生产过程中的应用只可能依靠劳动的社会形式），表现为自然力本身，表现为社会劳动本身的自然力。”② 社会的发展、每一项改革、每一个进步都离不开人，都离不开人的能动性和创造性。生产的发展，各种要素都离不开人，生产工具的制造、改进和运用，劳动对象的选择、改造与扩大，生产过程的管理与协调，都离不开人的积极性与创造性。现代化是人类生产力

---

① 罗归国：《社会主义现代化和人的现代化》，《理论学刊》1999 年第 5 期。

② 中共中央马克思恩格斯列宁斯大林著作编译局编译《马克思恩格斯全集》（第 48 卷），人民出版社，1985，第 41 页。

水平发展到机器生产时期的社会活动，是人的生产能力和创造才能达到较高水平的自我谋划。可以说现代化是人的智慧、精神和文化的一种高级运动。人的素质和能力如果未能达到近现代科学技术所要求的水准，是无法开展现代化建设实践的，更是无法建成现代化的国家和社会的。就是说，现代化的状态取决于人的发展状态，人的现代化程度决定了现代化的发展程度以及现代化的成与败。英格尔斯因此认为："一个国家，只有当它的人民是现代人，它的国民从心理和行为上都转变为现代人格，它的现代政治、经济和文化管理机构中的工作人员都获得了某种与现代化发展相适应的现代性，这样的国家才可真正称为现代化的国家。"①

从世界现代化运动发展的历史看，无论是先行的现代化国家、后起的现代化国家，还是目前现代化建设相对比较顺利和成效较为显著的国家，都十分重视人的现代化即人的全面发展问题。西欧、北美等先发型现代化的国家，各种现代化因素首先是从思想观念领域的解放开始的，文艺复兴运动，以研究宗教、传播宗教为主要目的而建立起来的具有一定现代意义的大学，在很大程度上为社会现代化的出现和发展奠定了观念和人才基础。随着工场手工业和工商文明的发展，现代化的因素在社会内部逐步产生、积累和发展起来，进而引发了整个社会的现代化变革。社会的现代化的变革又推动了人的全面现代化。德国、日本等后起的现代化国家，采取的是追赶型的现代化模式。在先行现代化国家的挤压下，这些国家的政府实行"学习西方、追赶西方"的现代化发展战略，以西方现代化成熟模式为范本进行制度改造、文化移植和创新，重视人的思想观念的变革和人的科学文化素质的提高，大力引进西方的科学技术，依照西方的教育模式改革传统教育制度和模式，发展新式教育，培养与现代化建设相适应的新式人才，在较短的时间内国家的现代化便达到了较高水平。中国和亚非拉等发展中国家和地区也选择了现代化的发展道路，确立了建设现代化国家的发展目标，目前正处于新一轮现代化的起步和发展阶段，属于后发型的现代化国家。从世界格局看，现代政治、经济格局已经形成，国际竞争的规则已经由先行的现代化国家制定和确立，这些后发型的现代化国家在世界经济和政治体系中基本无优势可言，因此现代化的道路更为艰难。从国内形势看，这些国家几乎都有被那些早起的现代化国家侵略或殖民的历史，

① 英格尔斯：《人的现代化》，四川人民出版社，1985，第 8 页。

生产力和文化等都比较落后，在解体的农业文明基础上建设现代化，其任务更为艰巨，挑战更为巨大。在如此复杂和艰难的国际国内环境中建设现代化，并要进行顺利和取得成功，对这些国家的人民——现代化建设的主体提出了更高的要求。这些国家需要更加高度重视人的现代化建设，提高现代化建设主体的能力和素质。因为，现代化“发展模式的选择和发展机制的建立以及新发展观念和政策的大众认同和实施，均需要人的现代化先行，否则，再好的设想和愿望都会在素质偏低的实施者手里一再打折，最后南辕北辙，无法达到预期目标”①。“如果一个国家的人民缺乏现代心理基础，如果执行和运用这些现代化制度的人，自身还没有心理、思想、态度和行为方式上都经历一个向现代化的转变，失败和畸形发展的悲剧结果是不可避免的。最完美的现代化制度和管理方式，最先进的技术工艺，也会在一群传统人的手中变成废纸一堆。”② 英格尔斯在《人的现代化》研究报告中所揭示的一些发展中国家进行现代化建设的令人痛彻心扉的教训清楚地表明，一个国家的现代化建设不能忽视本国的国情，不能忽略对国民的现代性培育，必须加强人的现代化建设、促进人的发展。没有人的现代化、没有人的全面发展，现代科技的创新与应用、现代制度和结构的建构与运转、社会发展规划的落实、社会治理体系和能力的形成等等，都只能是一堆写满各色文字的无用的纸屑，国家和社会的现代化建设，只能是一句漂亮而诱人的空话。恰如英格尔斯所言：“在整个国家向现代化发展的进程中，人是一个基本的因素。一个国家，只有当它的国民从心理和行为上都转变为现代的人格，它的现代政治、经济和文化管理机制中的工作人员都获得了某种与现代化发展相适应的现代性，这样的国家才可真正称之为现代化的国家。否则，高速稳定的经济发展和有效的管理，都不会得以实现。”③ 人的现代化不是现代化的副产品，而是现代化的内在前提和先决条件。建设现代化国家，既需要实现工业、农业、科学技术、社会治理、国防等领域的现代化，更需要促进人的全面发展、实现人的现代化。人的现代化是社会现代化建设的基础和前提。国家的现代化建设事业只有优先

① 杨岚：《论中国后发型现代化建设进程中人的现代化的先导作用》，《内蒙古社会科学》(汉文版) 2006 年第 3 期。

② 英格尔斯：《人的现代化》，四川人民出版社，1985，第 4 页。

③ 同上书。

保障人的现代化并尽可能地与之同步发展、协调一致，才能顺利发展，现代化的强大国家才能顺利建成。

国家现代化的主体不仅是人，而且必须是具有现代化素质的人。人的现代化不仅是一个国家建设现代化的中心内容，而且是实现现代化的根本动力。一个国家建设现代化的状况、现代化实现的程度和质量，从根本上取决于和依赖于人的现代化的状况。人的现代思想素质、实践能力、生活状态等方面的全面而协调发展的状况决定了一个国家现代化建设的水平。因此，只有促进人的现代化、不断使人从传统人转变成为现代人，国家现代化才有可能成功，现代化的各个领域和各个方面——经济现代化、城市化、政治现代化、社会结构现代化、社会治理现代化、科技文化现代化、生活方式现代化等，才有可能真正实现。社会生活所有领域、所有方面的现代化都是现代化的人不断创造的结果，同时也是人不断完善和发展自身——不断促使自身现代化的结果。现代化的国家是由现代化的国民建造出来的，没有人的现代化和全面发展的人，是建不成现代化的国家的。列宁曾经说过，社会主义社会必须通过掌握世界性的丰富科学文化知识的劳动者才能建设成功，“文盲”是不可能建成社会主义社会的。毛泽东曾说，没有文化的军队是愚蠢的军队，没有文化的军队是不可能打胜仗的。邓小平认为，现代战争，必须是懂得现代武器装备、现代战场指挥、现代战争规律的指战员才能胜任的。同样，国家现代化事业必须是懂得现代科学技术、现代文化知识、现代社会管理等方面的现代人才能建设起来，并取得成功的。我国有学者认为：“现代化事业需要有新的、先进思想的现代人来推动，并在现代化的进程中，造就一代新人。”[①] 只有实现了人的现代化，才能实现国家现代化；如果人的现代化没有搞好，国家的现代化是不可能建设成功的。如果一个国家的某些方面达到了现代化的标准，具备了现代化的一些特征，如经济取得了持续快速发展、财富总量增长迅猛、城镇化水平提高、人均寿命延长等等，但人的精神和心理依然保守不开化、经验性和非理性在文化和人的精神世界仍居主导地位，那么这个国家便是难以甚至不可能建成一个真正意义上的现代化国家的。因此，我国在全面推进现代化强国建设的新征程中，必须坚持新的发展理念，坚持经济现代化、政治现代化、文化现代化、社会治理体系现代化、生态文明建设现代化和

① 北京大学世界现代化进程研究中心：《现代化研究》（第二辑），商务印书馆，2003，第 163 页。

人的现代化等的有机统一、协调发展，以经济、政治、文化等领域的现代化建设促进人的现代化发展，以人的现代化促进经济现代化、政治现代化及整个社会生活现代化建设。防止“一手抓、一手不抓”“一手硬、一手软”以及“一条腿长、一条腿短”的片面的领导方法和工作方法，特别是不能把人的现代化和经济现代化、政治现代化等倒置起来，绝不能认为经济、政治、文化等领域的现代化实现之后，人的现代化会自然而然地实现，或者以为先实现经济现代化、政治现代化、社会治理体系现代化之后，再来抓人的发展，再来进行人的现代化建设。相反，人的现代化对于经济、政治、文化、生态等现代化具有一定意义和程度的优先性，必须在经济社会发展的基础上，优先发展教育和科技，促进教育现代化和人的现代化建设。

社会主义社会是全面发展的社会，社会主义现代化也是全面发展的现代化。全面发展的现代化，需要全面发展的人、全面现代化的人来建设，且只有依靠全面发展的人、人的全面现代化，才能成功建成现代化的国家和社会。对于中国特色社会主义现代化建设而言，一方面，必须坚持以经济建设为中心，大力发展社会生产力，建设社会主义现代经济体系，同时不断推进社会主义政治现代化、文化现代化、社会治理现代化等方面的建设；另一方面，必须优先发展教育，大力推进教育现代化建设，促进人的现代化和人的全面发展。坚持“中心”和“优先”的辩证统一，是我国现代化建设必须处理好的一个重大战略性问题，要求我们必须坚持马克思主义的世界观和方法论，促进人的现代化和经济、政治等领域的现代化的协调发展，全面协调推进社会主义现代化强国的伟大事业。

第二节　人的现代化是实现中华民族伟大复兴的根本动力

实现现代化、建成社会主义现代化强国与实现中华民族伟大复兴的中国梦是同一历史过程。伟大的中国梦是在全体中国人民齐心合力建设社会主义现代化的伟大实践中筑成的，建成现代化的强大国家也是在每一个中国人共筑中国梦的征程中实现的。

一、实现中华民族伟大复兴是全体中国人民的共同事业

习近平指出，实现中华民族伟大复兴，“是中华民族近代以来最伟大的梦想”。“这个梦想，凝聚了几代中国人的夙愿，体现了中华民族和中国人民的整体利益，是每一个中华儿女的共同期盼。……实现中华民族的伟大复兴是一项光荣而艰巨的事业，需要一代又一代中国人共同为之努力”①。建成现代化强大国家，实现中华民族伟大复兴，是中国人民的共同事业。

“中国梦是民族的梦，也是每个中国人的梦。”②实现民族伟大复兴的“中国梦”不仅是近代以来无数中国仁人志士的不懈追求，而且更是当代每一个中国人的共同理想。全体中国人民、每一个中国人都是实现现代化和民族复兴的主体，都是中国特色社会主义现代化国家的建造者。现实的个人是社会存续、国家发展的前提。社会、国家是由现实的个人及其活动所构造的。没有现实的个人的存在与发展，就没有国家、社会的延续和发展。社会的发展、国家的富强，都依赖于现实的个人的实践创造，没有现实的个人的创造性活动，社会便不能进步，国家便不会兴旺。建成中国特色社会主义现代化强国和实现中华民族伟大复兴，是整个国家和民族的事业，更是每一个中国人的事业。实现中国梦，需要每一个中国人的奋斗和创造，需要每一个中国人贡献青春、智慧、才华和力量。每一个中国人都是现代化和民族复兴的参与者、书写者、奋斗者。只有把每一个中国人的力量都调动起来，把每一个中国人的聪明才智都发挥出来，才能汇聚成建设现代化强国和实现民族复兴的强大力量，伟大的中国梦才能成功实现。因此，我们必须充分发挥每一个中国人的聪明才智，调动一切积极因素，使全国各族人民心往一处想、劲往一处使，用14亿人的智慧和力量汇集起不可战胜的磅礴力量。

人民群众是历史的主人，是社会实践的主体。中华民族伟大复兴的中国梦是全体中国人民的共同事业。实现现代化和民族复兴，不是喊喊口号、敲锣打鼓就能成功的，必须依靠全体中国人民来实现，必须确立人民

---

① 《习近平谈治国理政》，外文出版社，2014，第36页。

② 同上注，第40页。

的主体地位，激发和调动全体人民的主动性、积极性和创造性。实现现代化和民族复兴，不是哪一个人、哪一部分人的事业，而是全体中华儿女、中国人民的共同追求，需要全体人民的共同奋斗。中华民族是伟大的民族，中国人民是伟大的人民，中国人民素来有着深沉厚重的精神追求，历来有着对美好社会和光明未来的向往，有着自强不息、奋斗不止的拼搏品格。因此，实现现代化和民族复兴的伟业，深厚源泉在人民，根本力量在人民。正如习近平所说："中国梦归根到底是人民的梦，必须紧紧依靠人民来实现，必须不断为人民造福。"①

"最大多数人的利益和全社会全民族的积极性创造性，对党和国家事业的发展始终是最具决定性的因素。"②"人民群众是党的力量源泉和胜利之本。"改革开放和现代化建设"是亿万人民自己的事业"③。"把一切积极因素充分调动和凝聚起来""努力形成全体人民各尽所能、各得其所而又和谐相处的局面"，对于发展中国特色社会主义、推进现代化建设和实现中国梦，至关重要。习近平认为，全体中国人民"始终是推动我国先进生产力和社会全面进步的根本力量"。工人、农民、知识分子是建设中国特色社会主义现代化的主体，是推动改革开放、现代化建设事业和实现中国梦的中坚力量。

工人阶级是我国的领导阶级，是我国先进生产力和生产关系的代表。"工人阶级最重要的特点之一就是同社会化的大生产相联系，因此它的觉悟最高，纪律性最强，能在现时代的经济进步和社会政治进步中起领导作用。"④工人阶级由于其在社会主义现代化建设中的地位和高度集中统一等特点，是国家稳定和社会全面进步的强大而集中的力量。随着改革开放的深入和经济文化的不断发展，我国工人阶级队伍不断壮大，素质不断提高。改革开放以来，由于教育事业的快速发展，大部分接受高等教育的人员进一步充实了工人阶级的队伍，知识分子成为工人阶级的重要部分，产业工人中接受各类职业培训的人员不断扩大，质量不断提高，我国工人阶

① 《习近平谈治国理政》，外文出版社，2014，第40页。

② 江泽民：《全面建设小康社会　开创中国特色社会主义事业新局面》，人民出版社，2002，第14-15页。

③ 胡锦涛：《在纪念党的十一届三中全会召开30周年大会上的讲话》，《人民日报》2008年12月19日。

④ 《邓小平文选》第二卷，人民出版社，1994，第136页。

级队伍的整体素质明显提升。

广大农民是我国人数最多的群体，是中国特色社会主义现代化建设事业的基本力量。改革开放以来，城镇化虽然发展较快，但水平还不高，农村人口在全国人口总数中的比例依然占很大比重。我国的现有国情决定了广大农民依然是改革开放和现代化建设中人数最多的最基本的依靠力量。广大农民不仅在新民主主义革命和社会主义改造中发挥了主力军的作用，而且也是改革开放的生力军。党的十一届三中全会以来，广大农民强烈要求改变农村贫困落后的状态，表现出可贵的革新精神和伟大的创造力，不仅使农村改革和建设取得了巨大成就，而且带动了我国整个改革和现代化建设事业的发展。长期的实践充分证明，只有坚持把解决好农业、农村、农民的现代化问题作为我国现代化建设事业重中之重，坚持农业的基础地位，坚持社会主义市场经济改革方向，坚持走中国特色农业现代化道路，坚持保障农民物质利益和民主权利，促进农民向现代农民转型，提高农民的素质和能力，促进农民的现代化，才能不断解放和发展农村社会生产力，推动农村经济社会和现代化建设事业的全面发展。

依靠广大农民，调动农民的积极性和创造性，促进农民的现代转向，使广大农民由传统农民变成现代农民，不仅关系到农村改革和建设的成败，而且关系着整个改革开放和社会主义现代化建设的大局。"三农"问题始终是关系党和人民事业发展的全局性和根本性问题。"实现全面建设小康社会的宏伟目标，最艰巨最繁重的任务在农村，最广泛最深厚的基础也在农村。"①没有农民的小康幸福生活，就没有全国人民的小康幸福生活；没有农村的现代化，就没有中国的现代化；没有农民的现代化，就没有中国人的现代化。为此，必须把走中国特色农业现代化道路作为基本方向，把加快形成城乡经济社会发展一体化新格局作为根本要求，推动农村全面科学发展，不断加强农业基础，增加农民收入，促进农村和谐。最为重要的是解决好人——农民的问题。必须坚持以人为本和以人民为中心，尊重农民意愿，保障农民权益，着力解决农民最关心、最直接、最现实的利益问题，保障农民政治、经济、文化、社会权益，提高农民综合素质，促进农民全面发展，充分调动广大农民的积极性、主动性、创造性，充分发挥农民主体作用和首创精神，推动农业现代化、新型城镇化、农民市民

① 《中共中央关于推进农村改革发展若干重大问题的决定》，《人民日报》2008 年 10 月 20 日。

化。习近平指出，“解决好人的问题是推进新型城镇化的关键，城镇化最基本的趋势是农村富余劳动力和农村人口向城镇转移”。“现代化是本质是人的现代化”，农民的现代化就是要“真正使农民变为市民并不断提高素质”①。当然，这是一项艰巨而长期的战略任务，需要长期努力奋斗。

知识分子是建设中国特色社会主义的重要力量。知识分子是中国民主革命的重要组成部分，实践证明，没有知识分子参加的革命，是不可能取得胜利的。同样，没有知识分子参与、不能充分发挥知识分子积极作用的建设现代化强国和民族复兴的伟大事业，更是不可能取得成功的。中国共产党人历来重视知识分子在革命、建设、改革中的重要作用。毛泽东指出：“我国的艰巨的社会主义事业，需要尽可能多的知识分子为它服务。”②邓小平认为：“我国广大的知识分子……正在努力自觉地为社会主义事业服务。”③当代中国，知识分子队伍越来越大，作用也越来越大，已经成为推动我国改革开放、中国特色社会主义现代化建设事业和实现民族伟大复兴的基本力量和关键因素。现代化的关键是科学技术现代化。国际竞争的关键是人才和科学技术的竞争。哪个国家拥有了世界上最先进的科学技术和最优秀的科技队伍，它便占据了最有利的竞争地位。建设中国特色社会主义现代化强国，实现中华民族的伟大复兴，关键是建设科学技术的现代化强国、实现科学技术和人才的复兴。科学技术作为第一生产力的历史地位，决定了知识分子在现代化建设和民族复兴伟大事业中的特殊地位和重要作用。知识分子作为人类科学文化的创造者、传承者，既是推动我国科技进步和经济发展的生力军，又是全面建设社会主义现代化强国和实现民族复兴的骨干和主导力量。因此，必须实施科技强国、教育强国和人才强国战略；必须充分依靠知识分子，充分信任知识分子，充分发挥知识分子的创造性，努力营造有利于知识分子施展才华的社会氛围，促使知识分子在建设中国特色社会主义现代化和实现民族复兴伟大事业中全面施展聪明才智、发挥关键作用。

新的社会阶层是中国特色社会主义现代化的建设者和民族复兴伟业的重要推动者。改革开放以来，我国出现了民营科技企业的创业人员和技术

---

① 习近平：《论坚持全面深化改革》，中央文献出版社，2018，第 66 页、第 68 页。

② 《毛泽东文集》第 7 卷，人民出版社，1999，第 225 页。

③ 《邓小平文选》第 2 卷，人民出版社，1994，第 186 页。

人员、受聘于外资企业的管理技术人员、个体户、私营企业主、中介组织的从业人员、自由职业人员等社会阶层。这些新的社会阶层尽管在财产状况、文化层次、社会地位等方面有所区别，但他们都是在社会变革中出现的新兴力量。他们勇于开拓，敢冒风险，勇于冲破一切旧思想、旧观念，能够打破习惯势力和樊篱的束缚，善于把握社会主义市场经济大潮和发展走势，能够适时抓住和利用社会发展和改革提供的机遇，走出了一条创业、创新之路，为我国社会经济发展、文化建设和社会进步做出了积极贡献，是推进改革开放、现代化建设和实现民族复兴的重要社会力量。我们要进一步转变观念，改革社会体制机制，保护新的社会阶层成员的创业精神，支持他们的创新事业，鼓励和引导他们在社会主义现代化建设和民族复兴伟大事业中发挥更大作用。

人民，只有人民，才是推动历史发展根本动力，才是推进中国特色社会主义现代化和实现中国梦的根本动力。中国特色社会主义现代化建设和中华民族伟大复兴是全体中国人的共同事业。全社会全民族所有成员的积极性创造性是这个伟大事业取得成功的最具决定性的因素和力量。我们要尊重人民的主体地位，发挥人民的首创精神，贯彻尊重劳动、尊重知识、尊重人才、尊重创造的重大方针，坚持全心全意依靠工人阶级，发挥我国工人阶级和农民阶级、其他劳动群众推动我国生产力发展基本力量的作用，又支持新的社会阶层充分发挥中国特色社会主义事业建设者的作用，使全体人民满腔热情，奋勇而上，积极投身改革开放、现代化建设和民族复兴的伟大事业中去，提高每一个中国人的素质，发挥每一个中国人的智慧和才能。进一步解放思想，全面深化改革，建立能够极大地解放和发展社会生产力，充分发挥全社会各种建设力量的体制机制，放手让一切劳动、知识、技术、管理、资本的活力竞相迸发，让一切创造社会财富的源泉充分涌流，让一切建设现代化和实现民族复兴的伟力全面生长、尽情激荡。

二、人的现代化是推进民族复兴伟业的不竭动力

马克思、恩格斯指出，一切历史的第一个前提是，“人们为了能够‘创造历史’，必须能够生活。但是为了生活，首先就需要吃喝住穿以及其

他一些东西。因此第一个历史活动就是满足这些需要的资料，即生产物质生活本身，而且，这是人们从几千年前直到今天单是为了维持生活就必须每日每时从事的历史活动，是一切历史的基本条件”[①]。这是人类存在与发展的第一个事实。“第二个事实是，已经得到满足的第一个需要本身、满足需要的活动和已经获得的为满足需要而用的工具又引起新的需要，而这种新的需要产生的是第一个历史活动”[②]。从马克思、恩格斯关于历史唯物主义基本原理的论述可见，人类物质资料生产方式是由人的需要发起和推动的。物质资料生产方式的决定力量的根本动力来源于人的内在需要。人的需要是推动社会发展的最根本动力。

在马克思主义理论中，社会基本矛盾是社会发展的根本动力。构成社会基本矛盾的生产力和生产关系的矛盾更为根本，更为关键。生产力是社会发展的最重要、最具决定性的力量。“人们所达到的生产力的总和决定着社会状况”[③]。人之所以要进行生产，特别是要进行物质资料的生产，根源在于人的生存和发展的需要。人的生存和发展需要是社会生产得以开展和持续不断的最深厚的源泉，是推动社会发展的不竭之源。人改造自然界、进行生产劳动和创造物资财富都是源自和基于人的需要的。需要及其有效满足是人从事社会活动、推动社会发展的内在动力。正如普列汉诺夫所说，马克思的重大贡献就是“以社会的人的需要，并以在一定时间内满足这些需要的手段与方法，来解释社会的人的劳动”[④]。

人的需要是人的本性。需要的满足则是人性的实现。然而，人单单依靠自身或走向人的内在世界是不能满足人的需要的，人的需要的满足必须是通过人对外在世界的认识和改造才能实现的。就是说，人要满足自身的需要便不得不走向外在世界，只能不断地认识和改造世界与人自身，并且关键是通过实践活动改造外部世界、创造社会财富。人改造世界、创造财富的动力完全来源于人的需要及其满足，人的需要是人类改造世界的动力之源。在人的需要与人走向世界和改造世界之间，或在人的需要和人对世界的认识与改造之间，人的内在需要及其需要的满足是推动人们认识世

① 中共中央马克思恩格斯列宁斯大林著作编译局编译《马克思恩格斯文集》（第1卷），人民出版社，2009，第531页。

② 同上书，第531-532页。

③ 同上书，第533页。

④《普列汉诺夫哲学著作选集》（第二卷），生活·读书·新知三联书店，1961，第269页。

界、改造世界的不竭动力。没有人的需要，便没有人的实践活动；没有人的需要的扩充，便没有社会前进的动力。人的需要—人进行生产等社会实践活动—需要的满足—新的需要—新的实践活动，如此循环，不断往复，推动人自身和人类社会不断从低级向高级发展。可见，人的需要是人从事一切实践活动的内在源泉和根本动力。然而，人的需要是不是单一的，而是多样的，是一个多维的体系。现实的个人，既有自然需要，又有社会需要；既有物质需要，又有精神需要；既要生存的需要，也有享受和发展的需要。马斯洛认为，人的需要体系是一个由低到高排序的层级系统，包括生理需要、安全需要、爱的需要、尊严的需要和自我实现的需要等。不同层级的需要在不同的需求满足环境中，对人的活动的作用是不一样的。这些多样的需要构成了人的需要体系。人的需要不仅是多样多维的，而且是变化发展、具有社会历史性的，并且不同的需要在不同的历史时期对社会变化发展的推动力是不一样的。

由于需要是人的本性，实现人的本性就必然要不断满足人的需要，人的需要的不断满足即是人的本性的不断实现。人的需要是一个丰富的层级体系，人的本性的实现也是一个全面的发展的系统和历史进程。马克思、马斯洛等人都认为，人的发展需要或人的自我实现需要是人的最高级的需要，自我实现和人的全面自由发展是人的最高价值，是人的美好本性和本质力量的实现。人的现代化作为人的自我实现和全面自由发展的一种历史形式及实现方式，首先应该是人的需要的现代化。人的需要的现代化，既包括人的需要的内容和形式的现代化，也包括满足人的需要的现代化，即以现代丰富多样的物质、精神财富和现代民主制度、社会保障体系等满足人多样的现代性需求。正是人的多样的现代性需要或人的需要的现代性，成为推动社会变革的重要力量，亦可谓推动传统社会转型为现代社会的动力之源。

今天中国特色社会主义已进入新时代。实现民族伟大复兴的中国梦和人民对美好生活的向往是统一的，是同一历史过程的两个方面。中国梦是中国人民的梦，必须依靠和造福人民，实现人民对美好生活的向往。人民对美好生活的追求和向往，既是推动民族伟大复兴的根本动力，也是实现民族复兴的根本目的。随着中国特色社会主义和现代化事业的发展，人民对美好生活的需要日益广泛，不仅对物质文化生活提出了更高要求，而且在民主、法治、公平、正义、安全、环境等方面的要求日益增长①。人民期盼更好的教育、更稳定的工作，更满意的收入、更可靠的社会保障、更高水平的医疗卫生服务、更舒适的居住条件、更优美的环境，期盼孩子们能成长得更好、生活得更好。“人民对美好生活的向往，就是我们的奋斗目标。”②党的最高奋斗目标是实现共产主义的崇高理想，建立人的自由全面发展的新社会。党在新时代的奋斗目标是建成现代化的强大国家，实现中华民族伟大复兴的中国梦。具体而言，就是抓住社会的主要矛盾，要解决好当前存在的发展不平衡、不充分的问题，提升发展的质量和效益，更好满足人民在经济、政治、文化、社会、生态等方面日益增长的需要，更好推动人的全面发展、社会全面进步③。

党的十九大报告指出，实现中华民族伟大复兴，必须合乎时代潮流、顺应人民意愿，这是党和人民事业始终充满奋勇前进的强大动力。人民对美好生活的向往、人的自我实现和自由全面发展是人民最大的意愿，是最根本的时代潮流，是推动社会不断发展进步的不竭动力和源泉。中华民族的伟大复兴是近代中国以来全体中国人民的共同心愿和不懈追求。虽然今天我们比历史上任何时候都更接近和更有能力实现这一伟大目标，但依然需要全体中国人民付出更为艰巨的努力和奋斗，更需要每一个中国人发挥和贡献出自己的智慧与才华。中国梦，要为每一个中国人提供发展和实现自我的舞台，要让每一个中国人有更多出彩的机会，要使每一个中国人实现对美好生活的追求。只有如此，中国人民和每一个中国人才能把自己的人生梦想与民族复兴的伟大梦想结合起来，不畏艰险、迎难而上，才会万众一心、众志成城、攻坚克难，在建设现代化强国的实践中不断促进人的现代化，也在促进人的现代化中推进现代化强国事业的发展；在实现中国梦中实现每个中国人的梦想，也在实现每个中国人的梦想中实现民族复兴的中国梦。

① 《中国共产党第十九次全国代表大会文件汇编》，人民出版社，2017，第 9 页。

② 《习近平谈治国理政》，外文出版社，2014，第 4 页。

③ 《中国共产党第十九次全国代表大会文件汇编》，人民出版社，2017，第 10 页。

第三节　人的现代化是人的自由全面发展的必由之路

现代化是世界性的发展潮流，实现现代化是世界各国特别是发展中国家的发展目标。在马克思主义的理论视域中，现代化是推动人类社会走向新的更高社会形态的历史阶段或历史性环节，是推动世界各国最终走向人的自由全面发展的新社会的必经历史阶段。人的现代化作为现代化的根本性内容和实现现代化的必然前提，既是人的自由全面发展在人类历史的特定阶段的历史形态和表现形式，又是促进和实现人的自由全面发展的必由之路。

一、人的自由全面发展是社会主义发展的最终目的

马克思主义从现实的个人出发，以自由全面的人为归宿，把促进人的自由全面发展作为创造未来共产主义社会的本质要求，把人的自由全面发展作为社会发展的最终目标。马克思、恩格斯在《共产党宣言》中宣称，共产党人的最终目标是建立“每个人的自由发展”的“联合体”。后来马克思又强调说：“未来社会是以每个人全面而自由地发展为基本原则的社会形式。”[①]恩格斯认为，共产主义者的目的，就是把社会变成一个使每一个社会成员都能完全自由地发展与发挥他们全部才能和力量的有机体。实现人的自由而全面的发展是共产主义者的奋斗目标。按照马克思主义经典理论的设想，共产主义社会是在高度发达的生产力基础上建立起来的，消灭了片面化和固定化的旧式分工，消灭了人剥削人和人压迫人的现象，形成丰富的、全面的社会关系的高级社会形态，是人类社会发展的最高阶段。在这个社会中人们享有发展自己全面能力和提高自己全面素质的物质条件、文化条件和社会条件，人们将在丰富、全面的社会关系中获得自由而全面的发展。

社会历史的发展是人的本质力量发展的历史，是人类改造客观世界和主观世界的主体能力以及人的主体素质的提升过程。马克思认为，再生产的行为本身，不但改变着客观条件，而且也改变着生产者自身——“炼出

① 中共中央马克思恩格斯列宁斯大林著作编译局编译《马克思恩格斯全集》（第23卷），人民出版社，1972，第95页，第649页。

新的品质，通过生产而发展和改造着自身，造成新的力量和新的观念，造成新的交往方式，新的需要，新的语言[①]”，亦即造就社会的新人。“人的实质也就是人的真正的共同体”“人永远是这一切社会组织的本质”[②]。人是社会的主体，更是社会的目的。人和社会都不是变化和发展的。人的发展是社会发展的价值目标，社会的发展来源于人的发展，也归于人的发展。人的发展促进社会的发展，社会的发展最终是为了人的发展。同时，社会系统的建构和完善与人的生存发展具有深刻的内在一致性。人类的实践活动，是主体客体化和客体主体化相统一的过程。一方面，人根据自身的需要、本性等内在尺度和任何物种的尺度，影响和改变自然和社会的运动方式和存在形式，使其朝着有利于人的生存发展的方向发生变化；另一方面，人在改造客体时也不断改变自身、提升自身和发展自身，不断改变自身的生理与心理结构，提升主体能力，优化思维方式、行为方式和活动过程。人化的自然以及人通过交往活动而形成的社会，都是人按照客观事物的本性和人的内在本性建构起来的属人世界。也就是说，人是按照美的尺度来构建社会、创建世界和完善人自身的。然而，人构建社会和世界的根本目的在于满足人自身、实现人自身。人自身的自由全面发展是根本目的，人构造人与自然的关系以及构建人与人的社会关系都是为实现自身发展服务的，自然和社会不过是人实现自身目的的中介或手段。

人的发展和社会的发展是同一历史进程的两个方面，二者相互关联、相互作用、相互统一。人的发展的最高形式是人的自由而全面的发展，社会发展的最终目标是建立“以人的自由全面发展为根本原则”的社会，实现人的自由全面发展。社会发展的一切内容和历史都是为了促进和实现人的自由全面发展。人的自由全面发展，即人的多层次需要的满足、人的各种潜能的发挥、人的整体素质的提高、人的能力体系的全面提升，是社会发展的最高价值取向。现代化理论与实践所经历的由经济到社会、再到全面发展人自身的转变，现代化发展的价值追求所经历的经济增长、社会变革以及人的需要的整体满足和全面发展的转换，历史地证明了满足人的自

① 中共中央马克思恩格斯列宁斯大林著作编译局编译《马克思恩格斯全集》（第46卷）（上），人民出版社，1979，第494页。

② 中共中央马克思恩格斯列宁斯大林著作编译局编译《马克思恩格斯全集》（第1卷），人民出版社，1956，第487页，第293页。

我实现的需要、谋求人的自由全面发展是现代化建设和社会发展的最高价值取向的历史必然逻辑。

现代化作为变革社会的世界性运动，既是推动资本主义发展的基本力量，也是发展社会主义的重要内容。现代化同市场、计划一样，不具有社会性质属性，既不姓“资”，也不姓“社”，既可以与资本主义相结合，也可以与社会主义相统一。然而，现代化在不同的社会制度下会具有不同的内容和形式，也会有不同的发展方向和前途。同时，生活在不同现代化运动中的人也会有不同的命运和发展状态。在资本主义现代化条件下，人更多地是现代化的工具，而难以成为现代化的根本目的。相反，在社会主义现代化运动中，人既是现代化的建设主体，又是现代化的价值目的。邓小平明确指出，我们搞的现代化是社会主义的现代化，现代化建设必须坚持社会主义制度，必须坚持社会主义方向。习近平也认为，中国特色社会主义不是什么别的主义，而首先是社会主义。中国要建设的现代化也不是什么别的主义的现代化，也必须是社会主义的现代化。因此，在现代化前面加上“社会主义”绝非多余，恰恰是规定了现代化的发展方向和目的要求。恰如江泽民对市场经济的认识一样，“我们搞的是社会主义市场经济，‘社会主义’这几个字是不能没有的，这并非多余，并非画蛇添足，而恰恰相反，这是画龙点睛。所谓‘点睛’，就是点明了我们的市场经济的性质。”① 把市场经济和社会主义联系在一起、统一起来，既可以发挥市场经济的长处，又可以发挥社会主义制度的优越性；既可以发挥市场在资源配置中的决定性作用，又可以把握市场经济发展的根本方向，使市场经济为社会主义和人民大众的幸福服务。同样，把现代化和社会主义结合在一起，明确现代化的性质和根本目的，也是为了明确我国建设现代化的根本目的不是为少数人的利益服务，而是为了实现最广大人民群众的根本利益，为了不断增进全体中国人民的福祉，不断促进每一个中国人的发展，实现每一个中国人的现代化和全面发展，使每一个中国人发展成为现代化的建设主体和价值主体，真正成为现代化的建设者、创造者和享有者，即成为全面发展的自由的现代公民。全体中国人民的全面自由发展和幸福生活既是中国特色社会主义现代化建设的深厚源泉，也是中国特色社会主义现代化的最终归宿。

---

① 江泽民：《论社会主义市场经济》，中央文献出版社，2006，第 203 页。

二、社会主义现代化建设要促进人的全面发展

人类的发展史是一个通过人自身的实践活动不断推动社会持续进步和人自身全面发展的进程。中国特色社会主义现代化建设事业的真正主体是每一个中国人。中国人民作为生产力最活跃、最能动的因素，是推动当代中国发展的最根本的动力。随着我国现代化建设向新的更高目标迈进，随着现代化在全球的全面纵深发展、高新科学技术的突飞猛进，以及世界各国综合国力竞争的升级与加剧，人的发展、人的现代化问题在世界各国现代化建设中的地位更加重要，作用更为重大。

人是社会主义现代化强国的建设主体，也是价值主体。社会现代化的最终取向是为了人的全面发展，人的全面发展是社会现代化的目的和归宿。由于人的现代化是人的全面发展在现代化建设和发展阶段的表现形式，是现代化的根本内容和标志，因此，人的现代化不仅是国家、民族现代化的前提，而且是国家现代化的价值目标。人的实践活动的根本目的和最高价值是为了人自身，是为了增进人自身的利益，提升人自身的价值，扩充人的自由，促进人的全面发展。人的利益、人的价值是一个丰富多样的体系，人的最大利益和最高价值是人的自我实现即人的自由全面发展。人的其他利益和价值都是人的最高利益、最高价值的体现和拓展，且是为实现人的最高利益和价值服务的。就是说，在整个利益和价值体系中，人的价值处于一切价值的最高层，而人的自我实现的价值则处于人的一切价值的最高层。既然人的自我实现、人的自由全面发展是一切价值的价值，是最高价值，那么，建设现代化和现代化强国的价值目标必然是人的全面发展，是人自身的现代化。建设社会主义现代化强国，必须依靠人民，更是为了人民，为了人民的幸福和人自身的全面发展。把人的现代化、人的全面发展确立为社会主义现代化的价值目标，既是对人的价值的充分肯定和高扬，而且是为现代化建设提供方向保证和动力之源。人的现代化、人的全面发展是人在现阶段的最重要的需要和最高价值。价值既是人的实践活动的目的，又是人的实践活动的动因。人进行生产实践，目的是满足自身的物质需要，实现经济利益和价值；人进行改造社会关系的实践，目的是满足人的社会交往的需要，实现人的社会利益、政治利益和价值；人从

事科学文化实践活动，创造精神文化产品，是为了满足人的精神需要，丰富人的精神生活。进行现代化建设、建设强大的现代化国家，根本目的也是实现人民对美好生活的向往，促进人的全面发展。因此，在建设现代化强国的历史征程中，要求经济、政治、文化、社会治理体系和生态的现代化建设，以及现代化建设的一切活动和一切方面，都应该坚持以人为本和以人民为中心的发展观，为满足人民不断增长的物质文化生活需要服务，为实现人民群众对美好生活的向往服务，为实现人的全面发展和实现人的自我价值服务。只有坚持人的现代化、人的全面发展的价值目标，现代化建设才能沿着正确的方向发展，才能充分调动全体中国人民的主观能动性和创造性，才能顺利推进现代化建设事业，成功实现民族复兴的中国梦。

三、在推进人的现代化的过程中促进人的自由全面发展

人的现代化所体现的是人以不同于传统社会的方式认识、掌握和占有世界的发展程度及其特性，亦指人以科学理性的方式认识、掌握、占有世界的能力水平和素质。人以什么样的方式占有客体对象，就表明人是怎样的人。如果人以片面的方式占有对象，那么人便是狭隘的人；如果人以全面、自由的方式占有世界，那么人便是完整的人；如果人以科学、理性、民主、自由等现代性的方式认识和把握社会，那么，人便是现代的人。

现代化所表征的是一个经济、政治、文化、社会、生态、国防以及人自身的整体性变革，是社会和人的全面协调发展。社会主义现代化强国的目标是要把我国建设成为一个具有发达的物质文明、精神文明、政治文明、社会治理文明、生态文明的富强民主文明和谐美丽的现代国家，也要使社会的整体面貌和人的发展水平实现质的飞跃。这是一项宏大艰巨的历史任务，不是一般的人所能完成的，只有高素质的人、全面发展的人才能承担这一重大历史使命。也就是说，现代化强国的伟业需要由现代的中国人民来建设，也只有依靠全面发展的、高素质的中国人才能建设成功。因此，在全面推进现代化强国建设、实现民族伟大复兴的进程中必须高度重视人的现代化、促进人的全面发展，把促进人的全面发展、实现人的现代化摆在优先的战略位置。

中国作为后发型的建设现代化的国家，建设现代化强国必须借鉴原发

型、先行的现代化国家和地区的先进科学技术、先进的生产方式、先进的社会治理和社会保障制度，特别是要借鉴其促进人的发展、推进人的现代化的成功经验，如先进的教育理念、教育制度、教育方式等。一般而言，先进的科学技术、治理制度等文明成果在很大程度上是可以直接引进和移植过来的，但现代化的主体是无法也是不可能直接引进和移植的，只能依靠中国人把自己培养和塑造成为适应现代化建设需要的现代人。同时，只有促进人的现代化和人的全面发展，引进过来的先进科学技术、制度机制、生产经验、社会治理方式等，才能成功地在本土生根成长，才能避免“水土不服”“邯郸学步”“南橘北枳”的结局。另外，虽然后发型国家建设现代化必然会面临诸多不利的因素和挑战，但也有许多有利的条件和机遇，其中最重要的一个条件就是先发型国家的现代化建设的成功经验及教训。西方发达国家建设现代化的成功经验以及曲折进程，都是人类文明的共同财富，后发型现代化国家应大胆借鉴和吸纳，从而使自己能站在更高的历史起点上来完成建设现代化的任务。现代化是一种具有普遍性、世界性的人类实践活动和发展模式，任何国家如果要建设现代化，就必然要使整个国家、社会和人民具有现代化的本质特征和现代特性。先发型的现代化国家在现代科学技术、现代社会制度体制、现代社会治理方式、现代思想观念、人的生活方式和行为方式等方面都存在某些共同点，后发型国家完全可以根据自身的国情学习引进，吸取它们的成功经验和教训，少走或尽量不走大的弯路，发挥后发优势，花较短的时间走好先行国家走过的上百年的现代化历程，并能在新的现代化征程中赢得后发优势，迎头赶上，后来居上。当然，能否在学习引进中消化吸收，在借鉴移植中实现创造性转化，能否站在先行者的肩膀上阔步前行，在很大程度上取决于后发型国家的国民素质及其现代化水平，特别是取决于国家精英群体的素质和现代化程度。只有现代化的人，才能准确地把握世界历史和现代化发展的走势，才能科学把握国家发展的前途和目标，才能真正做到“面向现代化、面向世界、面向未来”，既大胆引进又积极创新，既追踪世界现代化的潮流，积极引进先进事物，又创造性地改造传统文化、推陈出新，赶超世界先进水平。只有造就真正掌握现代科学技术知识、懂得先进治理方式以及现代化发展规律和要求的，与现代化建设相适应的现代化的主体，中国的现代化建设事业才能持续、稳步发展，现代化强大国家才能建设成功。为此，在推进建设现代化强大国家的新征程中，必须优先并着力发展教育等社会事业，积极推进人的现代化，大力提高全体人民的综合素质和能力体系，努力促进人的全面发展。

实现人的现代化、促进人的全面发展，是一个宏大的系统工程。最根本的是要提高人的科学文化素质，提升人的理性思维能力，培养科学、理性精神。人在现代社会的发展、人的现代化首要的是掌握现代科学文化知识、具有现代思维能力、具备从事现代化的生产能力和享用现代生活的能力。人的现代化、人的全面发展与现代科学知识、理性和科学精神密切相关。科学技术、科学精神、理性思维等是与现代化直接联系在一起的。现代化的核心是工业化，工业化的核心是科技化、知识化，现代科学技术、科学知识的核心是理性化。理性是构成现代性的核心，是现代社会的一个重要标志。人的现代化、人的全面发展首先是人的理性的发展，是人对科学知识的掌握和科学精神的培育。人的理性及理性精神在很大程度上是通过接受现代教育的训练和现代科学知识的学习掌握而不断培育和牢固树立起来的。

科学精神、理性价值是现代社会的基本要素，也是现代人的基本特质。由于科学的本质是自由、创新，与此相联系，人的现代化、人的全面发展的一个重要内容还包括培育和树立创新精神。创新是一个民族进步的灵魂，是一个国家兴旺发达的不竭动力。创新是科学技术的灵魂，是科学技术和社会发展永葆活力的源泉。人类社会正是因为有了人的创新精神，现代科学技术才会出现和蓬勃发展，人类才能建设工业化、机械化、智能化的民主自由社会，现代社会才能不断更换新的内容和形式，由低级形态升华到高级形态。人的现代化、人的全面发展正是以开放、创新的精神不断变革现存世界、不断创造新的科学知识和技术，推动整个社会以更快的速度、更高的质量向高级形态发展。可以说，人的发展、社会的进步其实就是一个不断认识客观世界、不断否定自身、不断创新自我的生生不息的过程。从这个意义上看，创新不仅是科学的特性，也是人的现代化或现代人的特性。实现人的现代化、促进人的全面发展，培育科学精神，核心是培育创新精神。

现代化不仅是日益知识化、科技化、工业化的过程，而且是民主化、人文化的走向自由的进程。人的发展不仅包括科学精神、科技创新能力的增强，而且包括人文精神、人文素质的提高。人的现代化不仅是人的科学知识、科学精神、创新能力逐步形成和提高的过程，而且是人的人文素养、民主精神、自由能力等不断发展的过程。“人文精神是一种关注人的价值、人的生存意义的人本精神。它以追求真善美等价值理想为核心，以人的自由、和谐、全面发展为终极目的。”[①]人文精神既包含艺术精神、道德精神，也包含科学精神等一切人类崇高的文化精神。从科学精神和人文精神的关系而言，科学精神是人文精神的根本和基础，人文精神是科学精神的价值引领。培育人的人文精神，首先也应该树立科学精神，只有建立在科学精神之上的人文精神才是可靠的、有益的。科学精神所蕴含的理性精神、自由精神、创新精神本身就是人类文化和人文世界的有机组成部分。科学精神中的基本要素，如对世界奥秘的好奇、对真理的纯粹追求、对新知的无功利爱好、对创新的无畏执着、对自由的无限向往……无不蕴含着人文精神的光芒。近代科学技术的发展把人从神权、专权的奴役中解放出来，把人从繁重、单调的劳动中解放出来，不断改变人的生产方式、生活方式，创造了无比丰富的财富和灿烂的文化，使人的生活更加丰裕富足、更加自由平等，使人的价值、个性更加高尚与凸显，这便是人文精神的体现。

人的现代化和社会的现代化、人的全面发展和社会的全面进步、人的现代化和人的全面发展，是同一历史过程。在全面建设社会主义现代化强国的新时代，要树立全面发展、协调发展、创新发展的新理念，坚持人的现代化和社会现代化、人的全面发展和社会的全面进步、人的现代化和人的全面发展的有机统一，使其相互促进、相辅相成，开创现代化建设和中华民族伟大复兴的新局面。

① 方世南：《将人的现代化贯穿于苏州基本现代化全过程》，《东吴学术》2013 年第 1 期。

第六章　人的现代化的历程回溯

人的现代化与国家现代化的进程是基本一致的。鸦片战争打开了古老中国紧闭的国门，西方列强的侵略给中国社会和中国人民带来了“双重的影响”，中国人被迫从千年沉睡的梦境中醒来，开始睁眼看世界，被迫学习西方社会现代化的成果，被迫在“救亡图存”的艰难征途上负重而行，以“自强不息”“只争朝夕”的精神追赶并试图超越西方现代世界，在建设强大的现代化国家和实现中华民族伟大复兴的不解追求中不断完善自己、发展自己，谱写了国家现代化和人的现代化壮丽的历史画卷。

第一节　近代中国的艰难求索

1840年第一次鸦片战争的爆发，打破了中国闭关锁国的封闭局面，清政府被迫开放门户。门户开放使得西方资本主义现代化的生产方式、思维方式和生活方式日渐涌入中国，并迅速影响、改变了中国社会和中国人的存在状况。中国人不得不开始睁眼看西方的现代世界，不得不思考和探索中国社会、中国人的前途命运，不得不在“三千年未有之大变局”中革故鼎新、奋发图强，救国家于将倾、救民族于危亡、救国人于颓丧，以期建设新生之中国、扬大国之威武，以待塑新型之国民、弘文明之气象。

一、在列强入侵的威逼下被迫起步（1840—1911）

1840年第一次鸦片战争既使中国一步一步地打破封建制度，接受西方资本主义世界的现代文明成果，也使中国政府被迫接受西方列强提出的不平等要求，签订了一系列不平等条约，逐步沦为半封建半殖民的国家。中国社会在西方列强船坚炮利的威胁下被迫走现代化之路，中国人则在亡国灭种的危局中自强不息，不断向传统人格宣战，以期构建现代人格、成为适合现代文明发展需要的“新民”。

1. 洋务运动时期

鸦片战争之后，中国陷入空前的社会和民族危机。在西方人的“先进”武装面前，清王朝自上而下无法招架、无力回天，只能俯首签订丧权辱国之条约。战争的败局使国人既看到了西方现代文明的明显优势，也觉察到了清王朝“日薄西山”的腐朽颓势，同时激发了一大批志士仁人图存自强的信念和意志。林则徐、魏源等人大声疾呼，希冀国人奋力图强、了解西方、学习西方、超越西方和制衡西方。魏源提出的“师夷长技以制夷”是当时最具影响力的时代之音。另外，一些出国人员，如驻英使节郭嵩焘、留美学习的容闳等人，在与西方资本主义现代文明的接触和交流中，认识到西方现代文明的先进不仅在于“器物”方面，而且在于人的思想观念、行为方式以及社会管理制度等方面。他们盛赞西方社会的现代制度和精神，不仅看到了中国在科技、物质方面的差距，而且看到了中国社会在精神、制度、社会风气等方面的不足，要求中国不仅要学习西方的“器物”，而且要学习西方的制度和精神，并对封建专制制度进行了批判。容闳回国后，极力主张派人到西方国家去观摩学习，培养掌握西方科技和文明成果的人才，并带领“童子军”去美国留学，培养振兴国家和民族的人才。

洋务运动是“师夷长技”、自立自强的现代实践，是中国被迫学习西方，走现代化之路的起步，也是中国人的现代化的源头。清政府被迫允许一些开明的官僚采用官办、官商合办等方式学习、引进、模仿西方工业和科学技术，建工厂、办工业、开矿藏、兴通信、设译馆等等。中国现代的高等教育可以说是从这个时期首先开创的。1862 年创立了北京同文馆，随后相继创立了上海广方言馆、广东广方言馆、自强学堂、东山精舍等外国语专门学校；1866 年设立了福建船政学堂、上海机器学堂、天津电报学堂等具有工业专科性质的学校；1880 年相继创办了天津水师学堂、广东水师学堂、南京水师学堂等军事专科学校；1893 年李鸿章奏设了天津军医学堂。一些开明的人士上奏清政府派人出国参观学习，选拔、保送儿童和青年到西方现代化国家留学深造。在兴办现代工业、创办现代海军和学校的过程中促使国人了解和掌握当时先进的工业工艺和科学技术知识，通过“请进来、送出去”的方式，培养了一部分适应现代生产特别是现代军事发展需要的人才。一些“走出去”的开明官僚和改革派人士，以种种形式介绍了西方先进的科学技术成果、社会制度和管理方式，以及西方人的精神、思想和心理，对启蒙国人、改造国人的思想和精神，起了一定的积极作用，为后来国家工业化、现代教育和文化的发展培养了一批人才。

这一时期，由于清王朝及其保守势力故步自封、抱残守缺，对西方社会的制度和精神严防死守，对相对开明的出国公使和派出留学人员进行监视、压制、打压，也由于洋务运动自身的弱小及其保守性，整个社会并没有形成开放、变革、崇尚科学与理性的开化风气。现代化仅限于现代科技的“物”和“技”的层面，并未深入到社会政治、经济制度和人的精神领域。然而，尽管如此，洋务运动毕竟开启了古老中国的现代化变革，其所引发的现代性因素在中国社会经济政治文化和人的思想观念中也逐渐发育、生长起来，虽然这颗“种子”力量与传统旧势力相比，还十分弱小，但也显示出了不可抗拒的生命力和不断壮大的历史向上趋势。

2. 戊戌变法时期

甲午战争的失败进一步震醒了国人，国人终于明白，中国的振兴并不是单纯靠学习西方的坚船利炮便能奏效的，而必须像日本明治维新一样学习西方的现代政治和社会制度才能成功。只有进行政治改良、制度革新、观念变革，民族才可得救，国家才能自强，现代中国之建立才有希望。

维新派反复强调“开议院”“兴民权”。严复批判侵犯人的自由和民权的专制制度，在《论世变之亟》一文中，他认为封建专制是“侵人自由者，斯为逆天理、贼人道”的恶政，“秦汉以来之为君，正所谓大盗窃国者耳”。与此同时，他大力倡导人的自由和民权，论证人民是国家的主人，王侯将相则为“国之公仆”。梁启超在《论中国积弱由于防弊》一文中认为，中国盛行几千年的专制是“收人人自主之权，而归诸一人，以一人而夺众人之权”的制度，必须尽力废止，采用西方的民主制度。维新派不仅批判了阻碍现代化发展的专制制度，而且对维护专制制度的纲常名教进行了猛烈的批判。谭嗣同在《仁学》中认为，“三纲五常”是摧残人的礼教，“三纲之摄人，足以破其胆，而杀其灵魂”，因此必须“冲决一切罗网”，以解救国人的精神，昂扬国人的志气。从变革政治制度的层面设计和推进中国现代化，是戊戌变法的一个重大贡献，是推进中国制度现代化、政治现代化的一个标志。

维新派也把人的现代化作为现代化的主体要素提了出来，认为只有新的公民才能造就新的社会、新的国家，把培养人才、改革教育制度提到了变法维新的高度。梁启超在 1901 年曾在《十种德性相反相成义》概括了现代人十种相反相成的人格和行为特征。梁启超在《论变法不知本原之害》中强调“变法之本，在育人才，人才之兴，在开学校，学校之立，在变科举。而一切要其大成，在变官制”。维新派主张建立西方的学制，批判了以维护和巩固封建专制制度为目的的科举制，认为科举制的八股取士根本不能起到选拔人才的作用，反而成为“锢智慧、坏心术、兹游手”的工具，因此必须废除。变法改革，最根本的就是要废除科举制，建立新的教育制度和学习，培养大量社会所需人才。维新派主张效仿德、日的学制：乡设小学、县设中学、省和中央办大学。维新变法时期建立了具有现代特征的教育、出版机构，诸如京师大学堂、商务印书馆以及其他新式教育文化设施，开设新式课程，培养和影响了一大批具有现代气息的学子，对中国现代教育和文化启蒙产生了深远影响。文化教育的改革是维新时期具有较大实绩并影响深远的领域，对推动人的现代化做出了重大贡献。

介绍西学是维新变法对人进行现代性改造的一个重要内容。严复在这方面做出了较大贡献，他译介的《天演论》对当时国人的思想产生了巨大冲击。严复结合中国面临的危亡国势，详细介绍和阐发了西方的生物进化论，突出了“物竞天择，适者生存”的进化发展观，打破了长期流行的“天不变道亦不变”的天道观，深化了国人的危机意识和民族责任感，激励国人奋发图存、“自强保种”。在《论世变之亟》一文中，严复对中西文化之间的区别进行了比较：“中国最重三纲，而西人首明平等；中国亲亲，而西人尚贤；中国以孝治天下，而西人以公治天下；中国尊主，而西人隆民；中国贵一道而同风，而西人喜党居而州处；中国多忌讳，而西人众讥评。接物也，中国美谦屈，而西人务发舒；中国尚节文，而西人乐简易。其于学也，中国夸多识，而西人尊新知。其于灾祸也，中国委天数，而西人持人力。”[①] 西学的译介，促使国人了解和掌握了一定的现代科学技术知识，开阔了人的眼界，在一定范围和程度上也解放了人的思想。

维新变法虽然失败了，但是它在政治、文化、教育等领域的变革对中国的政治现代化、文化现代化以及人的现代化的发展起到了重要的推动作用。维新变法的教育改制、介绍西学等真正开创了一代教育和文化的新

① 严复：《论世变之亟》。

风，其思想启蒙的作用直接或间接地影响了几代中国人。在很大程度上，维新运动把中国现代化的进程从“器物”领域推进到了社会的思想、文化、教育和人的精神领域，是开启社会文化现代化和人的现代化的标志。

戊戌变法的夭折、八国联军的入侵、“义和团”运动的被镇压、《辛丑条约》的签订，使清王朝摇摇欲坠。清政府在内外交困的险境中希冀挽救危亡的命运，试图立宪改革、推行新政。1901 年初，慈禧、光绪颁发“上谕”，“预约变法”，1905 年还提出了预备立宪。截至 1905 年，清政府共颁发“新政”30 余项，史称“新政时期”。“新政”的主要内容有：振兴商务，扩编新军，废科举，改革政府机构。在经济上，清政府设立了商部（后改为农工商部），制定了一些工商法规，奖励实业和发明创造。商会和商团组织纷纷建立，在一定程度上促进和保护了民族工商业的发展。在教育方面，“废科举，办学校，派游学”。1904 年废除了在中国延续了 1 300 余年的科举制度。各地广设新式学堂，教学内容增加了大量西学科目，引进西方的科学知识和文化，培养了一大批具有一定现代思想观念的青少年。同时，清政府派送了大量留学生，形成了中国历史上空前的留学高潮。1906 年留日学生便达 1.3 万 ~2 万人之多。新式教育的兴起为近代中国的现代转型，尤其是为新文化运动的蓬勃开展和民国科技、教育的发展培养了一大批人才。

清政府施行“新政”的目的在于维护其岌岌可危的江山，然而，历史的发展具有不以人的既定意愿为转移的客观趋势和规律，“新政”的客观效果与推行者的主观愿望恰恰相反。那些在“新政”制度下培养起来的经济、文化、政治和军事等人才，大部分成为具有一定现代性的人，其中一些则成为对中国现代化进程产生重要影响的人物。

二、在乱局的夹缝中顽强生长（1912—1927）

辛亥革命后，中国建立了亚洲第一个资产阶级共和国，结束了封建专制政治，这是巨大的历史进步。从 1912 至 1927 年，尽管各派纷争、混战不断、共和破产，但是资本主义的现代政治、经济、文化在局部地区、特别是大中城市有了一定的发展，现代的思想观念，包括马克思主义、社会主义等新思想、新观念传播较广，并产生了较大影响，中国人的现代生活样式、现代精神因子渐渐出现，现代的生产方式、生活方式逐步生长。

三、在战争与革命的浪潮里艰难前行

中国共产党是推动中国现代化建设和人的现代化发展事业的中坚力量。自成立之日起，中国共产党就高举反帝反封建和建设独立统一、自由民主的现代化国家的旗帜，肩负实现中华民族伟大复兴的历史使命，坚持实现共产主义社会的伟大理想，在反对外敌入侵和专制统治、争取民族独立、人民解放的斗争中做出了巨大的牺牲和贡献。

在革命根据地和解放区，我们党在艰苦的环境中，坚持发展经济、扩大生产，保障和改善劳动群众、战士的基本生活。1933 年在中央革命根据地南部十七县经济建设大会上，毛泽东指出："革命战争的激烈发展，要求我们党员群众，立即开展经济战线上的运动，进行各项必要和可能的经济建设事业。"他还说："现在我们的一切工作，都应为着革命战争的胜利……为着改善人民群众的生活。"在 1934 年召开的第二次全国工农兵代表大会上，毛泽东专门论述了"关于群众的生活问题"。"我们要胜利，一定还要做很多的工作。领导农民的土地斗争，分土地给农民；提高农民的劳动热情，增加农业生产；保障工人的利益；建立合作社；发展对外贸易；解决群众的穿衣问题，吃饭问题，住房问题，柴米油盐问题，疾病卫生问题，婚姻问题。总之，一切群众的实际生活问题，都是我们应当注意的问题。"① 中华人民共和国成立前夕，毛泽东郑重指出，"严重的经济建设任务摆在我们面前。我们熟悉的东西有些快要闲置起来了，我们不熟悉的东西正在强迫我们做。这就是困难"。为此，"我们必须克服困难，我们必须学会自己不懂的东西。我们必须向一切内行的人们（不管什么人）学习经济工作"。② 只有搞好经济工作，实行工业化和现代化，才能摆脱几千年来贫穷落后的面貌，建设一个富足繁荣的新中国，改善和提高全体中国人民的生活水平。

中国共产党把建立人民民主、自由的社会主义新中国作为根本的奋斗目标。毛泽东在 1944 年给秦邦宪的信中谈到，解放个性是民主对封建革命的根本内容，"被束缚的个性如不得解放，就没有民主主义，也没有社

---

① 《毛泽东选集》（第 1 卷），人民出版社，1991，第 119 页，第 136-137 页。

② 《毛泽东选集》（第 4 卷），人民出版社，1991，第 1480-1481 页。

会主义”[①]。1945年，毛泽东指出，抗战胜利后的目标是要建立一个独立的、自由的、民主的、统一的、富强的新中国。他还专门讲了人民的自由和个性解放问题。他说：“我们在纲领中提出了废止一党专政，成立联合政府……以及其他许多经济的文化的和民众运动的要求，就是为着解开套在人民身上的绳索，使人民获得抗日、团结和民主的自由。”“自由是人民争来的，不是什么人恩赐的。……中国人民争得的自由越多，有组织的民主力量越大，一个统一的临时的联合政府便越有成立的可能。这种联合政府一经成立，它将转过来给予人民以充分的自由。”“人民的言论、出版、集会、结社、思想、信仰和身体这几项自由，是最重要的自由。”他还说：“有些人怀疑中国共产党人不赞成发展个性……其实是不对的。民族压迫和封建压迫残酷地束缚着广大人民的个性发展，束缚着私人资本主义的发展和破坏着广大人民的财产。我们主张的新民主主义制度的任务，则正是结束这些束缚和停止这种破坏，保障广大人民能够自由发展其在共同生活中的个性。”[②]“不能设想每个人不能发展，而社会有发展。”[③]1947年，在新年祝词中，毛泽东豪情满怀地展望：“在不久的将来，自由的阳光一定要照遍祖国的大地。”[④]1949年毛泽东在中华人民共和国成立前夕提出，要“使中国稳步地由农业国转变为工业国，把中国建设成一个伟大的社会主义国家”[⑤]。

根据地和解放区在民主政治建设方面也进行了有益的探索与尝试。抗战时期，我党实现“三三制”原则组建政府，有的地方用投豆子的方式实行民主选举。在部队实行政治民主、经济民主和军事民主“三大民主原则”。通过办报刊等多种手段和方式，加强广大群众和官兵的民主、自由、国家和人民解放的教育，不断培养提高群众和官兵的民主、自由和解放的意识及实践能力。

重视政治工作，加强思想政治建设，提高人民的思想道德觉悟，是党在新民主主义革命时期形成的光荣传统。为了促进党和人民群众的思想独立与解放，毛泽东等人鼓励中国共产党人以科学的理性精神冲破教条主义

---

① 《毛泽东书信选集》，人民出版社，1983，第239页。

② 《毛泽东选集》（第3卷），人民出版社，1991，第1069-1070页，第1070页，第1058页。

③ 《毛泽东文集》（第3卷），人民出版社，1996，第416页。

④ 《毛泽东文集》（第4卷），人民出版社，1996，第211页。

⑤ 《毛泽东选集》（第4卷），人民出版社，1991，第1437页。

的束缚，充分发扬批判意识、反思意识和主体创造意识，把马克思主义与中国革命的具体实践相结合，独立思考中国革命发生发展的规律，研究新情况、解决新问题，确立了党的实事求是的思想路线。实事求是思想路线的确立，大大解放了党和群众的思想，推动了党独立自主地探索中国革命的特殊道路和中国社会发展的特殊规律。我们党在长期的革命实践中，坚持马克思主义的群众观点和群众路线，相信和坚持人民群众自己解放自己，虚心向群众学习，全心全意为人民服务，一切对人民群众负责，从群众中来、到群众中去，发挥人民群众的自觉能动性和主体创造性，使人民群众在实现民族解放、个体解放中不断消解长期存在的人的依附性状态，在实现民族解放、国家独立中实现个体解放和主体独立，逐步走向自由自觉的主体性状态[①]。

列宁指出："革命是被压迫者或被剥削者的盛大节日。人民群众在任何时候都不能像在革命时期这样以新社会制度的积极创造者的身份出现。"[②]新民主主义革命极大地锻炼和教育了共产党人和人民群众，在艰苦卓绝的革命过程中，他们以极大的热情、高超的智慧和巨大的牺牲精神创造了历史，也改造和提高了自身，成为了历史的真正主人和创造者。

第二节　新中国的探索与发展

中华人民共和国的成立、改革开放和中国特色社会主义事业的推进，是近代以来实现中华民族伟大复兴的重大历史性事件，社会主义现代化建设和人的现代化在探索中曲折发展，在改革开放中持续进步，取得了巨大的历史性成就，并在21世纪初进入了建设现代化强国和实现民族复兴的新时代。

一、人的现代化的探索与曲折发展

以毛泽东为主要代表的中国共产党人，把马克思列宁主义基本原理同中国革命具体实践结合起来，创立了毛泽东思想，团结带领全党全国各族人民，经过长期的浴血奋斗，完成了新民主主义革命，建立了中华人民共

① 参见周建超：《中共三代领导核心关于人的现代化思想》，《党史研究与教学》2006年第3期。
② 《列宁选集》第1卷，人民出版社，2012，第616页。

和国，确立了社会主义基本制度，成功实现了中国历史上最深刻最伟大的社会变革。社会主义制度的建立，为当代中国的现代化建设及其一切发展进步奠定了根本政治前提和制度基础。社会主义和现代化建设，包括人的现代化建设，在探索发展过程中，虽然经历了严重曲折，但也取得了独创性的理论成果和巨大的实践成就。

1949 年中华人民共和国的成立、1956 年社会主义制度的建立是中华民族的重大历史事件，是中国历史的巨大转折，也是中国人民现代化之路的历史转折。中国共产党积极探索社会主义现代化建设和人的现代化发展的新实践，确立了“四个现代化”的社会主义建设目标，提出了培育社会主义新人的历史任务，推动了人的现代化的发展。

新中国和新的社会制度的建立实现了民族独立、国家自主，更实现了中国人民的独立自主。中国人民结束了千百年以来的阶级压迫奴役、外族入侵蹂躏的处境和状态，真正站起来了。1949 年的《共同纲领》和 1954 年的国家《宪法》明确规定了人民在国家中的主人翁地位，并规定了公民的基本权利和义务。《宪法》规定，中国公民享有选举权和被选举权；有言论、出版、集会、结社、游行、示威的自由，有宗教信仰的自由，有人身自由和居住、迁徙的自由；有劳动、受教育和休息等权利。《宪法》还规定，国家必须特别关怀青年的体力和智力的发展；国家必须保障公民进行科学研究、文学艺术创作和其他文化活动的自由；国家对于从事科学、教育、文学、艺术和其他文化事业的公民的创造性工作，给以鼓励和帮助。《宪法》还特别规定，妇女在政治的、经济的、文化的、社会的和家庭的生活各方面享有同男子平等的权利。占人口半数的妇女的解放是人的现代化的一个重大成就，对推动国家现代化事业的发展具有特别重要的作用。中国公民尤其是工人、农民和其他劳动者第一次成为国家和社会的主人，成为独立的个体。个体独立是人的现代化的根本特征，是中国人走向自身现代化的奠基之步。

建设“现代化”国家是促进人的现代化的现实道路。把新中国建设成为一个什么样的国家、怎样建设一个新的国家，是党的第一代中央领导集体不断思索和探求的根本性问题。在新民主主义革命时期，毛泽东等人就对中国的未来提出了构想，要把中国建设成为一个独立、自由、民主、富强的工业化国家。中华人民共和国成立后，又提出了建设一个现代化的社会主义国家的发展目标。1954 年 9 月，周恩来在第一届全国人民代表大会第一次会议上指出："如果我们不建设起强大的现代化的工业、现代化的农业、现代化的交通运输业和现代化的国防，我们就不能摆脱落后和贫困，我们的革命就不能达到目的。"[①] 这是对"四个现代化"的最初提法。1957 年 3 月，毛泽东在全国宣传工作会议上提出了"现代化"建设的新构想：要用几个五年计划的时间，将中国这样一个经济上文化上落后的国家，建设成为具有现代工业、现代农业和现代科学文化的社会主义国家。这里，将科学文化纳入现代化建设的目标，强调科学技术和文化在现代化建设中的作用，也就是强调人、人的现代素质的重要性。因为科学文化的现代化在本质上是人的科学文化知识和能力的现代化。1964 年 12 月，在第三届全国人民代表大会第一次会议上，周恩来根据毛泽东的建议，在《政府工作报告》中指出，我们"要在不太长的历史时期内，把中国建设成为一个具有现代农业、现代工业、现代国防和现代科学技术的社会主义强国，赶上和超过世界先进水平"[②]。1975 年 1 月，在第四届全国人民代表大会第一次会议上，周恩来在《政府工作报告》中重申了我国实现"四个现代化"的宏伟目标。"四个现代化"目标既是凝聚中国人民建设美好国家的希望和信心，也是中国人变革现实、改造自身的动力。

根据毛泽东等人的理解，实现"四个现代化"，首先必须要有千千万万的建设现代化的人才，必须把广大劳动人民群众培育成有知识、有文化的"又红又专"的劳动者。因为现代化的关键是科学技术现代化，科学技术现代化归根到底是教育的现代化、人的现代化。在探索建设社会主义和现代化的道路上，党和政府十分重视科学技术和知识分子的作用，重视民众教育的发展。毛泽东认为，世界先进的现代化国家都是靠科学技术革命发展起来的，中国要赶超现代化先进国家，必须高度重视科学技术和知识分子的作用，实现科学技术的革命和大发展。"资本主义各国，苏联，都是靠采用先进的技术，来赶上最先进的国家，我国也要这样。"[③]"科学技术这一仗，一定要打，而且必须打好。搞上层建筑搞生产关系的目的就是为

① 《周恩来选集》（下卷），人民出版社，1984，第 132 页。
② 《周恩来选集》（下卷），人民出版社，1984，第 439 页。
③ 《毛泽东文集》（第 8 卷），人民出版社，1999，第 126 页。

了解放生产力。不搞科学技术，生产力无法提高。”① 要打好科学技术革命这一仗，必须依靠知识分子。他还说，搞技术革命，没有科技人员不行，不能单靠我们这些大老粗，中国要培育大批知识分子，要有计划地在科学技术上赶超世界先进水平，就必须要有一支庞大的科学技术大军。1956 年 1 月召开的关于知识分子问题会议上，毛泽东向全党和全国发出“向现代科学进军”的号召。要进行技术革命、文化革命，革技术落后的命，革没有文化、愚昧无知的命。他要求必须尽快造就更多的高级知识分子和普通知识分子。

搞科学技术革命，培育科学技术人才，一要靠生产实践，在劳动实践中培育科学技术人才；二要靠大力发展教育，培养更多的科技人才和知识青年。党和国家必须重视科学技术的革命，大兴科技革命、教育革命，各行各业的劳动者都要成为科学骨干、技术能手，成为社会主义的新型劳动者。为此，党和政府十分重视发展教育，重视公民的受教育权及其保障。《共同纲领》规定：“中华人民共和国的文化教育为新民主主义的，即民族的、科学的、大众的文化教育。人民政府应有计划有步骤地改革旧的教育制度，实行普及教育，加强中等教育和高等教育，注重技术教育，加强劳动者的业余教育和在职干部教育。”1954 年《宪法》明确规定：国家必须设立并且逐步扩大各种学校和其他文化教育机关，以保证公民享有受教育的权利。1956 年 3 月，中共中央、国务院发布《关于扫除文盲的决定》，要求各地各部门按照各自的具体情况，在 5~7 年内基本扫除城市和农村居民的文盲，即扫除文盲达到 70% 以上，扫盲的对象以 14~50 岁的人口为主②。随后，中国的城市和农村大规模设立了各种类型的扫盲班，创办了各种职业学校。经过多年的努力，到 20 世纪 70 年代末 80 年代初，我国城市的文盲率为 16.4%，农村的文盲率为 34.7%，低于发展中国家的平均水平。这一时期，大众教育取得了显著成绩。1949 年我国的小学、中学在校生分别为 2 439.1 万人、126.8 万人，1976 年达到 15 005.5 万人和 5 905.5 万人。1965 年，中国的小学入学率为 89%，远远高于低收入国家 73% 和中下等收入国家 78% 的平均数；中国的中学入学率为 24%，而世界低收

① 转引自秦宣：《中国特色社会主义史》（上册），高等教育出版社，2009，第 101 页。

② 教育部：《中国共产党教育理论与实践》，北京师范大学出版社，2001，第 339 页。

入国家平均为 20%，中下等收入国家平均为 26%[①]。显而易见，中国的中初等教育在后发的现代化国家中是居于前列的。这一时期，中国的高等教育取得了一定的成绩，为国家建设培养了一批新生骨干力量。从 1949 年到 1965 年，全国中等职业毕业生累计约 300 万人，高等教育毕业生近 160 万[②]。教育的发展，尤其是大众教育的发展，提高了整个人口的文明素质，优化了人口的素质结构，为推进教育、科学技术和现代化建设事业的发展提供了有力的人力支撑。

改革开放前的 30 年，中国的科研人才数量有了较大增长，科学技术取得了一些突出成绩。1952 年，全民所有制单位自然科学技术人员共计 42.5 万人，平均每万名职工拥有工程技术人员 269 人；到 1978 年，全民所有制单位的科学技术人员达 434.5 万人，每万名职工拥有工程技术人员 593.9 人。建立了中国科学院等科研机构，在一些新兴科学技术领域，如原子能、电子学、自动化、计算技术、火箭、半导体等展开了一定的研究，取得了一些成绩，填补了许多重要的科学技术研究领域的空白，成功研制“两弹一星”，第一次人工合成了有生物活力的结晶牛胰岛素等，涌现了一些世界级的科学家。屠呦呦获得诺贝尔科学奖的成果也是在这一时期完成的。

初步建立了比较完整的工业体系，综合国力有了较大提升。中华人民共和国成立时，战争的硝烟还未散尽，国家积贫积弱、一穷二白、满目疮痍。正如邓小平所说：“建国以后，我们从旧中国接受下来的是一个烂摊子，工业几乎等于零，粮食也不够吃，通货恶性膨胀，经济十分混乱。”[③]中华人民共和国成立之初，工业规模小，技术水平低，根本没有形成齐全的工业体系。1949 年，中国的工业产量很小，机器大工业在工农业生产总量中仅占 17%。经过 30 年的艰苦奋斗，中国工业形成了门类比较齐全、配套比较完整、具有一定规模的工业体系，工业产量有了较大增长。除了建立钢铁、煤炭、石油、纺织等传统工业部门外，还建立了汽车、飞机、化工、核工业、电子等新兴现代工业。1976 年，中国的工业总产值为 3 278 亿元，原煤、原油、钢铁产量、发电量等远远高于同时期的印度，

① 吴忠民：《社会公正论》，商务印书馆，2019，第 317 页。

② 秦宣：《中国特色社会主义史》（上册），高等教育出版社，2009，第 104 页。

③ 《邓小平文选》（第 3 卷），人民出版社，1993，第 63 页。

中国原煤产量为 4.38 亿吨，印度为 1.04 亿吨；中国发电量为 2 031 亿千瓦时，印度为 956 亿千瓦时；中国钢产量为 2 046 万吨，印度为 931 万吨；中国生铁产量为 2 233 万吨，印度为 1 000 万吨[①]。1952—1976 年，新中国实际工业产值增加了 38 倍，重工业产量增加了 90 倍，工业产量的年均增长速度为 13.5%。主要工业品的产量都有大幅增长，例如，原油产量从几乎为 0 增长到了 8 400 万吨，化肥产量从 20 万吨增加到 280 万吨，水泥产量从 290 万吨增加到 4930 万吨[②]。

总结这一时期的经验和教训，从人的现代化而言，我们应该特别需要把握以下几点。第一，现代化是一个全面的社会变革过程，是人的现代化与社会现代化交互作用的结果。人的现代化是社会现代化的先决条件和关键因素，也是社会现代化的根本目的。第二，现代化是以现代科学技术和现代工业为核心并由其推动的社会整体性进步过程。社会主义现代化建设必须重视科学技术现代化。科学技术现代化不仅包括科学技术自身的现代化，即要达到世界先进水平，而且包括人的科学技术素质的现代化。任何不重视发展科学技术甚至反科学技术的做法，都是历史的倒退。第三，人的现代的核心和实质是人的素质的全面发展。人的复杂性、多样性和全面性等特征，决定了人的现代化不是一件简单易行的事情，也不是一个单一发展的过程。重视人、发展人，不能只强调发展人的某一或某些方面，更不能把人强制变成千篇一律的“工具”，而应该根据现代化建设的需要，尊重人的个性，促进人的全面发展。人的现代化同现代化建设一样是一项艰巨而复杂的任务，也是一个比较漫长的历史过程。为此，我们应该尊重历史规律，从社会主义初级阶段这个实际国情出发，既坚持大胆改革创新，又保持战略冷静，谨慎稳妥地推进人的现代化和整个现代化建设的伟大事业。

历史的轨迹不是笔直的，而是曲折的，历史的车轮总是不断前进的。改革开放前的 30 年，既有巨大的历史进步，也有严重的失误和曲折；既有成功的历史经验，也有沉痛的历史教训。进步和曲折、经验和教训，都一同汇成了绵延的历史长河，都累积成了历史进步的基石。未来的路，由此而开拓，由此而奋进。

---

① 吴忠民：《社会公正论》，商务印书馆，2019，第 317 页。

② 秦宣：《中国特色社会主义史》（上册），高等教育出版社，2009，第 103 页。

二、人的现代化在改革开放中奋勇前进

改革开放以来，中国共产党从具体国情出发，根据现代化建设实践中出现的新情况、新经验，不断深化对现代化的认识，逐步提出了建设“富强、民主、文明、和谐、美丽”的现代化强国的总体目标。

“文革”结束后不久，我们党重启“四个现代化”建设大业，重新确立实现现代化的发展目标。1979 年 9 月，叶剑英在庆祝中华人民共和国成立 30 周年大会上认为，“四个现代化”是指现代化的四个主要方面，并不是说现代化以这四个方面为限；并提出把高度民主和高度文明作为政治领域和思想文化领域进行社会主义建设的目标。1981 年，党的十一届六中全会把党在新时期的奋斗目标概括为建设现代化的具有高度民主和高度文明的社会主义强国，认为建设高度文明的社会主义政治制度和社会主义必须有高度的精神文明，是适合我国情况的现代化道路的两个基本点。党的十二大提出以共产主义思想为核心的精神文明也是社会主义社会的重要特征，高度的社会主义民主政治是现代化建设的根本任务和目标。据此，党的十三大明确认为，社会主义民主政治和精神文明是社会主义的重要特征，并首次明确提出把我国建设成为富强、民主、文明的社会主义现代化强国的奋斗目标①。党的十四大、十五大、十六大都坚持把“富强、民主、文明”作为中国特色社会主义现代化建设的任务和目标。党的十七大在总结我国社会建设存在的问题和取得的成绩的基础上，创造性地提出构建社会主义和谐社会的要求，并把“和谐”确定为现代化国家建设的重要内容，且把促进人的全面发展作为现代化建设的根本目标。党的十九大鉴于我国生态环境的问题和生态文明建设取得的进展，把“美丽”确立为现代化建设的一项重要任务，并把促进人的全面发展和实现共同富裕作为现代化强国建设的价值目标。至此，现代化建设的目标成为一个内容丰富的整体，既包括物的现代化，又包括人的现代化，既体现了现代化和文明发展的世界进程，又突出了中国的客观实际和鲜明特色。

---

① 参见马建新：《科学发展观的社会主义现代化建设意蕴探析》，《哈尔滨市委党校学报》2011 年第 6 期。

1. 人的现代化随思想解放奋力起航

中国社会的大变动、大变革以及社会主义现代化建设的新征程应该说首先是从思想意识领域开始的，如何坚持毛泽东思想和真理标准的大讨论推动了党内外以及全民的思想大解放。解放思想是中国进入现代化建设新时期的号角，思想解放开启了中国现代化的伟大航程。中国的“四个现代化”和社会主义建设是在解放思想中重新开启的，人的现代化也是在解放思想中起航的。

中国社会在“文化大革命”时期陷入了全面的停滞，“左”的错误思想背离了科学社会主义的基本原则，特别是背离了马克思主义关于未来社会的人的自由全面发展的价值目标，人成为理论和实践的“空场”甚至“对立面”，诸如人的富足生活、人的幸福、人的自我发展、人的个性等等，都成了非马克思主义甚至反社会主义的东西而遭受理论批判和实践压制。“文革”结束之时，整个社会依然处在“因循守旧、安于现状、不求发展、不求进步、不愿接受新事物”的“僵化和半僵化的状态”；各行各业依然被各种条条框框捆得死死的，人们瞻前顾后、畏首畏尾，不敢向前迈半步。邓小平由此指出：“一个党，一个国家，一个民族，如果一切从本本出发，思想僵化，迷信盛行，那它就不能前进，它的生机就停止了，就要亡党亡国。”所以，“解放思想是当前的一个重大的政治问题”。他大力呼吁和倡导：“干革命、搞建设，都要有一批勇于思考、勇于探索、勇于创新的闯将。没有这样一大批闯将，我们就无法摆脱贫困落后的状况，就无法赶上更谈不上超过国际先进水平。”“各级党委和每个党支部，都来鼓励、支持党员和群众勇于思考、勇于探索、勇于创新，都来做促进群众解放思想、开动脑筋的工作。”[①] 邓小平的这一讲话不仅是开创中国特色社会主义道路的宣言书，而且也是开创人的现代化的开篇之作。

从认识论、社会意识和人的文化性上看，人的现代化的关键是人的思想观念的现代化。思想观念的现代化其实也是一个解放思想、破旧立新的过程，是新的现代思想观念战胜旧的落后传统思想观念并确立其在思想观念领域的主导地位的过程。思想是行动的先导，一个人只有实现了思想观念的现代化，才能完成人的社会实践和生活的现代化；一个国家和社会，只有在思想观念上完成了现代化，才能实现整个国家和社会生活的现代

① 《邓小平文选》（第 2 卷），人民出版社，1994，第 141-143 页。

化。这正是邓小平从政治的高度认识到现代化建设首先必须解放思想的重要原因。正因如此，党的十一届三中全会认为，“四个现代化”建设，决不能沿袭过去僵化的制度、体制、方法和思想观念，必须对陈旧制度、体制和思想进行大胆改革，探索新的发展道路。全会提出，“实现四个现代化，要求大幅度地提高生产力，也就必然要多方面地改变同生产力发展不适应的生产关系和上层建筑，改变一切不适应的管理方式、活动方式和思想方式”①。因此，改革是中国的又一次“革命”。改变与现代化建设需要不相适应的生产方式、活动方式和思想方式，不仅仅是社会的变革，而且是人的变革，也不只是社会的现代化，而且是人的现代化，是人的活动方式、思想方式的现代化。只有人的活动方式、思想方式实现了现代化，社会才能完成实现现代化的任务和目标。

1979 年邓小平指出，加快“四个现代化”建设步伐，必须扭转被“文革”破坏的社会风气，保持崇高的革命理想，提高人民的思想道德素质。叶剑英在庆祝中华人民共和国成立 30 周年的讲话中，首次提出建设“高度的社会主义精神文明”的要求。1980 年邓小平指出，我们要建设的社会主义现代化国家，“不但要有高度的物质文明，而且要有高度的精神文明。所谓精神文明，不但是指教育、科学、文化（这是完全必要的），而且是指共产主义的思想、理想、信念、道德、纪律，革命的立场和原则，人与人的同志式关系，等等”②。后来，他又提出物质文明建设和精神文明建设“两手都要抓”“两手都要硬”的思想，强调社会主义的中国，不仅经济建设要上去，人的物质生活水平要提高，而且精神文明也要上去，社会风气、党风政风也要好转，人的思想道德素质和科学文化素质都要提高。可见，我们党对现代化的认识不断深入且更为全面，对人的现代化和与之紧密相连的精神文明及文化现代化建设都给予了高度重视，人的现代化的认识和实践在现代化建设和不断解放思想中持续向前推进。

2. 人的现代化随改革开放渐次展开

改革开放是近几十年来中国社会最鲜明的时代特征，是推动中国特色社会主义和现代化建设的强大动力，是改变中国和人民命运的关键一招。1978 年的中央工作会议和十一届三中全会为中国选择、确立了改革开放的

---

① 《中国共产党第十一届中央委员会第三次会议公报》，人民出版社，1979，第 7-8 页。

② 《邓小平文选》（第 2 卷），人民出版社，1994，第 367 页。

新道路，开创了现代化建设的新局面，使中国社会和人民进入了全面发展的新时期。

经济领域、经济体制是改革开放的入口，改革开放的利剑最先指向农村。农村施行的联产承包责任制把 8 亿农民从过去那种死板僵化的体制中解放出来，极大地调动了农民的生产积极性和创造力，农民迅速摆脱了过去那种半温饱半饥寒的状态，逐渐走向温饱、富裕的道路。8 亿农民的解放不仅体现在农业生产的自主，而且体现在创造了新型的乡镇企业，在农村兴建起工业等现代产业；不仅体现在农村间的自由流动，而且体现在脱离农村家园而奔向遥远城镇的流动，许多农民纷纷走出农村到城市寻找工作、谋生过日。

农村改革的成功增强了城市改革的信心，也迫切要求城市进行改革。党的十二届三中全会拉开了中国经济体制改革的重点从农村转向城市的序幕，中国走向了全面改革的快车道。20 世纪 80 年代，中国的改革开放和现代化建设取得了明显进展，人的现代化也随之取得了显著成效。

经济体制改革的深入发展，改变了过去单一的所有制结构，形成了以公有制为主体，个体经济、私营经济、外资经济、混合经济等其他多种经济形式并存和共同发展的局面，刺激和调动了人们发家致富的欲望和积极性，社会经济快速发展，出现了前所未有的活跃状态，中国的经济实力上了一个新台阶，人民的收入和生活水平也有了较大提高。到 1988 年年底，全国个体工商户达 1 453 万户，从业人员 2 305 万人，注册资本 312 亿元；截至 1987 年 6 月，我国批准建立的中外合资、外商独资等企业有 8 500 多家，协议合同外资资金额达 171.76 亿美元。1987 年中国国民生产总值达到 10 920 亿元，自 1982 年以来按同比价格计算年均增长 11.1%，国民收入达到 9 153 亿元，自 1982 年以来年均增长 12.9%，主要农产品和工业产品的产量都有大幅增长。对外开放不断扩大，对外贸易发展迅速。1987 年全国进出口贸易总额达到 827 亿美元，比 1982 年增长近 1 倍，出口贸易总额由 1982 年的世界第 19 位上升到第 16 位[①]。

在深入进行经济体制改革的同时，国家政治体制、教育科技文化体制的改革有序推进，教育、科技和精神文明建设有了较快发展，人的科学文化素质有了新的提高，人的精神文化生活日渐丰富多彩。1982 年党的十二

---

① 曹普：《中国改革开放四十年简史》，外文出版社，2019，第 91-98 页。

大把教育、科技与农业、能源和交通共同作为国家经济发展的战略重点，明确了教育、科技的战略地位和发展任务。1985 年 3 月和 5 月，中共中央先后颁布《关于科学技术体制改革的决定》和《关于教育体制改革的决定》，对科技、教育的改革发展做出部署。改革我国教育、科技体制，必须改变长期以来形成的对知识分子等各类人才限制太多、统得过死，人才不能合理流动、智力劳动得不到应有尊重的局面，放宽教育、科研人员的管理政策，构造人尽其才、人才辈出的良好环境。《关于教育体制改革的决定》提出教育改革的根本目的是提高民族素质、多出人才、出好人才，为现代化建设提高人才和智力支撑。随后，教育体制改革全面铺开，并取得了重大进展：颁布了《中华人民共和国义务教育法》，实施九年制义务教育；调整了中学教育结构，大力发展职业技术教育；改革高校自主招生和毕业分配制度，扩大高校自主办学权；明确了成人教育的任务和方向，扫盲教育全面推进。

党的十三大科学判定我国社会主义所处的历史发展阶段，确立社会主义初级阶段的基本路线，明确提出社会主义初级阶段我国发展的目标是把我国建设成为富强民主文明的现代化国家，并且确立“三步走”发展战略。第一步：实现国民生产总值比 1980 年翻一番，解决人们的温饱问题；第二步：到 20 世纪末，国民生产总值再增长一倍，人们生活达到小康水平；“第三步”，到 21 世纪中叶，人均国民生产总值达到中等发达国家水平，人们生活比较富裕，基本实现现代化。然后，在这个基础上继续前进。“三步走”发展战略是关于中国经济社会现代化的发展目标，也是人的现代化的发展目标，集中反映了党和人民致力于国家富强、民族复兴、人民幸福的决心、信心和意志力。根据“三步走”战略的要求，党的十三大对深化经济、政治体制等方面的改革做出了全面部署，提出了加快建立和培育社会主义市场体系，建设中国特色社会主义民主政治，建立高度民主、法制完备、富有效率、充满活力的政治体制等设想；还提出要以党内民主推动人民民主，走出一条不搞政治运动而靠改革和制度建设加强党的建设的新路子。十三大还对改革政府机构进行了部署，要求改革干部人事制度，重点是建立国家公务员制度。七届全国人大决定成立中华人民共和国人事部，推动国家管理人才建设，提高政府治理水平，增强社会活力。

党的十三大后，各方面的改革继续推进，开放进一步扩大。1988 年国务院批转国家体改委关于《1988 年深化经济体制改革的总体方案》；七届全国人大第一次会议通过的《宪法》修正案明确规定："私营经济是社会主义公有制经济的补充。国家保护私营经济的合法的权利和利益。"以国家根本大法的形式保障和促进民营经济的发展，极大调动了民众创业、致富的积极性，极大地激发了社会的创造活力。1998 年 5 月国务院做出《关于深化科技体制改革若干问题的决定》，鼓励不同所有制形式的科技机构的产生，推动科学技术的全面发展。1988 年 3 月国务院下发《关于进一步扩大沿海经济开发区范围的通知》，决定进一步扩大开放。这一年，全国人大通过了设立海南省和建立海南经济特区的决定，实现更加灵活的开放政策；通过了《中华人民共和国中外合作经营企业法》。至 1988 年，我国的开放城市达 140 个，人口增加到 1.6 亿。

随着改革开放的全面深入和现代化建设的加速发展，我国国民经济上了一个新台阶，国家和人民的整体面貌发生了很大改变。国家的经济和科技实力明显增强，1987 年国民生产总值达到 10 920 亿元，粮、棉、钢、电、石油等主要工业农业产品和交通运输量等都有大幅增长，产品质量不断提高；经济效益有较大提升，工业生产的物质消耗水平有所下降，工业企业的全员劳动生产率平均每年增长 6.5%。人们的收入和生活水平普遍提高。农民人均年收入从 1982 年的 270 元提高到 1987 年的 463 元，扣除物价上涨因素，年均增长 8.6%；城镇居民人均年生活费从 1982 年的 494.5 元提高到 916 元，扣除物价上涨因素，年均增长 6.3%；城乡市场发展迅速，消费品明显增多，居住条件有较大改善。改革开放以来的加速发展，使长期困扰中国的一些严重社会经济问题开始得到解决或找到了解决的途径；10 亿中国人民绝大多数过上了温饱生活，部分地区和人口开始迈向小康生活①。

20 世纪 80 年代，不仅是中国经济发展比较活跃的时期，而且是中国人的思想意识比较活跃的时期；不仅物质文明取得了较大发展，精神文明建设也发展较快。改革之初，国家十分重视人的现代化建设问题，重视社会主义精神文明建设，特别是重视教育和科学技术的发展。1977 年，我国恢复高考制度，高素质人才的培养和发展迎来了新的历史机遇。1978 年 3 月召开全国科学大会，邓小平在开幕式上发表讲话。他指出，"科学技术

① 曹普：《中国改革开放四十年简史》，外文出版社，2019，第 117-118 页。

是生产力”，中国的现代化关键是科学技术现代化，没有科学技术的现代化，就没有工业、农业和国防现代化，没有科学技术的高速发展就没有社会经济文化的快速发展。他说，知识分子等脑力劳动者是发展科学技术的主体力量，必须重视知识分子、脑力劳动的地位和作用，必须大力发展科学技术和教育事业，改革科研体制和教育体制，努力调动和发挥科技工作者、教育工作者的积极性与创造性。他还说，科技人才的培养，基础在教育。我们要全面地、正确地执行党的教育方针，真正搞好教育改革，使教育事业有一个大的发展、大的提高。邓小平的讲话极大地解放了人的思想和行动。这次大会被看作我国科学技术发展史上具有里程碑意义的历史性事件，预示着中国科学发展春天的到来。1984 年邓小平为景山学校题词，提出教育要“面向现代化、面向世界、面向未来”。“三个面向”是对教育现代化的要求，更是对人的现代化的要求。1986 年，党的十二届六中全会审议通过了《中共中央关于社会主义精神文明建设指导方针的决议》，从社会主义现代化总体布局的高度，阐述了建设社会主义精神文明的战略地位、基本内容和根本任务。《决议》对党的十一届三中全会以来我国社会主义精神文明建设、人的现代化建设实践进行了总结，提出了新的概括，把我国社会主义精神文明和人的现代化建设的理论认识和实践要求向前推进了一大步。

3. 人的现代化在发展市场经济大潮中昂扬向前

20 世纪 80 年代末 90 年代初，国际形势出现大变动，中国的改革开放和现代化建设受到极大干扰。现代化理论和实践几乎在围绕“姓资”和“姓社”、“计划”与“市场”打圈圈，凡事都要问一问“姓资”或“姓社”。人的思想与行动受到了很大限制，并出现混乱。思想动不了脑子、改革迈不开步子，经济社会发展缓慢。中国特色社会主义和现代化建设处于敏感和关键时期，中国社会再次面临走什么样的路、向何处去的历史性选择。

在这一关键时刻，又是邓小平，睿智而勇敢地站出来，发表了改变中国和中国人命运的著名的南方谈话。南方谈话科学总结了改革开放以来现代化建设的基本经验，提出了一系列振聋发聩的新观点、新论断，从理论上回答了长期束缚党和人民思想和手脚的重大认识问题，澄清了社会主义和现代化建设道路上的思想迷障，掀起了新的全国性的思想大解放，促使社会主义和现代化事业朝着十三大确立的目标继续前进，成功把中国特色社会主义和现代化建设事业顺利推进到 21 世纪。

在南方谈话的推动下，党的十四大确立了建立社会主义市场经济体制的改革目标。这是一个伟大的理论和实践创新。党的十四届三中全会审议通过了《中共中央关于建立社会主义市场经济体制若干问题的决定》，把十四大的精神和要求具体化，构筑了“社会主义市场经济体制的基本框架”，成为世纪之交指导我国经济体制改革的纲领性文件。从此，中国的改革开放和社会主义现代化建设进入了加速发展的新的历史阶段。

建立市场经济体制，发展市场经济，不仅是我国经济体制、经济发展方式的革命性变化，而且是人的思想观念、行为方式、生活方式的革命性变化。市场经济是被迄今为止的人类实践证明最有效的资源配置方式，它能够有效发挥人和其他资源的效能，产生最大的经济效益。就是说，市场经济是最有利于推动生产力和经济发展的形式，也是最能增加社会财富和改善人们生活水平的形式。因此，改革计划经济体制，建立市场经济体制，就是改变阻碍生产力发展的旧的生产关系，建立推动生产力发展的新的生产关系；发展市场经济，不只是发展经济，而且是发展人。市场经济、市场体制本身所固有的独立、自主、自由、平等、竞争、理性、效率等特性，都是现代性的内容。在历史上，现代性本是孕育、生根和繁荣于市场经济土壤之中的。市场经济是现代化、现代性的基础，也是促进现代化和现代性发展的动力。因此，建立市场经济体制、发展市场经济不仅对于发展社会主义和现代化具有巨大推动作用，而且对于人的现代化发展具有革命性意义。

按照党的十四大、十四届三中全会的精神要求与部署，依据大力发展市场经济的客观需要，我国在经济、政治、文化领域的改革进入整体推进、重点突破的新阶段。在经济体制方面，在所有制形式、经营方式、国有企业、财税、金融、投资、价格等方面的改革取得重要进展，旧的计划经济体制朝着市场经济体制加速转变，市场机制的作用进一步扩大，经济活力显著增强。在政治体制方面，党的十五大明确提出“依法治国”、建设社会主义法治国家的目标，强调“依法治国，是党领导人民治理国家的基本方略，是发展社会主义市场经济的客观要求，是社会文明进步的重要标志，是国家长治久安的重要保障”。建设法治国家是国家治理理念、方式的根本性转变，表明国家治理将彻底改变千百年来的“人治”传统，民主政治建设进入新的发展时期。从 1998 年开始，我国对政府机构、政府决策机制、人事制度、司法体制、党的领导方式和执政方式进行了改革，取得了一些突破性的成绩。与此同时，不断完善村民自治，农村民主化建设以及基层民主建设也取得了实质性进展，扩大和保障了广大人民群众的民主权利及其行使，充分体现了公开、公平、公正的民主法治原则。在扩大开放方面，改革贸易、外汇等体制，实施“引进来”与“走出去”相结合的对外开放战略，逐步形成了全方位多层次宽领域纵深发展的开放格局。以 2001 年 11 月我国正式加入世界贸易组织为标志，对外开放进入新的发展阶段。到 2000 年，我国进出口总额达到 4 743 亿元，其中出口 2 492 亿美元；利用外资规模不断扩大，世界 500 强企业中约有 400 家在我国投资兴业；我国外汇储备 1 656 亿美元，位居世界第二。科学、教育、思想文化领域，立足科学技术是第一生产力这一根本，实施科教兴国战略。1992 年 3 月，国务院颁布《国家中长期科技发展纲领》，对 2000 年至 2020 年我国科学技术的发展做出规划。1994 年国家科委等机构发布《适应社会主义市场经济发展，深化科技体制改革实施要点》，推进科技体制改革。1993 年 2 月，中共中央、国务院颁布《中国教育改革和发展纲要》，规划中国教育改革发展蓝图。1994 年 6 月，召开全国教育工作会议，坚持教育优先的战略地位不动摇。1995 年颁布《中华人民共和国教育法》，把教育发展纳入法治轨道，用法律保障教育事业的优先发展。1995 年国务院发布《关于加速科学技术进步的决定》，正式提出科教兴国战略，指出必须坚持教育为本，把科技和教育摆在经济、社会发展的重要位置，增强国家的科技实力以及将科学技术转化为现实生产力的能力，提高全民族的科学文化素质，把经济建设转移到依靠科技进步和提高劳动者的素质的轨道上来。这里提到的“全民族的科技文化素质”“劳动者素质”其实就是指“人的现代化”。

市场经济体制的建立和完善，极大地调动了广大人民群众的积极性，激发了社会创造活力，中国经济社会发展进入了快车道，人的现代化建设取得新的进展和新的成就。国民经济持续快速健康发展，综合国力进一步增强，人们生活水平总体进入小康。2000 年，我国国内生产总值达到 8.94 万亿元，突破一万亿美元，年均增长 8.3%，人均国内生产总值成果 800

美元，从世界低收入国家跃升为中下收入国家。主要工农业产品总量位居世界前列，告别了商品短缺的经济时代。人的生活质量进一步改善。“九五”期间，农村居民人均纯收入 2 263 元，城镇居民收入人均 6 280 元，人均实际增长分别为 4.7% 和 5.7%。居民耐用消费品拥有量不断增长，并逐步向高档化发展。到 2003 年年底，每百户城镇居民拥有彩电 116.6 台，洗衣机 90.5 台，家用电冰箱 86.7 台，沐浴热水器 49.1 台。拥有电脑、汽车的家庭也逐渐增多。农村家庭拥有彩电、冰箱、洗衣机等现代家电的户数也不断增多。扶贫攻坚取得新成绩，贫困人口由 1995 年的 6 500 万减少至 2000 年的 2 820 万。教育、科技和社会事业发展迅速，取得较大进步。“神舟”号飞船上天、“神威”计算机、纳米技术、生物技术等系列重大科技成果，标志着我国科学技术水平在有些领域已居于世界前列，与世界发达国家之间的差距进一步缩小。教育事业取得新的进步。2000 年普通高校在校学生达到 556.1 万人，比 1995 年增加 265.5 万人；基础教育进一步加强，全国普及义务教育的人口覆盖率 2000 年达到 85%，比 1995 年提高了 30 多个百分点；广播人口和电视人口覆盖率分别达到 92.1% 和 93.4%[①]。医疗、卫生、体育、环保、生态建设也取得了较大成绩，北京获得 2008 年夏季奥运会的举办权，人民群众的健康水平有了新的提高。社会主义精神文明建设再上新台阶。1996 年，党中央通过了《关于加强社会主义精神文明建设若干重要问题的决议》，对提高全民族思想道德素质、科学文化素质，深入开展群众性精神文明创建活动等做出了规划和部署。为贯彻落实《决议》精神，全国广泛开展以提高市民素质和城市文明为目标的创建文明城市活动，以提高农民素质、奔小康和建设社会主义新农村为目标的创建文明村镇活动，以及以服务人民、奉献社会为宗旨的创建文明行业活动。2001 年中共中央印发《公民道德建设实施纲要》，明确提出了“爱国守法、明礼诚信、团结友善、勤俭自强、敬业奉献”的公民道德基本规范，这一公民道德基本规范成为每个公民都应当遵守的基本行为准则，成为加强自身道德修养、提高道德素质的基本遵循。随着群众性精神文明创建活动、公民道德建设的实施，社会风气、行业风气明显好转，人民群众的文明素养有了较大提高，整个社会昂扬向上、朝气蓬勃，以新的精神风貌进入新世纪。

① 曹普：《中国改革开放四十年简史》，外文出版社，2019，第 188 页。

2001年7月1日，江泽民在庆祝中国共产党成立80周年大会上发表讲话，阐述了促进人的全面发展是中国特色社会主义本质要求的新观点，在理论上把人的发展和人的现代化问题推向了新的高度，在实践上为推动人的现代化和促进人的全面发展指明了方向。

4. 人的现代化在科学发展轨道上继续前行

2002年11月召开的党的十六大是一次承前启后、承上启下的具有象征意义的历史性大会。大会对我国和党所处的历史方位进行了科学判断，提出了全面建设小康社会的现代化阶段性目标。“我们要在本世纪头20年，集中力量，全面建设惠及十几亿人口的更高水平的小康社会，使经济更加发展，民主更加健全，科技更加进步，文化更加繁荣，社会更加和谐，人民生活更加殷实。”[①] 大会还提出了全面建设小康社会的具体目标，对经济现代化、政治现代化、文化现代化、生态现代化和人的现代化建设等明确了要求。第一，在优化结构和提高效益的基础上，国内生产总值力争到2020年比2000年翻两番，综合国力和国际竞争力明显增强。第二，民主更加完善，法制更加完备，依法治国方略得到全面落实，人民的政治、经济、文化等权益得到切实尊重和保障，社会秩序良好，人民安居乐业。第三，全民族的思想道德素质、科学文化素质、健康素质明显提高，形成比较完善的现代国民教育体系、科学和文化创新体系、全民健身和医疗卫生体系。人民享有接受良好教育的机会，基本普及高中阶段教育，消除文盲，形成全民学习、终身学习的学习型社会，促进人的全面发展。第四，生态环境得到改善，资源利用效率明显提高，可持续发展能力不断增强，促进人与自然和谐发展，推动整个社会走向生产发展、生活富裕、生态良好的文明发展之路。

发展是解决中国一切问题的关键，是党执政兴国的第一要务。什么是发展，中国社会和中国人民需要什么样的发展、怎样发展？对这一事关中华民族前途命运的理论和实践问题的认识及解答是新一届党的领导集体与中国人民面临的重大时代课题。2003年7月胡锦涛在全国防治“非典”工作会议上指出：“我们讲发展是党执政兴国的第一要务，这里的发展绝不只是指经济增长，而是要坚持以经济建设为中心，在经济发展的基础上实现社会全面发展。我们要更好地坚持全面发展、协调发展、可持续发展的

① 《十六大以来重要文献选编》（上），中央文献出版社，2005，第15页。

发展观，更加自觉地坚持推动社会主义物质文明、政治文明和精神文明协调发展，坚持在经济社会发展的基础上促进人的全面发展，坚持促进人与自然的和谐。在促进发展的进程中，我们不仅要关注经济指标，而且要关注人文指标、资源指标和环境指标；不仅要增加促进经济增长的投入，而且要增加促进社会发展的投入、增加保护资源和环境的投入。”[①]2003 年 10 月，党的十六届三中全会明确提出“坚持以人为本，树立全面、协调、可持续的发展观，促进经济社会和人的全面发展”的科学发展观。科学发展观是对世界经济社会和现代化发展趋势的积极回应与把握，是对改革开放以来我国社会主义现代化建设实践经验的正确总结及升华，是坚持以物的增长为中心向以人的全面发展为根本的革命性转化，对推动我国现代化建设、特别是人的现代化建设具有重要指导意义。

科学发展，首先依然是发展，如果没有发展，科学发展没有任何意义。发展依然是硬道理，依然是第一要务，发展，最根本的是发展经济。然而，发展又必须是科学发展。因此，科学发展观首先要求必须转变经济发展方式，从过去强调的经济增长转变为经济发展，从过去的“又快又好”转变为“又好又快”的发展。通过进一步改革、完善制度体制机制，增强科技创新能力，提高人的素质等方式来促进经济发展，改变过去那种着重依靠资源、资本投入和消耗的粗放式的经济增长方式。2003 年通过的《中共中央关于完善社会主义市场经济体制若干问题的决定》，对改革完善市场经济体制进行了规划部署，提出了一系列改革重大举措，是引领经济体制深入改革和促进经济社会健康发展的指导性文件。市场经济体制的改革和完善，充分激发了社会创造活力，我国经济社会进入了高速发展的阶段。我国的综合实力不断增强，成为经济增长最快的国家，年均的增长速度为 9% 以上，到 2010 年我国的国内生产总值为 39.8 万亿元，位居世界第二位，成为世界第二大经济体；人均国内生产总值超过 4 000 美元，从中等偏下收入国家进入中等偏上收入国家行列。人民的生活显著提高，改善民生力度不断加大，城乡就业持续扩大，居民收入较快增长，家庭财产稳定增加，衣食住行用条件明显改善。2010 年城镇居民人均可支配收入增长 9.7%，农村居民人均纯收入年均增长 8.9%，是改革开放以来增长最快的时期。2010 年我国城镇化率超过 50%，这是中国社会结构的一个历史

① 《十六大以来重要文献选编》(上)，中央文献出版社，2005，第 397 页。

性变化，也是我国现代化及人的现代化的一个重大变化，标志着我国现代化、特别是人的现代化发展进入了一个新阶段。

2003 年的“非典”疫情为中国经济社会发展敲响了警钟：经济建设和社会建设、城镇建设与乡村建设、社会发展与人的发展必须全面协调发展，决不能“一手硬一手软”“一条腿长一条腿短”。2003 年后，我国开展了中华人民共和国成立以来规模最大的公共卫生体系建设，基本建成了覆盖城乡全体居民、功能相对完备的疾病预防控制体系和医疗救治体系。2009 年发布了《中共中央国务院关于深化医药卫生体制改革的意见》《医药卫生体制改革近期重点实施方案（2009—2011 年）》，医药卫生体制改革迅速展开，取得了明显成效。截至 2012 年，基本医疗保险覆盖范围扩大到全体居民，13 亿城乡居民参保，全民医疗保障体系基本形成。进一步加强基层医疗卫生服务体系建设，基层医疗条件明显改善。2009—2010 年，中央累积安排资金 400 亿元支持 1 877 所县级医院、5 169 所中心乡镇医院、2 392 个城市社区卫生服务中心和 1.1 万个边远地区村卫生室建设。基本公共卫生服务均等化建设取得新进展。从 2009 年开始，国家面向城乡居民免费提供包括健康档案管理在内的 9 类基本公共医疗卫生服务。医药卫生体制改革和医疗保障体系建设，明显改善了我国城乡居民的健康状况，人的健康水平明显提高。“十一五”期间，我国人均期望寿命从 72 岁增至 73 岁[①]。

社会发展，科技领路，人才为先。科学发展观的核心是以人为本。现代化建设归根到底是人的现代化建设。依靠提高人才质量、提高科技创新能力的发展才是可持续的，依靠人的发展的现代化才能取得成功。建设人才强国、建设科技创新型国家，提高人才、科技对经济社会发展的贡献率，是实现现代化的必然要求和选择。2003 年 12 月，中央召开了中央人才工作会议，下发了《中共中央、国务院关于进一步加强人才工作的决定》，强调实施人才强国战略是国家发展和现代化建设一项重大而紧迫的任务。2006 年 1 月，全国科技大会提出 2020 年建成创新型国家的发展目标。2007 年 10 月，党的十七大把科技兴国战略、人才强国战略、可持续发展战略确立为发展中国特色社会主义、建设现代化国家的三大基本战略。2006 年 2 月国务院印发了《国家中长期科学和技术发展规划纲要

① 曹普：《中国改革开放四十年简史》，外文出版社，2019，第 273-274 页。

（2006—2020）》，2010年6月、7月，连续出台了《国家中长期人才发展规划纲要（2010—2020）》和《国家中长期教育改革和发展规划纲要（2010—2020）》。为落实中央和国务院精神，我国大力加强自主创新能力建设，科学技术研发投入持续增大，2010年全社会研究与试验发展经费达7 063亿元，为2008年的1.53倍；2011年增加至8 610亿元，占国内生产总值（GDP）的1.83%。2010年，我国科技人力资源总量达到5 700万人，国际科技论文数量居世界第二位，发明专利授权量居世界第三位，高科技制造业产值居世界第二位。科技创新在一些领域取得突破性进展，科技实力稳步提升。“十一五”期间，教育优先发展的方针得到进一步落实，教育改革不断深化，教育公平化、均等化取得新的进步，教育质量和水平不断提高。国家财政教育支出年均增长22.4%，国家财政性教育经费占GDP的比率逐年提高，2010年达到3.6%。2008年，实现了城乡义务教育全部免费，惠及了1.6亿学生。这是我国教育发展史上的一个里程碑。小学学龄儿童净入学率达到99.5%以上，初中阶段毛入学率达到99%以上，高于发展中国家水平，基本达到发达国家的要求。高等教育大众化水平稳步提升，毛入学率从2005年的21%提高到了2009年的25%，在校学生总规模达到2 979万人，位居世界第一。2006—2009年，高等院校向社会输送毕业生2 618万人。“十一五”期间，各类职业学校为社会培养了2 000多万名技能人才，受到了各行各业的欢迎。制定和实施国家中长期人才发展规划纲要，实施人才振兴计划，加强各类人才建设，人才队伍不断壮大。到2011年，我国技能劳动者总量约1.1亿人，其中高技能人才占25%；农村实用人才达到800万人。实施重大人才项目，培养造就了一大批具有较高水平的人才队伍，选拔享受政府特殊津贴人员11 000多人，选拔新世纪百千万人才工程国家级人选2 000名。人才队伍结构更为合理，学科专业人才结构、地区分布结构不断优化，加大了新兴专业人才培养力度，为经济社会发展和现代化建设培养了一大批急需的紧缺人才[①]。

进入新世纪，在以人为本的科学发展观的指导下，中国特色社会主义和现代化建设突出了人的地位和作用，实现了社会现代化和人的现代化、物的全面发展与人的全面发展的协调统一，取得一系列新的历史性成就，

① 《十一届全国人大四次会议〈政府工作报告〉辅导读本2011》，人民出版社，2011，第89-95页。

社会生产力、经济实力、科技实力迈上一个大台阶，人民生活水平、居民收入水平、社会保障水平迈上一个大台阶，综合国力、国际竞争力、国际影响力迈上一个大台阶，国家面貌、人的面貌都发生新的历史性变化，为全面建成小康社会奠定了坚实基础。

5. 人的现代化在“中国梦”指引下进入新时代

新世纪的第二个十年，世情、国情、党情继续发生深刻变化，中国特色社会主义和现代化建设面临的发展机遇和风险挑战前所未有。中国社会进入全面建成小康社会的决定性阶段和决胜时期，中国特色社会主义进入新时代。

2012 年 11 月，党的十八大对中国特色社会主义和现代化建设做出新的部署。大会强调指出：“建设中国特色社会主义，总依据是社会主义初级阶段，总布局是五位一体，总任务是实现社会主义现代化和中华民族伟大复兴。”① 围绕“总任务”，大会对全面建成小康社会提出了 5 个方面的新要求。一是经济持续健康发展，国内生产总值和居民人均收入比 2010 年翻一番。二是民主不断扩大、民主制度更加完善，法治建设取得重大进步，基本建成法治政府，人权切实得到尊重和保障。三是文化软实力显著增强，社会主义核心价值观深入人心，公民文明素质和社会文明程度明显提高。四是人民生活水平全面提高，基本公共服务均等化总体实现；全民受教育程度、创新人才培养水平明显提高，基本实现教育现代化；收入分配差距缩小，中等收入群体继续扩大，贫困人口大幅减少，社会保障全民覆盖。五是“两型”社会（资源节约型、环境友好型）建设取得重大进展。2012 年 11 月，习近平在参观“复兴之路”大型展览时，第一次提出“中国梦”的概念，指出中国梦就是实现中华民族伟大复兴。2013 年 3 月，在十二届全国人大一次会议上，习近平对“中国梦”的本质内涵进行阐发，认为中国梦的本质就是国家富强、民族振兴和人民幸福。中国梦是每一个中国人的梦。他勉励每一个中国人把自己的梦想融入民族复兴的伟大梦想中去，让每一个人都能放飞自己的梦想，使每一个人都有出彩的机会。党的十九大进一步认为，“实现中华民族伟大复兴是近代以来中华民族最伟大的梦想”。新时代中国共产党和中国人民的历史使命就是实现中华民族伟大复兴。在“中国梦”的指引下，中国特色社会主义和现代化事

① 《十八大以来重要文献选编》（上），中央文献出版社，2014，第 10 页。

业以及人的现代化建设以更昂扬的气势向着新的目标大步前进。

发展中国特色社会主义、建设现代化、建成小康社会，根本动力在于深化改革开放。习近平在深圳考察时进一步指出："改革开放是当代中国发展进步的活力之源，是我们党和人民大踏步赶上时代前进步伐的重要法宝，是坚持和发展中国特色社会主义的必由之路。"为此，2013 年 11 月，党的十八届三中全会专门谈论研究改革开放、全面深化改革的重大问题，审议通过了《中共中央关于全面深化改革若干重大问题的决定》（简称《决定》），明确了全面深化改革的总目标、路线图，指出了一系列新观点、新举措，是指导全面深化改革的基本遵循。《决定》指出，全面深化改革的总目标是：完善和发展中国特色社会主义制度，推进国家治理体系和治理能力现代化。有人认为，这是我国的"第五个现代化"。从"统治""管理"转向"治理"，虽然只是一字之差，然而却是国家观念、制度理念的重大变革，是由"人治"向"法治"、由"官本"向"民本"、由"自上而下"的权力统治向"自下而上"的民主治理的根本转变。《决定》指出，要"使市场在资源配置中起决定性作用和更好发挥政府作用"。这是我们党对市场和经济发展规律认识的重大突破，是对经济体制及其他领域的根本性变革。发挥市场对资源配置的决定性作用，是对劳动者等生产要素的大解放，是对人的创新能力、知识、智能等新的生产力要素的极大重视，必然要求和促进生产关系、政治上层建筑进行重大变革。

党的十八大以来，国内外形势变化和我国各项事业发展给我们提出了一个重大时代课题，这就是必须从理论和实践结合的层面上系统回答新时代坚持和发展什么样的中国特色社会主义、怎样坚持和发展中国特色社会主义。围绕这一重大时代课题，我们党紧密结合新的时代条件和实践要求，进行艰辛理论探索，取得重大理论创新成果，形成了习近平新时代中国特色社会主义思想。习近平新时代中国特色社会主义思想是马克思主义中国化最新成果，是实现中华民族伟大复兴的行动指南，是党和国家必须长期坚持并不断发展的指导思想。

党的十九大庄严宣示："中国特色社会主义进入了新时代，这是我国发展新的历史方位。"[1] 新时代，我国社会主要矛盾已经转化为人民日益增长的美好生活需要和不平衡不充分的发展之间的矛盾。十几亿中国人民的

① 《中国共产党第十九次全国代表大会文件汇编》，人民出版社，2017，第 8 页。

温饱问题得到了解决，总体上实现了小康，人民美好生活的需要更加广泛多样，不仅对物质文化生活提出了更高要求，而且在民主、法治、公平、正义、安全、环境等方面的要求日益增长。与此同时，虽然我国社会生产力水平总体上显著提高，社会生产能力在很多方面进入世界前列，但是发展不平衡、不充分的问题依然很突出，这是满足人民日益增长的美好生活需要的主要制约因素。因此，我们的根本任务是要抓住主要矛盾、解决主要矛盾。“我们要在继续推动发展的基础上，着力解决好发展不平衡不充分问题，大力提升发展质量和效益，更好满足人民在经济、政治、文化、社会、生态等方面日益增长的需要，更好推动人的全面发展、社会全面进步。”①

促进人的现代化和人的全面发展，着重是要解决新时代的主要矛盾，解决发展不充分、不平衡的问题，发展依然是基础和关键。十九大报告指出：“发展是解决我国一切问题的基础和关键，发展必须是科学发展，必须坚定不移贯彻创新、协调、绿色、开放、共享的发展理念。必须坚持和完善我国社会主义基本经济制度和分配制度，毫不动摇巩固和发展公有制经济，毫不动摇鼓励、支持、引导非公有制经济发展，使市场在资源配置中起决定性作用，更好发挥政府作用，推动新型工业化、信息化、城镇化、农业现代化同步发展，主动参与和推动经济全球化进程，发展更高层次的开放型经济，不断壮大我国经济实力和综合国力。”②面对经济全球化出现波折、保护主义抬头、多边主义受到冲击、世界经济发展疲软、中美贸易摩擦增大以及国内经济转型阵痛凸显等诸多不利影响的冲击，党中央保持稳如泰山的战略定力，运用高超的战略智慧，带领全国各族人民砥砺奋进、攻坚克难，完成了我国经济社会发展各方面的任务，全面建成小康社会和现代化目标扎实推进，人的现代化建设取得新的进展，迈上新的台阶。

经济体制改革稳扎稳打，经济结构不断优化，经济依旧保持较高速度增长。2019 年，国内生产总值接近 100 万亿元，超过 14 万亿美元，人均国内生产总值达到一万美元，对世界经济增长的贡献率接近 30%。消费拉动经济增长的作用进一步增强，最终消费支出对国内生产总值的贡献率为

① 《中国共产党第十九次全国代表大会文件汇编》，人民出版社，2017，第 9-10 页。

② 同上书，第 17-18 页。

76.2%。第三产业增加值占国内生产总值的比重为52.2%，对经济增长贡献率为59.7%。科技创新步伐加快，科技创新对经济增长的贡献率超过了1/3。2017年“中国创新指数”增长6.8%，“经济发展新动能指数”增长34.1%。科技创新、经济发展新动能的快速成长正深刻改变着我国的生产方式和人的生活方式，成为中国经济社会发展和现代化建设的新优势。科技的发展、新动能的增长，归根到底是人的现代生产能力的提高，是人的劳动技能的提高。我国全员劳动生产率逐年提高，耗能则逐年下降。2018年，全员劳动生产率提高6.6%，单位国内生产总值能耗下降3.1%[①]。人民的社会水平不断提高、生活质量持续改善。2016年全国居民人均可支配收入23 821元，比2012年增长44.3%，年均实际增长7.4%。城乡收入差距持续缩小。2016年，城镇居民人均可支配收入33 616元，比2012年增长39.3%，实际增长28.6%；农村居民人均可支配收入12 363元，比2012年增长47.4%，实际增长36.3%。2016年全国居民人均可支配收入基尼系数为0.465，比2012年的0.474下降0.009，居民收入差距总体有所缩小。城乡居民主要耐用消费品拥有量不断增多，生活环境明显改善，公共服务不断完善。社会保障制度改革取得突破性进展，截至2016年年底，基本养老、失业、工伤、生育保险参保人数分别达到8.88亿人、1.81亿人、2.19亿人、1.85亿人[②]。2018年，居民人均可支配收入增长6.5%。全国居民恩格尔系数为28.4%，比2017年下降0.9个百分点。

保障、改善民生是推动人的现代化不断发展的方式和内容。发展的根本目的是增进民生福祉，促进人的全面发展。在坚持发展中保障和改善民生，是贯彻习近平新时代中国特色社会主义思想的基本方略。具体而言，要在发展的基础上多谋民生之利、多解民生之忧，在提高发展质量和保持一定发展速度中“补齐民生短板、促进社会公平正义，在幼有所育、学有所教、劳有所得、病有所医、老有所养、住有所居、弱有所扶上不断取得新进展，深入开展脱贫攻坚，保证全体人民在共建共享发展中有更多获得感，不断促进人的全面发展、全体人民共同富裕。”[③]

增强人民健康是人的现代化的基础性内容。人民健康是民族昌盛和国

① 《十三届全国人大二次会议〈政府工作报告〉学习问答》，中国言实出版社，2019，第3-5页。

② 曹普：《中国改革开放四十年简史》，外文出版社，2019，第331页。

③ 《中国共产党第十九次全国代表大会文件汇编》，人民出版社，2017，第19页。

家富强的重要标志，也是人的现代化的又一个重要指标。实施健康中国战略是推进人的现代化的重要举措。党的十八大以来，国民健康政策不断完善，医药卫生体制改革全面深化，全方位全周期健康服务体系逐步建立，中国特色基本医疗卫生制度、医疗保障制度和优质高效的医疗卫生服务体系全面建立和完善，现代医院管理制度逐步健全。全民医保取得实质性进展。基本医疗保险覆盖人数超过 13 亿人，基本实现全民医保。居民基本医疗保险补助标准从 2012 年的 240 元提高到 2016 年的 420 元。大病保险覆盖城乡居民超过 10 亿人，各地方大病保险政策规定的支付比例不低于 50%。全国月平均失业保险金水平由 2012 年的 686 元提高到 2016 年的 1 051 元，年均增长 11.3%。国家异地就医结算系统于 2016 年年底正式上线试运行，社会保障卡持卡发行量突破 10 亿张，全国 102 项社会保障卡应用目录平均开通率超过 80%，人民群众享受到了更加方便、快捷、高效的社会保障服务[①]。深入开展爱国卫生运动，积极倡导健康文明的生活方式。

教育现代化是促进人的现代化的主要途径。国家财政教育经费占国内生产总值的比例始终保持在 4% 以上，教育普及程度进一步提高，2016 年学前三年毛入学率 77.4%，比 2012 年提高 12.9 个百分点；小学净入学率 99.9%，初中阶段毛入学率 104.0%，九年义务教育巩固率 93.4%，比 2012 年提高 1.6 个百分点，高中阶段毛入学率 87.5%，比 2012 年提高 2.5 个百分点；高等教育毛入学率 42.7%，比 2012 年提高 12.7 个百分点。扩大就业取得显著成效，城镇就业人员从 2012 年年末的 3.71 亿人增加到 2016 年末的 4.14 亿人，年均增加 1 082 万人；全国农民工总量从 2012 年年末的 2.63 亿人增加到 2016 年末的 2.82 亿人，增加 1 910 万人[②]。

人的现代化中，农民的现代化是重点和难点。党的十八大以来，党中央特别重视“三农”问题，“三农”工作的改革创新取得了新的成就。农业综合生产能力迅速提高，农业生产的装备技术水平大幅提高，农业发展加快向依靠科技进步转变，粮食生产连续稳定在 1.2 万亿斤以上。农民收入增速连年高于城镇居民，农民人均收入年均增长 8.58%，城乡居民收入差距从 2012 年的 2.88∶1 缩小为 2.72∶1。农村居民消费品升级换代趋势

---

① 曹普：《中国改革开放四十年简史》，外文出版社，2019，第 352 页。

② 同上书，第 331 页。

明显。2016 年平均每百户农村居民汽车拥有量为 17 辆，比 2012 年增加 11 辆，增长 164.1%；空调拥有量 48 台，比 2012 年增加 22 台，增长 87.6%；计算机拥有量 28 台，比 2012 年增加 6.6 台，增长 30.8%；移动电话拥有量 241 部，比 2012 年增加 43 部，增长 21.7%。精准扶贫、脱贫攻坚取得明显成效。2013 年至 2016 年，我国现行标准下农村贫困人口由 9 899 万人减少至 4 335 万人，年均减少 1 391 万人；农村贫困发生率从 2012 年的 10.2% 下降到 2016 年的 4.5%①。以农民工市民化为重点的社会管理和公共服务制度改革深入推进，户籍制度改革、城镇基本公共服务制度改革取得新的突破。建立城乡统一的户口登记制度，取消农业户口与非农业户口性质区分和由此衍生的户口类型。

党的十九大依据新时代的要求对我国现代化建设进行了新的战略安排，提出了建成社会主义现代化强国的目标。中国的现代化在全面建成小康社会的伟大实践中向第二个“百年目标”整体推进。习近平指出：“现代化的本质是人的现代化”。这一论断要求：建设强大的社会主义现代化国家和实现中华民族伟大复兴的中国梦，既要依靠人的现代化和每个中国人的发展，又要促进人的现代化和每个中国人的全面发展。

① 曹普：《中国改革开放四十年简史》，外文出版社，2019，第 330 页。

第七章　人的现代化的现实扫描

中华人民共和国成立70年，特别是改革开放40多年来，中国特色社会主义和现代化建设事业取得了举世瞩目的成就。我国经济社会发展出现了新的阶段性特征，中国特色社会主义进入了新时代。新时代，我国经济社会和现代化建设发生重大变化，社会整体面貌和人的面貌发生了前所未有的变化。我国经济实力、科技实力、国防实力、综合国力进入世界前列，我国国际地位实现了前所未有的提升，党的面貌、国家的面貌、人民的面貌、军队的面貌、中华民族的面貌发生了前所未有的变化，中华民族正以崭新姿态屹立于世界的东方[①]。同我国的社会经济发展和现代化建设一样，人的现代化也随之不断推进，取得了可喜成就和巨大进步。与此同时，也应该看到，中国人的现代化虽然成就巨大，但依然是初步的、处于发展中的，或者说是初显成效的，而不是成熟的，更不是发达的、强盛的。正如我国社会发展和现代化建设存在的不平衡、不协调一样，人的现代化也存在着不平衡、不协调的问题，人的现代化的水平、程度、层次等与建成现代化强国和实现中华民族伟大复兴中国梦的目标要求还不相适应。

第一节　人的现代化建设的成就及其机遇

党的十九大报告指出，中国“人民的面貌”发生了“前所未有的变化”。这里所说的“人民面貌”的变化应该表现为中国人民的物质生活、社会生活、精神风貌、个性特征等方面的历史性变化，也可以看作中国人的全面发展和中国人的现代化所取得的巨大成就及进步。

一、人的现代生产能力显著增强

人的实践能力，特别是物质资料生产的能力是人的发展水平的根本表

① 《中国共产党第十九次全国代表大会文件汇编》，人民出版社，2017，第8页。

征，人的现代生产能力、创造社会财富的能力是人的本质力量的体现，是人的现代化最重要的内容。人的现代化的主要表现为现代工业、农业等领域的生产能力和创新能力等方面。我国工业现代化、农业现代化、科学技术现代化和国防现代化等领域所取得的历史性进步，直接表征着中国人的现代化水平及其巨大成就。

工业化现代化水平是衡量一个国家现代化程度的重要指标之一，也是该国家人民现代化水准的重要体现。工业化同科学技术一样，是社会生产力的集中体现，代表人的主体能力和创造力。我国坚持积极探索走新型工业化道路，高度重视工业化、信息化的跨越式发展，正在由制造大国向制造强国大踏步迈进。“从综合实力看，我国工业体系完整，总量大幅提高，产业结构进一步优化，互联网规模和应用优势明显，是稳居世界第一的制造大国和网络大国。从创新能力看，以企业为主体、产学研用相结合的技术创新体系日益完善，重大创新成果不断涌现，大众创业、万众创新蓬勃升起，发展方式由要素驱动向创新驱动加快转变。从两化融合看，制造业和互联网融合不断深化，智能制造取得积极进展，建成全球最大规模的宽带网络，互联网经济走在世界前列……从企业竞争实力看，规模经济行业产业集中度明显提高，一批大型企业迅速成长，品牌影响力好，国际竞争力明显提升，中小微企业活力不断迸发，大中小企业融通发展迅速形成。总体看，经过不懈努力，工业和信息化发展取得举世瞩目成就，综合国力又上新台阶，结构和质量出现了许多具有转折意义的变化，站到了新的历史起点上。”①

我国建立了世界上最为完整的工业体系，总规模稳居世界前列，是全球制造业增长的重要引擎。在 500 多种主要工业产品中，主要产品的产量位次迅速前移，有 220 多种产品的产量位居世界第一。2010 年，我国制造业产值占全球比重高达 19.8%，超过美国，跃居世界第一，到 2015 年这一比重进一步提高到了 25%，我国成为名副其实的制造大国。在制造大国地位不断巩固的同时，我国制造业的国际竞争力也稳步提升，连续 7 年被

① 苗圩：《坚定不移走中国特色新型工业化道路推动制造强国和网络强国建设迈出坚实步伐》，载《十八大以来新发展新成就》，人民出版社，2017，第 110-111 页。

德勤《全球制造业竞争指数》报告列为制造业最具竞争力的国家①。工业基础能力是构成完整工业体系和制造强国建设的基石。工业基础直接决定了工业产品的性能和质量，是工业整体素质和核心竞争力的根本体现。为此，我国大力推进工业强基工程，工业基础能力稳步提升。2013 年以来，累积支持 276 个强基示范项目，已取得 30 多项突破性成果，确立了 19 家产业技术基础公共服务平台，有力支撑了重点行业整体升级②。重大技术装备的创新发展与推广应用是国家现代化水平和核心竞争力的重要标志，也是人的创新能力和现代生产能力的重要标志。近年来，我国在高档数控机床、航空航天装备、海洋工程装备以及高技术船舶、先进轨道交通装备、电力装备等高端装备和智能装备领域取得了一系列突破性成果。比如大型发电成套装备、特高压输变电成套装备、智能电网用成套装备等已经达到国际领先水平③。

在推进新型工业现代化、信息化的同时，我国积极推进城镇化和农业现代化建设，农业现代化建设进入新阶段。农业现代化是农业发展的根本方向，完善的农业基础设施、先进的科技和农机装备是农业现代化的重要标志。“十三五”规划纲要提出，到 2020 年我国农业现代化要取得明显进展。要求实现粮食等重要农产品供应保障水平、多种形式适度规模经营的引领水平、农业技术装备水平、农业生产经营效益水平、农业产品质量安全水平、农业可持续发展水平全面提升。国务院印发的《全国农业现代化（2016—2020 年）》明确以农业现代化为主攻方向，把改善农业设施装备条件、提升农业科学技术作为着力点，推动传统农业向现代农业，传统农民向现代新型农民加速转变。近年来，我国现代农业发展取得明显成效。农业科技进步贡献率超过 56%，标志着科技进步对农业增长的贡献率超过土地、资本等其他要素的总和，我国农业发展已经从过去主要依靠增加资源要素投入转向主要依靠科技进步的新阶段。农业科技创新能力明显增强，在农作物遗传发育与抗性机理、动物疫病防治、重要种质资源收集评价、土壤质量演替规律等方面创新了一批基础前沿成果，数字农业、精准作

---

① 苗圩：《坚定不移走中国特色新型工业化道路推动制造强国和网络强国建设迈出坚实步伐》，载《十八大以来新发展新成就》，人民出版社，2017，第 110-111 页。

② 同上书，第 125 页。

③ 同上书，第 121 页。

业、智能装备制造等方面取得积极进步，农业科技水平弯道超车领跑国际同行，超级稻、禽流感疫苗等重大技术开发处于世界领先水平，农业科技的国际影响力不断增大。我国农作物良种覆盖率已超过96%，标志着农业生产用种已经全部实现更新换代。国家统一部署开展了种业人才发展和科研成果权益改革，组织实施了水稻、小麦、玉米 、大豆等作物良种重大科研联合攻关，加大了植物新品种保护力度，全国新品种申请量累计超过1.8万件，年度申请量居世界第一。全国农作物耕种收综合机械化率达到65.2%，标志着我国农业生产方式已经由千百年来以人畜力为主转变为以机械作业为主的新阶段，农民“面朝黄土背朝天、插秧割麦累弯腰”的场景正在成为历史。农机装备结构持续优化，2017年全国农机总动力达9.7亿千瓦，比2012年增长19.8%。大型拖拉机保有量占拖拉机总量的比重为27.9%，粮食生产环节高性能机具持续提高。全程机械化加快推进，水稻种植、玉米收割机械化率分别达到44.5%、66.7%；秸秆处理、高效植保、产地烘干能力明显增强，主产区小麦秸秆处理机械化比例超过85%；小麦、水稻、玉米三大粮食作物耕种收综合机械化率分别达到94%、79%和83%。农机服务规模化、全程化、品牌化水平稳步提高，农机社会化服务由耕种环节为主向产前、产中、产后全环节加快拓展，各类新型主体不断涌现。农业机械化极大提高了农业生产能力。2013年以来，我国粮食产量每年都超过1 200亿斤，产能稳定在1 200亿斤以上，成为经济社会发展的突出亮点。2016年全国人均粮食占用量为447公斤，高出世界平均水平47公斤。我国用不到世界9%的耕地生产了世界25%的粮食，养育了占世界近20%的人口。农业机械化、农业生产方式的转型是我国现代农业发展的重大进展，也是造就现代新型农民、促进农民现代化的根本环节①。

工业现代化、农业现代化以及整个现代化事业的关键是人的现代化。人力资源是现代化的第一要素和第一资源。建设现代化强国最终要落实到建设人才强国上来，落实到提高全体劳动者能力素质上来。我国城乡具有庞大的劳动力人口，到2016年年底，我国就业人员高达7.76亿人，其中城镇就业人员为4.14亿人、农民工2.82亿人，每年有超出1 300万以上的

① 韩长赋：《辉煌五年路，“三农”发展再上新台阶》，载《十八大以来新发展新成就》（上），人民出版社，2017，第430-454页。

新增就业人数。促进和实现由劳动力大国向劳动力强国转变，建设高素质的现代化建设人才，是人的现代化的根本任务。近年来，我国坚持实施人才强国战略，制定好实施国家中长期人才发展规划纲要，人才队伍建设进入全面发展的新阶段。我国制定有效政策举措，着力推动建立覆盖全体劳动者、适应劳动者需求的职业培训制度，加强劳动者培训力度，有效提高了劳动者的整体素质。专业技术人才和技能人才是劳动者大军的骨干力量，是现代生产能力的重要体现，其整体状况代表着人的现代化的水平。我国专业技术人才和技能人才队伍规模不断壮大，整体素质不断提高，人才结构不断优化。我国目前享受国务院政府特殊津贴的专业技术人员已经达到 17.7 万人；实施新一轮国家百千万人才工程，新遴选 1 200 名工程国家级人选；新设博士后流动站 308 家，工作站 1 297 家，累积招收培育博士后研究人员 6 万多人；深入实施专业技术人才知识更新工程，到 2016 年年底，累积培训高层次人才 8.8 万人次，开展急需紧缺人才培训和岗位培训 790 万人次。全国专业技术人才参加继续教育超过 2 亿人次，促进了专业技术人才整体素质的提升。我国相继出台了《高技能人才队伍建设长期规划（2010—2020 年）》《高技能人才振兴实施方案》和《加强企业技能人才队伍建设的意见》等政策举措。我国建设了 476 个高技能人才培训基地，594 个技能大师工作室，实施技师培训项目，带动地方同步推进省市级项目建设，高技能人才培养能力得到较大提高。截至 2016 年年底，全国高技能人才达到 4 791 万人。2012—2016 年，全国共有 9 173 万人次参加职业技能鉴定，762.5 万人次取得技能类职业资格证。全国 5 000 多万职工和学生参加各类技能竞赛，32 万人次晋升职业资格等级。通过培训、竞赛和生产一线的实践锻炼，我国广大职工等技能人员的业务素质不断提高，专业生产能力不断增强①。

现代化的一个重要方面是社会分工日益细化，人们从事生产活动的职业化、专业化要求越来越高。保障劳动者的劳动权益、帮助人们掌握必要的现代职业知识和技能是人的现代化的重要内容。中国政府一直把充分保障就业、控制最低失业率作为政府工作的重点，作为发展社会建设事业、保障民生工程的首要任务。全国城乡就业人数从 2010 年的 7.61 亿人增加

① 尹蔚民：《党的十八大以来人力资源和社会保障事业发展取得的新成就》，载《十八大以来新发展新成就》（上），人民出版社，2017，第 200-220 页。

到 2015 年的 7.55 亿人。2015 年城镇新增就业人数 1 312 万，年末城镇等级失业率为 4.05%。2008 年至 2015 年，中央财政累计投入就业补助资金 3 055.11 亿元。从 2009 年开始，国家专门实施妇女小额担保贷款财政贴息政策，截至 2016 年 6 月，已累积发放贷款 2 794 亿元，538 万名妇女获得贷款资助，带动和扶持包括贫困妇女在内的 1 000 多万名妇女实现创业就业。妇女就业人数和层次不断提高，2014 年全国女性就业人员占社会就业总人数的 45%，女性专业技术人员占到了全社会专业技术人员的 46.5%。国家采取多项措施鼓励创业就业。大力发展服务业，开发适合进城务工人员的就业岗位，实现 80% 以上的进城务工人员在小微企业就业。截至 2014 年，全国民营企业达 1 546 万家，个体工商户近 5 000 万家，分别比 2010 年增长 83% 和 44%，带动了 2.5 亿人就业①。

二、人的科技创新能力大幅提升

现代化的关键、核心是科学技术现代化。科学技术的发展水平及其应用范围是现代化最显著的标志。一个国家的科研水平、科研能力代表的是该国国民的科学素养、科学精神、科技创新能力，是人的现代化水平的重要表征。经过改革开放 40 多年来的努力追赶，我国科学技术充分发挥“后发优势”，持续跟进世界最先进水平，科技实力大大增强，成功实现“后发先至”，跻身世界先进行列。目前我国科技创新进入“跟跑、并跑、领跑”并存阶段，“处于从量的积累向质的飞跃、点的突破向系统能力提升的重要时期”②。

我国科技投入持续增长，投入结构逐步优化。2016 年，全社会 R&D（研究与实验发展）经费支出达到 15 500 亿元，占国内生产总值比重的 2.1%，其中企业支出比重为 78%。中央政府和地方政府联动，建设了一大批重大科技基础设施和创新平台，参与了一系列国际大科学计划和大科学工程，显著增强了我国科技创新的实力和国际竞争力。我国基础研究投入从 2012 年的 498 亿元增加到 2016 年的 798 亿元，平均增速达 12.5%；基础研究投入占全社会 R&D 投入的比重从 2012 年的 4.84% 增加到 2016 年

① 参见鲜开林：《新的人权旗帜由此竖起》，东北财经大学出版社，2017，第 161-162 页。

② 万钢：《深入实施创新驱动发展战略　开启建设世界科技强国新征程》，载《十八大以来新发展新成就》（上），人民出版社，2017，第 79 页。

的 5.14%。

2015 年，我国科技工作者发表国际科学论文 29.68 万篇，连续 7 年世界排名第 2 位，被引次数世界排名第 4 位，化学、物理学等 8 个学科领域引用率世界排名第 2 位。《2016 自然指数》显示，中国已经成为仅次于美国的全球高质量论文第二大贡献国，中国科学家为人类知识和科技创新做出了实质性的贡献。2016 年我国专利申请量 133.9 万件，连续 6 年位居世界首位。目前，我国有效发明专利拥有量 115.8 万件，成为继美国、日本之后，世界上第三个国内发明专利拥有量超过百万件的国家。2016 年中国共提交《专利合作条例》（PCT）申请 4.3 万件，国际排名第 3 位，占全球申请总量的 18.5%。我国在若干重要科学前沿领域取得了重大突破和发展，先进技术的创造、应用和转移转化硕果累累。《全球创新指数》显示，中国创新指数排名从 2012 年的第 34 位上升至 2017 年的第 22 位，成为进入全球创新指数前 25 位的唯一非高收入国家，创新绩效超过高收入经济体平均水平①。

科技创新、科技进步对国民经济发展的贡献率，是衡量一个国家经济发展质量和现代化水平的主要指标，也是衡量人的现代生产能力以及人的现代化程度的一个重要标尺。我国科技创新发展有效带动了产业升级和经济结构的调整，对经济发展的贡献率逐年提高。我国科技进步的贡献率从 2012 年的 52.2% 增加到 2016 年的 56.2%。我国高科技创业增速明显高于规模以上工业的平均增速，2016 年高科技产业占规模以上工业增加值比重达到 12.4%。国家在若干重点产业关键技术领域的持续投入和长期积累，推动新技术、新业态、新模式快速增长。据测算，2016 年我国数字经济总量达到 22.6 万亿元，分享经济市场交易额约为 34 520 亿元，大数据市场规模占全球的 20.3%，众多科技型中小企业发展效能更为显著，为新动能的加快形成和经济持续健康发展注入新动力②。科技创新已成为推动经济社会发展的重要力量，科学技术是第一生产力的地位和作用已牢固确立。

人的创新能力是人的现代化的一项重要内容。人的创新能力既来自创新型实践，又来自创新型教育。教育型创新是培育创新型人才的重要环节

---

① 万钢：《深入实施创新驱动发展战略　开启建设世界科技强国新征程》，载《十八大以来新发展新成就》（上），人民出版社，2017，第 79-81 页。

② 同上书，第 83-89 页。

和途径。近年来，我国教育创新能力大大增强。2015 年，北京、上海、江苏、广东四地学生整体参加经济合作与发展组织（OECD）的国际学生能力测试（PISA），在参评的 72 个国家和地区中，中国学生数学排第 6 位、科学列第 10 位、阅读位于第 27 位。2015 年教育部印发《关于深化高等学校创新创业教育改革的实施意见》，将创新创业教育融入人才培养全过程，切实增强学生的创新创业能力和创新创业精神。据不完全统计，目前全国高校开设创新创业教育专门课程 2 300 多门。近 3 年有近 1 000 所高校参与国家级大学生创新创业训练计划，上报项目近 9 万项，参与学生超过 35 万人。实施卓越系列人才教育培养计划，创新新闻传播、法学、医学、农林、工程等领域人才协同培养机制，覆盖 600 多所高校，培养了一大批行业认可、创新能力强、适应经济社会发展的高质量各类型人才。2013 年至 2017 年，全国共招收研究生 313.45 万人，高层次人才比例显著提高，为科技创新、产业结构调整提供了有力的人才支撑①。

高校是国家创新体系的前沿阵地，是建设创新型国家的主要力量。我国高校坚持“三个面向”：面向世界科技发展前沿、面向国家战略需求、面向国民经济发展主战场，科研创新能力有较大提高，取得了一大批具有标志性意义的科研成果，为科技发展和社会经济建设做出了重要贡献。2013—2017 年，高校科研经费总额达到 6 530.8 亿元，牵头承担了 80% 以上的国家自然科学基金项目，依托高校建设的国家重点实验室占全国总数的 60%。《2016 中国科技论文统计结果》显示，我国高校被引国际论文数量、国际热点论文数量双双进入世界排名前三，位于美国和英国之后；发表在各学科最具影响力国家期刊上的论文数量连续 6 年排在世界第二位。依托高校创新团队，我国在物理、航天、核电、计算机等领域的研究取得了历史性突破，科研成果的国际影响力进一步提升②。

三、人的现代教育水平不断提高

教育是实现人的现代化的根本途径之一，也是衡量人的现代化的

① 陈宝生：《发展具有中国特色、世界水平的现代教育》，载《十八大以来新发展新成就》（上），人民出版社，2017，第 40 页，第 50 页。

② 同上书，第 52 页。

重要标尺。教育的现代化水平、教育的普及程度等都是构成人的现代化的重要内容。坚持人的全面发展理论和以人民为中心的发展观为指导，办好人民满意的教育，提高国民的综合素质，促进人的现代化和全面发展，是我国教育恪守的方针和原则。“经过全党全社会不懈努力和共同奋斗，我国教育总体发展水平跃居世界中上行列。”① 目前，我国共有各类学校 51.2 万所，教师 1 578.2 万名，在校学生 2.65 亿人，教育规模居世界首位。2016 年，学前三年毛入园率 77.4%，比 2012 年提高了 12.9 个百分点；小学净入学率 99.9%，初中阶段毛入学率 104.0%。九年制义务教育巩固率 93.4%，比 2012 年提高 1.6 个百分点，普及程度超过高收入国家平均水平。高中阶段毛入学率 87.5%，比 2012 年提高 2.5 个百分点，超过中等收入国家平均水平。高等教育毛入学率 42.7%，比 2012 年提高 12.7 个百分点，超过中高收入国家平均水平。

从 2013 年到 2017 年的 5 年里，我国累积培养 2 074 多万名中职毕业生、3 308 多万名普通本科毕业生，265 万名硕博士毕业生。从 2001 年到 2016 年，我国劳动年龄人口平均受教育年限从 9.7 年增加到 10.35 年，有力推动了我国从人口大国向人口强国迈进。截至 2017 年，我国共有职业院校 1.23 万所，在校学生 2 680 万人，开设了近千个专业，近 10 万个专业点，基本覆盖国民经济各领域。近年来，中高职年均合计招生约 1 000 万人，占据我国高中阶段和普通高等教育的“半壁江山”。职业教育毕业生就业前景向好，就业率保持高位，中职毕业生就业率连续 10 年保持在 95% 以上，高职毕业生半年后就业率超过 90%②。加大职业技能和文化层次培训。2012—2016 年，全国专业技术人员参加继续教育保持在年均 3 000 万人次以上。2012 年以来，开展农民工学历提高培训数千万人次，农民工文化技术培训超过 1.6 亿人次，农民工职业技能培训 5 000 万人次，提高了农民工的文化素质和劳动技能，为农民工向更高层次发展和开创未来美好生活提供

---

① 陈宝生：《发展具有中国特色、世界水平的现代教育》，载《十八大以来新发展新成就》（上），人民出版社，2017，第 34 页。

② 同上书，第 48-49 页。

了良好基础[①]。

人的现代化的根本目的是人的自由全面发展。中国教育始终坚持人的全面发展理论，以培养“全面发展的人”为核心，为国家经济社会发展和现代化建设培养高质量的人才。为此，教育部颁布实施《中国学生发展核心素养》，确立人文底蕴、科学精神、学会学习、健康生活、责任担当和实践创新六大核心要素的培育体系。根据核心素养培育体系，研究制定了中小学各学科学业质量标准和 92 个本科类教学质量国家标准，明确了学生在不同学段、不同年级学习不同学科应该达到的目标要求和程度标准。目前，国家教育标准体系已初步形成，有力地推动了教育质量的提升[②]。我国有 41 所高校进入上海软科世界大学学术排名（ARWU）500 强，30 所高校进入美国新闻与世界报道（USNEWS）世界大学排名 500 强。《QS 世界大学学科排名》2017 年 2 月公布的最新学科排名显示，中国内地 27 大学的 158 个学科入选全球百强，16 所大学的 78 个学科进入全球排名 50 强。《QS 世界大学排名》2017 年 6 月公布的最新大学排名结果显示，中国内地有 6 所高校进入世界前 100 名。从高校的国际排名可见，我国教育的整体质量在逐步提高，教育在培育“全面发展的人”、推动人的现代化和社会现代化事业健康发展方面做出了应有的贡献。

人的受教育权利进一步得到保障。教育公平是保障公民受教育权和推进人的现代化的基本要求。2015 年国务院印发《关于进一步完善城乡义务教育经费保障机制的通知》，建立城乡统一、重在农村的义务教育经费保障机制，惠及 1.4 亿名学生，其中包括 1 300 多万名进城务工人员的子女，3 000 多万名寄宿制学生，1200 多万名民办学校就学学生，500 万名左右小规模学校的学生和特殊教育学生。自 2011 年秋季开始，实施农村义务教育阶段学生营养餐改善计划，每年惠及 3 000 多万名学生。增加农村学生和特困家庭学生上重点高校的比重，自 2012 年开始实施国家农村和贫困地区定向招生等专项计划，2015 年共招收 7.5 万名学生，比 2014 年增长 10.5%。女性教育获得了长足发展。2013 年女性 15 岁以上文盲率为 6.7%，比 1995 年降低 17.4 个百分点；女性文盲人口比 1995 年减少 7 000

① 陈宝生：《发展具有中国特色、世界水平的现代教育》，载《十八大以来新发展新成就》（上），人民出版社，2017，第 51 页。

② 同上书，第 41 页。

多万，女性人均受教育的增幅和文盲率的下降幅度大于男性。特别关注和保障农村和困难家庭儿童受教育的权利。2016年国务院发布《关于加强农村留守儿童关爱保护工作的意见》《关于加强困境儿童保障工作的意见》，有利推动了农村留守儿童和困境儿童的权益和受教育权利的保障①。

四、人的生活现代化的程度和能力不断提高

人民的生活水平不断提高。经济的快速发展为人的经济现代化、物质生活的改善和提高奠定了基础，创造了有利条件。居民收入大大增加。我国国内生产总值由1978年的3 679亿元增长到2019年的100万亿元，由人均200美元增加到人均10 000美元。1978年，城镇居民家庭人均可支配收入只有343.4元，2015年增加到了人均31 195元，农村家庭人均可支配收入由1978年的133.6元增加到了2015年的11 422元。人民的生活水平大大提高。城镇居民家庭和农村居民家庭的恩格尔系数分别从1978年的57.5%和67.7%，下降到2015年的29.7%和33.0%。住房条件大大改善。城镇居民人均住宅建筑面积由1978年的6.7平方米增长到33平方米，农村居民由8.1平方米上升到37平方米以上。出行条件大大改善。1978年至2015年，公路通车里程由89万公里增长到457.7万公里，全国高速公路通车里程12.35万公里，高速铁路营运里程1.9万公里；行政村公路“村村通”基本实现，通畅率达94.5%，建制村通客车率达94.28%；民航旅客吞吐量从2 319万人次增长到9.15亿人次；民用轿车保有量9 508万辆，其中私人轿车8 793万辆。通信条件大为改善。到2015年年底，全国电话用户153 673万户，其中移动电话用户为130 574万户；固定互联网宽带接入用户21 377万户，移动宽带用户78 533万户；互联网上网人数到2018年超过8亿人次。生活方式多样化。旅游成为国人的重要休息娱乐活动方式，国内居民2015年出境游12 786万人次，其中因私出境12 172万人次②。

我国居民的消费能力和消费质量不断升级。在传统消费不断增长的基础上，培育壮大信息消费、绿色消费、健身休闲等新兴的现代消费，居民消费品质从中低端向中高端转变，升级类商品消费增长迅速。2012—2016

① 参见鲜开林：《新的人权旗帜由此竖起》，东北财经大学出版社，2017，第186-187页。

② 同上书，第158-159页。

年，家用电器和音响器材类商品零售额年均增长 10.2%，通信器材类商品年均增长 24.6%。汽车消费持续增长，产销量居世界第一。2016 年中国汽车产、销量分别为 2 811.9 万辆和 2 802.8 万辆。信息消费规模和信息产品供给能力不断增强，2016 年我国居民的信息消费额为 3.9 万亿元，年均增长 21%，约占居民最终消费比重的 9.2%，对国内生产总值增长贡献 0.26 个百分点。信息产品的供给水平不断提升，手机产量和市场规模全球第一，2016 年生产智能手机 15 亿部，占全部手机产量的 74.7%。家庭居住、个人穿戴、医疗健康等新型智能硬件层出不穷。移动互联网应用日益丰富，数据流量消费快速增长；在线教育、在线医疗消费等持续扩大，交通出行、旅游住宿、餐饮外卖等领域的新型消费迅速兴起，成为时尚①。国人的文化消费日趋旺盛，文化消费成为人们一种重要的生活方式。2016 年，我国居民人均文化娱乐消费支出为 800 元，比 2013 年增长 38.7%，年均增速为 11.5%，较同期人均消费支出高出 2.5 个百分点②。

五、人民的政治权利不断扩大，社会参与能力不断增强

建设法治中国，建立完备的法律体系，保障人的基本权利，是促进人的现代化的基础性举措和根本保证。到 2010 年，以宪法为根本要求的中国特色社会主义法律体系已经基本形成。截至 2016 年 9 月，全国人大及其常务委员会共制定宪法和现行法律 252 部。至 2016 年 7 月，具有立法权的地方人大及其常委会共制定现行具有法律效力的地方性法规 9 915 件。中国特色社会主义法律体系适应了改革开放和社会主义现代化建设的需要，进一步保障和扩大了公民的基本权利，推动了国家政治现代化的发展，也推动了人的现代化的发展。

基层民主政治建设使公民的政治权利进一步扩大。2007 年党的十七大把基层民主自治制度规定为社会主义基本政治制度，宪法修正案以基本大法的形式予以确立，从根本上保证了人民当家作主的基本权利。基层民主自治制度通过以村民自治为核心的农村基层民主、以社区居民自治为核心

---

① 苗圩：《坚定不移走中国特色新型工业化道路 推动制造强国和网络强国建设迈出坚实步伐》，载《十八大以来新发展新成就》（上），人民出版社，2017，第 114-115 页。

② 雒树刚：《坚定文化自信　建设社会主义文化强国》，载《十八大以来新发展新成就》（上），人民出版社，2017，第 498-499 页。

的城市基层民主和以职工代表大会为核心的企事业单位基层民主等形式，保障全体公民广泛和直接参与社会公共事务的治理，是人民当家作主的有效制度安排，是人民民主的有效形式；建立了以农村村委会和城市居民委员会为主要形式的基层群众自治制度，有效保障和扩大了公民的民主权利。全国农村村委会 58.1 万个，城市社区居委会 10 万个，全国基层工会组织 275.3 万个，工会会员 2.8 亿人。截至 2016 年，全国在民政部门登记的社会组织共有 67 万个，其中社会团体 32.9 万个，基金会 5 028 个，民办非企业单位 33.6 万个。这些组织、团体的服务和影响涉及教育、科技、文化、卫生、体育、社区、环保、公益、农村经济等社会生活的各个领域[①]。切实保障公民的知情权和表达权。国家制定了《政府信息公开条例》，政务公开制度体系基本建立。国家深入推进民主立法，健全公民参股立法的途径和方式，建立健全法律法规草案公开征求意见和公众意见采纳情况反馈机制。不断拓展公民参与司法渠道。目前，全国人民陪审员总数已超过 22 万人。自 2003 年开展人民监督员制度试点工作以来，截至 2016 年，共选人民监督员 4.8 万余人次。截至 2015 年，全国共有人民调解委员会近 80 万个，人民调解员 390 多万人。

六、人的自由度相对增大、自主意识不断增强

人成为自由的主体是人的现代化的根本内容。人的自由度是衡量人的现代化水平的一个根本性指标。人的现代化在某种意义上是人不断解放自身，不断扩大自由范围、提高自由能力的过程。人只有成为自由的人才能成为现代人，现代人必定是自由的主体。

人的自由度明显增大是改革开放以来中国社会最显著的变化，也是中国人最深刻的变化。改革开放对生产力的解放和发展，最根本的是人的解放和发展，即人的自由的扩大。市场经济体制的建立和完善，增强了人的经济自由。民营经济、个体经济迅速发展并成为我国经济的重要组成部分和推动经济发展的“生力军”。加强社会主义民主政治、政治文明建设，建设法治中国，人民的政治参与积极性逐步提高，扩大了公民的政治自由。公民的言论自由有了显著进步，随着互联网和自媒体的快速发展，言

① 参见鲜开林：《新的人权旗帜由此竖起》，东北财经大学出版社，2017，第 176 页。

论自由的空间更加广阔，公民言论自由的权利得到了有效保障。

自主性是人的现代性的重要特征。自主自强是当代中国人的普遍追求，也是当代中国人现代特性的一个重要内容。现阶段，中国公民的主体意识、自主意识、独立自主精神明显增强，2006 年全国综合社会调查数据显示，在个人成功影响重要性调查中，认为个人因素最为重要、位列第一，其次依次是家庭因素、社会因素；在个人因素对于人的成功的选项中，大多被调查者认为“有进取心 / 有事业心”“勤奋”“努力工作”是最为重要的，有 31.2% 的被调查者认为具有决定性作用，46.9% 的人认为是非常重要的[①]。“决定性作用”和“非常重要”两项数据相加接近 80%，表明“如今的中国民众的自主意识以及自致性努力取向已经基本形成”[②]，也表明当代中国人的主体意识或主体性大大增强，初步具有了现代观念和现代人的特性。

七、人的科学文化素质和现代思维能力有较大提高

保障人的文化权益，促进人的文化权益的充分实现，是人的现代化的重要内容。党的十八大以来，党和国家坚持发展社会主义先进文化的战略，全面深化文化体制改革，解放和发展文化生产力，激发中国人民的文化创造力，人民群众的文化利益得到根本保障和扩大，文化事业取得新的成就。

初步形成了保障人民文化权益的服务体系。2015 年，发布了《关于加快构建现代公共文化服务体系的意见》和《国家基本公共文化服务指导标准（2015—2020 年）》，对加强构建现代公共文化服务体系，推进基本公共文化服务标准化、均等化以及保障广大人民群众文化权益做出了部署和指导。截至 2015 年，文化信息资源共享工程已经建成一个国家中心、33 个省级分中心、2 843 个市县支中心、35 719 个乡镇（街道）基层服务店、70 万个村（社区）基层服务店。至 2016 年年底，全国文化系统共有艺术表演团体 2 037 个，县级以上公共图书馆 3 153 个，文化馆（含群艺馆）3 322 个，博物馆、纪念馆 4 109 个，美术馆 462 个，乡镇（街道）文化站

① 参见中国人民大学中国调查与数据中心综合社会调查：《中国综合社会调查报告（2003—2008）》，中国社会出版社，2009，第 221-222 页。

② 吴忠民：《社会公正论》（第三版），商务印书馆，2019，第 389 页。

41 175 个，县级公共图书馆覆盖率为 95.8%，文化馆覆盖率为 102.6%，乡镇（街道）文化站覆盖率为 93%，2/3 的行政村建立了文化中心；数字图书馆推广工程已在 40 个省级馆、479 个市级馆实施。各级图书馆、文化馆等文化设施实行免费开放，人们文化参与度不断增长，2016 年全国公共图书馆、博物馆、群众文化服务机构服务群众总人数分别为 6.6 亿、8.51 亿、5.79 亿，有力推动了民众科学文化素质和综合素养的提升①。文化产业、文化服务业有了较大发展。文学艺术、新闻出版等事业迅速发展。2015 年，出版各类报纸 430.09 亿份，期刊 28.78 亿册，图书 86.62 亿册。倡导和开展全民阅读活动。各级政府把开展全民阅读活动作为政府工作的一项重要任务。国务院政府工作报告连续多年把全民阅读作为工作重点。“书香中国”系列活动惠及每一位国人，全社会“爱读书、读好书、善读书”的阅读氛围逐渐形成②。

八、人的健康水平和身体素质不断提高

促进人的健康、增强人的体质、提高人的健康水平是每个人的殷切希望和人类的共同追求，是人的现代化、人的全面发展的基本内涵和要求，是建设社会主义现代化和发展中国特色社会主义的根本条件和基础工程，是民族昌盛、国家富强、人民幸福的重要标志。经过党和国家多年的不懈努力，我国居民的主要健康指标已优于中高收入平均水平，党和国家用较少的投入取得了较高的健康绩效，为全面建成小康社会和促进现代化尤其是人的现代化事业发展奠定了坚实的根基。

党和国家积极顺应广大人民群众对美好生活的新期盼和对健康生活的新需求，牢固树立“大健康、大卫生”的理念，医疗卫生事业由“以治病为中心”转变为“以人的健康为中心”，不断增进人的健康福祉。2015 年党的十八届五中全会做出了“推进健康中国建设”的重大决策；2016 年召开了新世纪第一次全国卫生与健康大会，明确推进健康中国建设的大政方针、基本方略和目标任务。2016 年 10 月，党中央、国务院颁布实施了《“健康中国 2030”规划纲要》，国务院印发实施了《“十三五”卫生与健康

---

① 雒树刚：《坚定文化自信　建设社会主义文化强国》，载《十八大以来新发展新成就》（上），人民出版社，2017，第 498-499 页。

② 参见鲜开林：《新的人权旗帜由此竖起》，东北财经大学出版社，2017，第 179-180 页。

规划》《“十三五”深化医药卫生体制改革规划》，开启了健康中国建设新的征程。2017 年，党的十九大提出了建设健康中国的发展目标并决定实施健康中国发展战略。

我国在比较短的时间内建成了世界上最大的全民基本医保网，参保人数超过 13 亿，参保率稳固在 95% 以上。城乡居民基本医保筹资和保障水平大幅提升，人均财政补助标准由 2012 年的 240 元提高到了 2017 年的 450 元，政策范围内门诊和住院费用报销比例分别稳定在 50% 和 75% 左右，为实现人人病有所医提供了制度保障。按照“六个统一要求”（统一覆盖范围、统一筹资政策、统一保障待遇、统一医保目录，统一定点管理、统一基金管理）推进城乡居民医保制度整合，促进城乡居民享受公平的医保待遇。加强国家基本公共卫生服务建设，促进公共基本卫生服务均等化，努力实现人人享有基本医疗卫生服务。基本卫生服务人均财政补助标准从 2012 年的 25 元提高到 2017 年的 50 元，服务项目扩大到 12 类，均等化水平逐步提高。覆盖城乡、功能比较齐全的疾病预防控制体系、卫生执法监督体系、突发公共卫生事件应急救治体系基本建成并正常运转。我国已经建立了城乡全覆盖的医疗卫生体系，包括公共卫生服务体系、医疗服务体系、医疗保障体系和药品供应保障体系。公民的健康权益保障水平大幅提高。国家卫生总费用从 1978 年的 110.21 亿元增加到 2015 年的 40 974.64 亿元，其中政府卫生支出从 35.44 亿元增加到 12 475.28 亿元；人均卫生费用从 11.5 元增加到 2 980.8 元；医疗卫生机构从 169 732 个增长到 983 528 个。2015 年，社区医疗卫生服务机构数量共计 36.1 万个，覆盖率为 52%。婴儿死亡率从中华人民共和国成立之初的 200‰下降到 2015 年的 8.1‰，孕妇死亡率从 1 500/10 万下降到 20.1/10 万。我国已经建立了由医院、基层医疗卫生机构、专业公共卫生机构等组成的覆盖城乡的医疗卫生服务体系，服务供给能力显著增强，服务的公平性和可及性明显提高。截至 2016 年，全国有医疗卫生机构 98.34 万家，其中医院 2.91 万家，基层医疗卫生机构 92.65 万个，专业公共卫生机构 2.49 万个；卫生人员 1 117 万名，其中卫生技术人员 845.4 万名，医疗床位 741 万张。每千名常住人口拥有医疗卫生机构床位 5.37 张，执业（助理）医师 2.31 名，注册护士 2.54 名。2016 年印发了《全民健康保障工程建设规划》，“十三五”期间安排中央专项投资 1 400 亿元，重点支持健康扶贫、妇幼健康、公共卫生、人口健康信息化等 6 大领域的建设，全面改善提高卫生医疗基础条件，满足人民群众多层次、多样化的健康需求。大力开展健康教育，通过开展“健康中国行”“全民健身生活化”等大型活动，我国民众的健康知识和技能逐步增长，生命意识、健康意识逐步加强，自主自律的健康生活方式逐步形成[①]。实施全民健身计划，加快体育产业发展。国家出台了《全面健身计划（2016—2020 年）》《“健康中国 2030”规划纲要》等规范性文件，加强对全民健身活动的指导和实施。2015 年，国家下拨 8.7 亿元补助资金，鼓励大型公共体育设施免费开放或低收费开放。体育健身场地设施大幅增加，人均体育场地面积达到 1.57 平方米。社会化全民健身组织网络基本形成，据不完全统计，我国城乡基层社区以健身团队为主体的未登记体育社会组织的数量超过百万个，网络体育组织超过 80 万个。全民健身意识极大增强，经常参加体育活动锻炼身体的人数比例为 35% 左右。全民健身活动及各种健身赛事日益常态化。2017 年，我国共组织开展了全民健身活动及赛事 3 300 余场，参与人员超过 9 000 万。全国居民健康水平稳步提升，2015 年上升至 10.25%；身体素质有较大提高，“国民体质测定标准”合格以上的人数比例达到 90% 以上[②]。我国人均预期寿命从 2010 年的 74.83 岁提高到 2015 年的 76.34 岁，主要健康指标达到中高收入国家平均水平。

人的现代化建设所取得的成就是多方面的，中国人的现代能力和文明素质的提高是显著的，中国人的物质生活、精神状态和个性特征的现代性特征愈发凸显，可以说，中国人在快速实现由传统人向现代人的转变。

第二节　人的现代化存在的主要问题与挑战

党的十九大报告明确指出：“我们的工作还存在许多不足，也面临不少困难和挑战。主要是：发展不平衡不充分的一些突出问题尚未解决，发展质量和效益还不高，创新能力不够强，实体经济水平有待提高，生态环

① 李斌：《坚持以人民为中心奋力开创健康中国建设新局面》，载《十八大以来新发展新成就》（上），人民出版社，2017，第 514-548 页。

② 苟仲文：《党的十八大以来的中国体育》，载《十八大以来新发展新成就》（下），人民出版社，2017，第 793-799 页。

境保护任重道远；民生领域还有不少短板，脱贫攻坚任务艰巨，城乡区域发展和收入分配差距依然较大，群众在就业、教育、医疗、居住、养老等方面面临不少难题；社会文明水平尚需提高；社会矛盾和问题交织叠加，全面依法治国任务依然繁重，国家治理体系和治理能力有待加强；意识形态领域斗争依然复杂，国家安全面临新情况；一些改革部署和重大政策措施需要进一步落实;党的建设方面还存在不少薄弱环节。”①“我国社会生产力水平总体上显著提高，社会生产能力在很多方面进入世界前列，更加突出的问题是发展不平衡不充分，这已经成为满足人民日益增长的美好生活需要的主要制约因素。”② 这里提出的“不足”“困难和挑战”特别是“发展不平衡不充分”等等，既是我国改革开放和社会主义现代化建设方方面面存在的问题和挑战，更是人的现代化亟待解决的问题。

一、发展的不充分性

如前所述，随着我国现代化的不断推进和综合国力的整体提升，人的现代化取得了巨大成绩和进步。但是，相对于先进的现代化国家和地区而言，我国现代化的水平依然是比较低的，国家在整体上还没有达到现代化的水平。习近平指出，虽然中国特色社会主义进入了新时代，但是，“我国仍处于并将长期处于社会主义初级阶段的基本国情没有变，我国是世界最大发展中国家的国际地位没有变”③。社会主义初级阶段是我国最大的国情和最大的实际。我国目前最大的特点是社会整体发展水平不高，特别是生产力和人的发展水平不高，即“发展不充分”，亦即“不发达”。这一特点决定了我国还不是发达国家，而依然是发展中国家，我国的现代化程度目前处于发展中国家的中间水平④。

“发展不充分”，一方面表现在经济、政治、文化、社会、生态等建设的许多领域，以及制度、观念、行为方式、生活水平等诸多层面；另一方面，表现在社会发展的潜力特别是人的发展潜能并没有得到全面充分的挖掘和发挥，有的甚至是被落后的制度体制机制、思想文化等所压制。

① 《中国共产党第十九次全国代表大会文件汇编》，人民出版社，2017，第 7-8 页。

② 同上书，第 9 页。

③ 同上书，第 10 页。

④ 何传启：《如何成为一个现代化国家》，北京大学出版社，2017，第 273 页。

工业化水平是衡量一个国家现代化水平的最重要的指标，也是衡量人的现代化水平的关键性要素。根据何传启的研究，2010 年我国工业化水平的国际综合差距依然很大，工业经济水平约落后德国 100 年。如果按照工业劳动生产率、工业增加值比例和工业劳动力比例指标的年代差的平均值计算，2010 年中国工业经济水平，比德国、英国、荷兰、法国等落后了 100 多年，比美国、丹麦、意大利等国落后了 80 多年，比瑞典、挪威、奥地利、西班牙、日本落后了约 60 年[①]。服务业的现代化程度是最能体现人的现代化整体水平的。中国目前属于服务业发展中国家，处于发展中国家的中间水平，与已经实现服务业现代化的国家之间还有很大的差距。2013 年，中国服务业现代化指数为 35，世界平均值为 48，发达国家为 100，也就是说中国服务业现代化的水平约为发达国家的 35%。在服务业劳动生产率、服务业增加值比例、人均服务业增加值等关键指标的比较中，2013 年，美国的服务业生产率是中国的 7 倍，法国的服务业生产率是中国的 6 倍，日本、德国、英国等国的服务业生产率是中国的 5 倍多；人均服务业增加值，美国是中国的 11 倍，日本、法国、英国、德国是中国的 7 倍多；2010 年，人均知识型服务业增加值，美国是中国的 20 多倍，德国是中国的 10 多倍[②]。

随着经济总量的不断增加，社会发展问题增多，人的发展的要求增高，人与生态环境之间的关系日渐紧张，人的发展、经济社会发展同生态环境、自然资源之间的矛盾日益加剧。据有关方面计算，我国人均国内生产总值仅为美国的 14%，欧盟国家的 25%，世界平均水平的 80%。目前我国单位国内生产总值的能耗是世界平均水平的 2.6 倍，与发达国家相比差距更大。资本投资效率逐年降低，当前每新增 1 元国内生产总值需要增加 6.9 元投资，投资效率明显低于发达国家平均水平。全要素生产率水平仅为美国的 43% 左右。由于制度、技术和管理等方面的原因，我国能源利用效率仅为 34%，相当于发达国家 20 年前的水平，相差 10 多个百分点。单位产值能耗属于世界最高的国家行列，每千克标准煤创造的国内生产总值仅为 0.36 美元，世界平均值为 1.86 美元，是我国的 5 倍多；主要产品的能耗比国际平均水平高 40%，单位建筑面积采暖能耗相当于气候条件相

---

① 何传启：《如何成为一个现代化国家》，北京大学出版社，2017，第 327 页。

② 同上书，第 350 页。

近的先进国家的 3 倍。可见，传统的发展方式和发展动力难以推动中国这一发展中大国的持续发展。这是我国经济社会和人的发展不充分的重要表现。

二、发展的不平衡性

经济社会发展的不平衡决定了人的现代化发展的不平衡。不平衡是世界现代化进程中的一个普遍现象。改革开放以来，在国家现代化的进程中，人的现代化取得了很大的进步，但人的发展不平衡的问题依然很大。

人的经济状况的不平衡以及地域差距、城乡差距不断扩大。从地域看，无论东西南北，我国各个地区的经济都有较大发展，但地域之间的差距依然很大，经济发展的不平衡现象依旧十分突出。最富裕的东南沿海地区人均国内生产总值达到了人民币 10 万元左右，已经达到中等发达国家水平。2019 全国人均国内生产总值已超过 10 000 美元，折合人民币为 7 万元，而内陆地区的大部分人达不到平均数，像贵州、青海等贫困地区还有不少人年均收入不到 1 万元。城乡差距、地区差距、居民收入差距持续扩大。据统计，1997—2003 年 7 年间，全国农民人均纯收入增量不到城镇居民增量的 1/5；城乡居民收入差距由 20 世纪 80 年代中期的 1.8∶1，20 世纪 90 年代中后期的 2.5∶1，扩大到 2003 年的 3.2∶1；东中西部的收入差距是 1∶0.7∶0.4。在收入分配问题上，世界银行 2003 年的报告《推动公平增长》中指出，我国基尼系数已经突破国际警戒线 0.45。数据显示，我国居民收入的基尼系数自 2000 年首次超过警戒线 0.4 以来，总体呈现出先攀升后稳定的态势。值得注意的是，2003 年至今，基尼系数从未低于 0.46，而最近 3 年，更是逐年增大，由 2015 年的 0.462 升至 2017 年的 0.467，大大超过了国际公认的 0.4 的警戒线水平。城乡居民家庭彩色电视机、电冰箱、洗衣机、手机普及率的差距明显缩小，但家用汽车、空调、计算机普及率的差距仍然很大。城乡差距大、农村发展相对滞后，是我国经济社会和人的发展不平衡的最主要表现。

在医疗卫生和社会保障的不平衡方面，地区和城乡之间差距明显。我国 80% 的卫生资源集中在城市，而涉及 70% 左右人口的农村卫生资源配置不足。如许多大城市平均每千人拥有病床数高达 7 张以上，有的甚至超过10张，而农村仅为 1.6 张；许多大城市平均每千人拥有医师3人以上，有的城市为6人，而农村仅为0.46人。在社会保障方面，近年来我国主要在城镇实施了最低生活保障制度和国有企业下岗职工基本生活保障制度，社会保障事业不断发展。但我国的社会保障事业还存在诸多问题，如社会保障体系不完善，存在着项目空白以及监管不到位；社会保险统筹层次较低，社保基金不能很好地调剂使用；养老金异地转移接续的实际操作性不强；等等。

在人的受教育程度和人的素质的不平衡方面，地区差距、城乡差距显著。人的受教育程度很大程度上代表或决定了人的现代素质和能力水平。教育的差距在很大程度上决定了人的素质和能力的差距。据2016年全国人口变动情况抽样调查样本数据（抽样比为0.837‰）数据统计显示：在抽查6岁及以上年龄段的1 077 322人中，未受过教育的有61 448人。从抽查数据来看，6岁及以上年龄段人口受教育率达到94.3%。其中，小学程度教育的占比为27.2%，初中占比为41.2%，普通高中占比为13.5%；高中及以下学历的总占比为81.9%。大学本科占比为5.8%，研究生占比为0.6%。总的来看，我国人口受教育程度低，高学历人数不多。大学生比例反映了一个国家的教育程度和人才实力。我国每10万人中拥有的大学文化程度的人口数量尽管有明显增加，但总体数量依然较少。在我国人口受教育程度最高的北京市，每10万常住人口中，有大学及以上文化程度的有31 499人，占常住人口的31.5%。不仅如此，我国人口文化素质的区域和人群差异依然十分明显。2013年，我国北京的人均受教育年限为12.96年，上海为12.64年，天津为11.62年，与人均受教育年限最低的五个省、自治区——西藏（6.01年）、云南（8.21年）、贵州（8.43年）、甘肃（8.47年）、四川（8.71年）相比，人均受教育年限最低与最高相差6.95年，人口文化素质水平差距达几十年，人的发展水平不平衡的现象十分突出①。

在文化事业发展的不平衡方面，地区和城乡之间的差异十分明显。从文化事业的角度来看，我国的文化事业发展较快，尤其是文化产业发展迅速，在一定程度上满足了群众的文化生活需要，但从整体上讲，文化事业的发展与人民日益增长的美好文化生活需要之间还有较大差距。文化建设

① 张斌：《浅析当代中国人现代化的现状》，载《现代化的本质与人的发展》（论文集），河北保定，2019。

的先进性不足，不能赶上世界和现代化发展的要求；文化的多样性不够，不能满足人们多样性的文化需求。同时，城市与乡村、富裕地区与贫困地区的文化事业发展存在较大差距。农村基层文化站、图书馆（室）的设施建设以及网点分布和服务能力均比较落后，不能充分满足农村居民的文化生活①。

在人的思想、心理和行为方式发展的不平衡方面，城乡之间差异显著。随着我国城市化进程的推进，城乡居民的心理、态度和行为方式大体呈现为趋同化的趋势，但地区和城乡差距不断扩大，也造成了城乡居民在心理、态度和行为方式上的现代性发展的明显差异。在广大农村，尤其是远离城市的偏僻乡村，人们依然生活在相对封闭的环境中，采用小生产者的生产方式，只对关系个人切身利益的事情感兴趣，对国家和民族的整体事业漠不关心，对外来文化本能和习惯性地抗拒，缺乏现代人所必备的把自我作为社会一分子的心理和观念准备，不能把个人利益和个人的发展放到整体利益和国家、世界发展的大背景中去思考，心理相对封闭，思想依旧保守。面对不断变化的环境，进取不足而守成有余，创业冲动十分微弱，只满足于维持温饱的常规化生活，不敢也不愿去冒险与创新，风险承受能力较低，生产生活中的独立性和主动性较差，听天由命和依赖思想严重，习惯顺应传统，缺乏自觉追求新事物、新生活方式和新生活体验的心理和精神准备。农村居民与城市市民，尤其是与大城市和身处改革开放前沿城市的市民之间反差巨大。改革开放和市场经济体制激发了城市人对金钱的渴望和追求。从价值观来看，城市人虽然仍受传统中庸思想、义利观、血缘亲情等文化因子的影响，但在社会现代化和全球化的影响、冲击下，城市人的价值观更多地体现出现代“个人主义”的理性倾向。与农村人相比，城市人更注重个体的存在，要倾向于追求个人价值的实现；思想观念、社会心态和行为相对开放，乐于接受新生事物，敢于冒险与创新，具有独立与奋斗精神；对事物和现象的认识更加理性客观，能够自觉主动地在变化中调整自己的生产生活方式；能够主动参与公共生活，关心公共事业和国家社会发展，权利、责任意识明确，对社会政治及公共事件比较

---

① 参见张斌：《浅析当代中国人现代化的现状》，载《现代化的本质与人的发展》（论文集），河北保定，2019。

关注，民主参与意识、自由自主意识也不断增强[①]。

社会阶层的不平衡加剧，阶层固化不利于人的现代化发展。社会分层出现新趋势，人际关系和秩序重新调整，人的社会关系现代化面临着新的挑战。经济和社会发展的一个重要影响，就是直接冲击了传统社会的身份分层制度，社会分层和社会结构出现了新的趋势。我国传统的身份制度主要是身份分层制度和行政性分层制度。身份分层制度是依据人的天赋、地位而将人区分为不同身份群体的制度；行政性分层制度主要是通过行政手段划分确定人的社会地位和身份的制度。身份分层和行政性分层制度是与我国计划经济体制联系在一起的。改革开放以来，特别是由于市场经济的发展，社会出现许多新的阶层，高中低的层次日趋明显且日渐固化。中间阶层基本形成，但比例偏小且不稳定，规模占我国就业人口的13%~15%，整体力量还不够壮大。社会底层的人口数额庞大且形成了新的贫困阶层。新的贫困阶层具有相当大的规模。处在社会底层的人数过于庞大特别是大量贫困人口的存在，既是我国人的现代化存在的一个严重问题，也是我国人的现代化发展的严重障碍。

三、发展的不协调性

从事物发展的全体和总过程来看，不平衡是一种常态，从发展的不平衡到平衡再到新的不平衡，如此往复，是事物发展的总进程和基本规律。然而，我国社会发展和人的现代化的不平衡，虽然是社会发展总体进程中的体现，但是，这种不平衡不是一种常态的“不平衡”，而是一种非常态的“不平衡”，在一定程度上可以说是一种“失衡”，是一种严重影响社会发展正常逻辑和进程的“不平衡”，如果不能及时扭转和解决，很可能使整个现代化发展进程中断或出现社会倒退。因此，我国社会和人的现代化发展的不平衡，是发展“不协调”的突出表现。因为不平衡，所以不协调。此为其一。

其二，国家现代化与人的现代化之间的不协调。

党的十八大以来，中国社会发展出现新的阶段性特征，中国特色社会主义进入了新时代。新时代，“是决胜全面建成小康社会、进而全面建设

① 参见张斌：《浅析当代中国人现代化的现状》，载《现代化的本质与人的发展》（论文集），河北保定，2019。

社会主义现代化强国的时代，是全国各族人民团结奋斗、不断创造美好生活、逐步实现全体人民共同富裕的时代，是全体中华儿女勠力同心、奋力实现中华民族伟大复兴中国梦的时代，是我国日益走近世界舞台中央、不断为人类做出更大贡献的时代”。“中华民族迎来了从站起来、富起来到强起来的伟大飞跃，迎来了实现中华民族伟大复兴的光明前景”。“今天，我们比历史上任何时期都更接近、更有信心和能力实现中华民族伟大复兴的目标”①。

中国经济高速增长和综合实力快速提升，经济保持中高速增长，在世界主要国家中名列前茅，从进入 21 世纪的第 2 个 10 年开始便稳居世界第二大经济体，与第一大经济体之间的差距不断缩小，成为世界第一制造业大国、世界第一大贸易国、世界第一大外资吸引国、世界第二大对外投资国，对世界经济增长的贡献率超过 30%。在很大意义上，我国已成为世界经济增长的新引擎、国际贸易增长的稳定器、全球对外投资的新动力、全球治理体系变革的引领者和重大科技创新的新源泉。毫无疑问，我国已经成为名副其实的世界性大国，且正在由大国向强国转变，日渐从世界舞台的“边缘”走向国际社会的中心。中国的国际地位明显提升、影响力显著增强。国际社会普遍认为，中国开始承担更多的国际责任，为全球治理变革开拓了新的空间。中国深度融入世界，世界因中国而精彩。

在社会变革中，最根本的是人的转变；在国家现代化中，最核心的是人的现代化。国家的大小、贫富和强弱，根本在于国民素养。大国、富国和强国之所以“大、富、强”，关键是其国民具有基本的现代素质且现代化程度高。国民大都能够遵循基本的社会规则，即把道德作为基本原则、遵守秩序和廉洁诚信、准时、负责、担当、包容、积极向上、遵纪守法、尊重他人的权利、爱岗敬业、勤俭节约。一个国家，如果其公民缺失这些基本准则，那就永远建不成大国。国家强大繁荣的表面是经济，其背后则是人文，是人的素养修为。只有做到人人尊法治、讲道德、守规则、崇科学、重理性，这样的民族和国家才会成为伟大的民族和强大的国家。如果一个民族唯有感官快乐、金钱和物欲至上，除此之外，不再有更高尚的追求和德性，那么它只不过是一个“动物世界”，是一个堕落的群体。不具

① 《中国共产党第十九次全国代表大会文件汇编》，人民出版社，2017，第 8 页、第 9 页、第 12 页。

有现代性的人，是历史的落伍者；没有现代性的民族，终将会被淘汰出局。只有具备高尚道德品格的国民，才能支撑起国家和民族最强大的竞争力。

第三节　人的现代化的当代特征

人的社会实践活动都是具体的、历史的，人的现代化同样是在具体的历史进程中展开的。人的现代化历程，同人类社会的发展一样，是一个螺旋式上升的曲折发展过程，在不同的发展时期会呈现出相应的阶段性特征。中国特色社会主义进入新时代，中国的现代化建设和人的现代化也进入了新的时代。新时代的中国，整个社会发生了巨大的变革，可谓“百年未有之大变局”，具有许多新的历史特点的阶段性特征。人的现代化在中国社会整体现代化的发展进程中也发生了深刻变化，具有新的时代特征，或者说形成了中国人的现代化的特殊性，亦即中国特色的人的现代化。从某种意义上说，中国特色的人的现代化孕育、发展在中国特色社会主义现代化建设的伟大实践之中，中国特色社会主义现代化发展于中国特色的人的现代化之中，二者相互依存、相互影响、相互促进、共同提升。

一、现代性与传统性的对立统一

现代化是无法割舍传统的，现代化一路从传统中走来，现代总是会受到传统的滋养和润泽，总会被打上传统的印记或留存着传统的影子。现代与传统是现代化进程中必须处理的一对矛盾。人是时代的产儿，也是历史的果实和传统的继承者。中国的现代化经历了将近200年的鼎新革故，已经初具规模，人的现代化也取得了历史性的进展。现代性的外形和内涵、表征和实质，无论是在当代中国社会还是在中国人身上都有较多的蕴含和体现。中国人的现代生产能力、实践方式、生活条件、生活方式、素质能力和思维方式等，与先行的现代化国家相比，在很大方面都具有相似的共性，在改革开放的前沿地区和城镇，这种相似性或共性更为明显和普遍。

二、人的依赖、物的依赖与自主个性的多元共存

马克思从人的发展的视角把人类历史划分为人的依赖性、物的依赖性和人的自由个性 3 个历史阶段。当代中国最大的国情是处于并将长期处于社会主义初级阶段。这个阶段是中国社会特有的社会发展历史阶段，发展的不充分性和不平衡性，决定了社会状况的多样性和复杂性。从人的存在和发展状况来看，马克思论及的“人的依赖性”“物的依赖性”和“自由个性”同时存在且相互交织在当代中国社会之中，也就是说，在当代中国人身上，同时存在“人的依赖性”“物的依赖性”和“自由个性”3 种状态或特性。

近代中国一步步陷入半殖民地半封建社会的状态，封建主义、殖民主义对中国社会和中国人的影响很大。虽然我们党自成立之初，就高举起具有现代精神的马克思主义的旗帜，确立了反帝反封建的历史任务，在民主革命、社会主义革命、社会主义建设和改革开放的各个历史时期，始终坚持与封建主义、帝国主义（资本主义）进行坚决的斗争，但是封建主义的余毒和殖民主义的影响在短时期内未能根除，并以种种形式侵扰马克思主义和社会主义。中华人民共和国成立以来，我们用宪法来保障人民当家作主的政治地位，用各种方式手段包括开展群众运动来促进人民的主体地位。改革开放 40 多年来，社会生产力得到了极大发展，社会财富急剧增长，人民的物质生活发生了巨大变化，物质短缺的时代一去不复返，中国人民一步一步地走向温饱、小康，再到全面小康和迈向现代化；中国社会也一步一步地进入“物的依赖性”阶段。现阶段，物的依赖主要表现为对经济增长（物质财富）的依赖、对物质生活享受的依赖以及对科学和技术的依赖[①]。人的物的依赖性相对于人的依赖性是一种历史进步。在物的依赖性阶段，市场经济体制的建立和完善、市场经济的发展，促使人们日渐摆脱人身依附关系，成为一个独立的个体，依附性人格逐步被自主性和独立性人格所代替。人格的自主和独立，是人之所以为人的首要条件和前提。只有当人格独立自主时，人才能成为一个自由的主体，人与人之间的平等

---

① 张斌：《浅析当代中国人现代化的现状》，载《现代化的本质与人的发展》（论文集），河北保定，2019。

关系才能建立起来，自由、平等、公正等现代性的价值才能逐渐成为社会的主流价值，成为人们日常生活秉持的基本价值。自由、平等、公正、法治等现代性因素在今日中国的意识形态和文化领域中已经成为着重倡导的核心价值观，也逐步在人们的思想意识中生根发芽并成为人们遵从的价值规导和行为规范。“人的自由个性”也在自由、平等的核心价值观的浸润、市场经济大潮的冲击和民主政治建设洪流的洗刷中渐渐孕育生长。在比较发达的地区和大城市中，不断会有一些追求自由、个性、自我的行为方式和生活方式的新生“人类”涌现出来。可见，马克思概括的人的发展的3种状态或特性在我国现阶段同时存在、各显其色。当然，这3种特性在社会生活中所占比重并不是等同的，应该说人的依赖性和物的依赖性占据主导地位，同时在不同的领域会有不同的情况和表现。在外在的生产生活领域和显性的精神领域，人的发展状态更多地表现为物的依赖性；在内在的深层的意识结构中，人的发展状态则更多地体现为人的依赖性。目前我国的社会关系结构特别是家庭结构、人际关系依然主要是依赖血缘来建立和维系的，人与人之间更持久、稳固的关系依旧是血缘关系及其构成的体系。这也许同我国传统文化的长久与强大的保守性有关，也同市场经济和民主政治发展不够充分有关。

毫无疑问，在物的依赖性阶段，人还不是一个全面、完整的存在，更不是一个自由和全面充分发展的存在，人在很大程度上会沦为马克思及西方现代马克思主义者所揭示的“异化的人”或“单向度的人”。同时，科学技术在现代化发展中的核心作用，也导致科学主义、技术主义“泛滥”，科学技术在增强人的主体力量的同时，也反过来使人变得脆弱并成为控制人的工具，恰如马克思所说的，“技术本是人创造的，反过来成为统治人的力量”。这些现象和问题在我国社会主义现代化进程中也是需要注意的。这决定了我国的现代化特别是人的现代化的建设任务更为复杂和艰巨，发展的道路可能会更长、更曲折。为此，我们需要以更大的耐心、更高的智慧、更沉稳的底气来谋划、促进现代化建设尤其是人的现代化建设的历史伟业。

三、开放性与封闭保守性的交互激荡

走向开放是走向现代的必经之路。现代化是地域性的个人转化为世界性的个体的过程。人的开放性、包容性，是人的现代化的重要特征。对世界不同文明的尊重、对世界优秀文化的吸纳是成为现代人的前提条件。

改革开放是当代中国最鲜明的特征。今日中国社会和国人的开放度、开放性与改革开放之前相比已经有了质的飞跃。

同时，我们也应当看到，开放和封闭保守是同时存在的，开放的扩大和加深，必然会在一定程度上促使保守力量增强。由于我国历史悠久，封建专制制度和文化存续的时间特别长，影响特别深、特别广，这些在某种意义上已经成为中国人的一种集体无意识，深入到中国人的经验、思想和精神结构。许多与现代文明格格不入、背道而驰的传统，或赤裸裸地鱼贯而出，或以新瓶装旧酒的形式“掩面”而出，你方唱罢我登场，好不热闹。可以说，落后的、陈旧的传统保守势力是中国现代化和人的现代化事业健康顺利发展的一大障碍。开放，既可能增强某种传统或传统的某些成分，也可能减弱传统甚至抛弃传统。当然，传统并不一定都是陈腐、落后、保守的。保守是传统的一个主要特征。保守，既可以保卫传统、继承传统，也可以最终令传统窒息和摧毁传统；既可以限制开放、阻碍开放甚至扼杀开放，也可以在某种程度上使开放保持必要的限度和张力。应该说，在现代化的进程中，开放和保守、强化传统和削弱传统、继承传统和抛弃传统都是并存的；二者关系的处理只能在不断推进现代化和人的现代化的实践中逐步协调与统一。

人的民族性不能脱离世界性，人的世界性也不能脱离人的民族性，二者之间相互联系、相辅相成。人的世界性依托人的民族性而存在，人的民族性依赖人的世界性而升华。人的现代化既不能与世界特别是与发达的、先进的现代文明相隔离，更不能离开本民族的传统。马克思认为，人们只能在他们遇到的既成的生产力、资金等基础上创造自己的历史。因此，人的现代化要注重对传统文化的吸收和创造性转化，要深入挖掘优秀传统文化蕴含的现代性的思想观念、人文精神、道德规范，结合时代要求继承创新，使之成为人的现代化的基石和养料，丰富人的现代性的内涵和民族特色。现代化的中国建立于传统中国之上，现代化的中国人立足于中华传统文化之中；现代化的中国置身于世界现代化的洪流之中，现代性的中国人承载和吸收世界文明的硕果，以其独特的民族性融合世界性，以其多样的世界性丰富其民族性，使中国成为现代化的新型的国家，使中国人成为具有丰富现代性的全面发展的中国人。

第八章　人的现代化的实践指向

按照“两个一百年目标”的构想和十九大的战略安排，到2035年，中国将基本实现现代化；到2050年左右，中国将建设成为一个强大的社会主义现代化国家。人是建设社会主义现代化强国的主体，人的现代化是国家现代化的先决条件和关键性因素。实现党的十九大提出的现代化目标，必须切实加强人的现代化建设，促进人的全面发展。新时代的中国人民对美好生活的向往更加强烈，对美好生活的需要日益广泛，“不仅对物质文化生活提出了更高要求，而且在民主、法治、公平、正义、安全、环境等方面的要求日益增长”[①]。因此，在全面推进中国特色社会主义现代化建设的伟大新征程中，必须坚持以人民为中心的发展观，必须更加重视人的发展问题，着力推进人的现代化，促进人的现代化与国家现代化之间协调发展，并适度把人的现代化建设摆在优先的战略位置。

第一节　人的现代化的模式选择

现代化是一场世界性的社会改造和社会创造实践，经过几百年的发展，在不同的国家出现了一些共同点，也出现了一些不同点。共同点的存在，说明现代化建设是有一定规律可循的，也是有一定模式和路径可供选择或参照的。人的现代化作为现代化的一个重要组成部分，尽管在各国有不同的特点，但也有一定的共同性，也形成了一定的模式和路径。

一、人与社会

社会不是个人的独立实体，而是由无数个人联合而成的“类”共同体。黑格尔认为，社会“是各个成员作为独立的单个人的联合。……这种联合是通过成员的需要，通过保障人身和财产的法律制度，和通过维护他

① 《中国共产党第十九次全国代表大会文件汇编》，人民出版社，2017，第10页。

们特殊利益和公共利益的外部秩序而建立起来的”[①]。汉娜·阿伦特认为，社会是超出私人领域的公共领域。“社会是这样一种形式，在这种形式中，人们为了生活而不是为了其他（东西）而相互依赖，这个事实便具有了公共含义；在这一形式中，与纯粹的生存相联系的活动被获准出现在公共领域。”[②]罗尔斯认为，社会是一个世代相继的人与人公平合作的体系。马克思认为：“社会——不管其形式如何……是人们交互活动的产物。”[③]为此，对社会本性的探讨，“首先必须重新避免把‘社会’作为抽象的东西同个人对立起来”。因为“个体是社会存在物”[④]，同时，有生命的个人必然是从事生产的个人。“人们在生产中不仅仅影响自然界，而且也互相影响。他们只有以一定的方式共同活动和互相交换其活动，才能进行生产。为了进行生产，人们相互之间便发生一定的联系和关系；只有在这些社会联系和社会关系的范围内，才会有他们对自然界的影响，才会有生产。”[⑤]人在生产实践中不仅创造出满足人需要的物质生活资料，而且创造出人赖以生活其间的社会关系和满足人精神需要的精神产品，并且创造出人的整个社会生活领域。这样，实践即构成了全部社会生活的本质[⑥]。由此，社会便可看作现实的个人的实践创造，是人的实践的产物，是在实践中结成的人与人之间相互合作的制度、规则和行为体系。

人的实践创造了社会，社会的发展也创造和规定着人。人的本质在其现实性上是一切社会关系的总和。社会是人的实践创造的产物和人的联合体，人是怎样的，社会就是怎样的；同样，社会是人的本质性规定，社会是怎样的，人也是怎样的。可见，人与社会之间是统一的。然而，在不同的历史时期和不同的领域，个人与社会之间的这种统一关系并不是绝对的。由个人组成的社会是一个超越个人而存在的独立实体，社会从一开始便是一种独立于任何个人的实体和力量。社会的性质、特征和功能都不是

① 黑格尔：《法哲学原理》，商务印书馆，1996，第 174 页。

② 汉娜·阿伦特：《人的条件》，上海人民出版社，1999，第 35 页。

③ 中共中央马克思恩格斯列宁斯大林著作编译局编译《马克思恩格斯选集》（第 4 卷），人民出版社，1972，第 320 页。

④ 中共中央马克思恩格斯列宁斯大林著作编译局编译《马克思恩格斯全集》（第 3 卷），人民出版社，2002，第 302 页。

⑤ 中共中央马克思恩格斯列宁斯大林著作编译局编译《马克思恩格斯选集》（第 1 卷），人民出版社，1995，第 344 页。

⑥ 同上书，第 60 页。

任何个人所能拥有的，更不是任何个人所能决定和左右的。社会同个体一样具有特定的需要和目的，具有独特的运动轨迹和规律。可见，社会与个人之间又是对立的。由此，社会与个人之间的对立统一便形成了双重关系——内在关系和外在关系。

一方面，社会和个人互为一体，人是社会的人，社会是人的社会。社会不能脱离个人而存在，人也不能离开社会而生活，社会不能离开个人，个人也不能脱离社会。社会和个人不仅存有保护自身的需要，而且有互相依存、互相保护的需要，即个人有依赖、维护社会和他人的需要，社会亦有依赖、保存个人的需要。每个人不仅要保存自己，而且还要保存社会。社会亦是如此，不仅要维持社会的存续，而且要保障个人的繁衍与兴旺。这是社会和个人之间的内在关系。另一方面，社会是一种超越个人而独立存在的实体，有其自身的运动轨迹和规律，社会依赖于个人，却又独立于个人。社会并非是个体所期待的社会，个体也并非社会所需要的个体。无论如何，社会和个体之间永远会存在某种隔离或对立。个人内在地要求独立、自由，社会却要求稳定、有序。“在实践生活中，个性的要求和社会的要求（之间）出现了冲突—— 一方面是个人的权利和个人的优先；另一方面是社会的正义和社会的强制。”这便是个人与社会之间的外在关系[①]。个人和社会之间的内在关系与外在关系并不是不相关的，而是相互作用的，且在总体上，内在关系决定外在关系，外在关系影响和制约着内在关系。社会和个人之间的内在关系，要求并推动个人与社会的和谐发展，同时要求把个人与社会的矛盾冲突限制在一定的范围内，以延续个人和社会的共同发展。

因此，人与社会之间的这种复杂的关系决定了社会发展和人的发展是一个复杂的历史过程，如何处理二者之间的关系是社会建构与发展的根本性问题，在很大程度上决定了社会的性质及其发展状况，也决定了人的生存和发展状态。

二、人的现代化与社会现代化

在理论上，人的现代化和社会（国家）现代化可以进行单独研究，但

① 古尔德：《马克思的社会本体论：马克思社会实在论中的个体与共同体》，北京师范大学出版社，2009，第2页。

是在实践中，人的现代化与社会现代化之间是互相统一的，在一定的意义上，人的现代化和社会现代化是同一的，是一体的两面。人的现代化和现代化社会互为前提、互相包含、相互作用、相互促进。

人的现代化与社会的现代化相互规定、互为前提，是现代化进程中不可分割的两个方面。没有社会的现代化便没有人的现代化，没有人的现代化也没有社会的现代化。人是社会存在的前提，没有人便没有社会，同样，人的现代化是社会现代化的前提和先决条件，只有人完成了现代化的使命，社会才能实现现代化，没有人的现代化，便不可能有社会的现代化。同样，社会是人存在和发展的基础，为人的存在和发展提供先决条件；而人的现代化依存于社会的现代化，没有社会的现代化，人的现代化是不可能实现的。因此，无论是在理论上还是在实践中，绝对不能把人的现代化与社会现代化割裂、对立起来。

人的现代化与社会现代化是相互决定、相互促进的。首先，人的现代化与社会现代化是相互决定的。人是社会的主体，人类社会的一切都由人来创造，人的现代化决定了社会现代化，人的现代化的水平、人的现代素质与能力决定了社会现代化发展的水平和状况。高素质的、现代性程度高的人群，一般都能建成高水平的现代社会；而低素质的、不具备现代性的人群是不可能把传统社会建成现代社会的。社会现代化也决定了人的现代化，社会现代化的程度、水平决定了人的现代化的质量和发展状态。现代化程度高的社会总能造就高素质的人群，非现代化的社会或现代化水平低的社会是难以培育出高素质的人群的。其次，人的现代化和社会现代化之间是互相促进的。人的现代化推动了社会现代化的发展，社会现代化促进了人的现代化的进步。如果人的现代化程度高，社会现代化便会顺利实现；同样，社会现代化发展得好，则会有力推动人的现代化向更高层次迈进。马克思认为："人们每次都不是在他们关于人的理想所决定和所容许的范围之内，而是在现有的生产力所决定和所容许的范围之内取得自由的。"① 也就是说，人的现代化是在社会现代化所提供的环境和条件中不断推进的，是不可能脱离社会现代化而独自发展的。人的现代化必须适应社会现代化的发展，并以社会现代化为基础推动人的现代化的发展。同样，

① 中共中央马克思恩格斯列宁斯大林著作编译局编译《马克思恩格斯全集》（第 3 卷），人民出版社，1960，第 507 页。

社会现代化也是在人的现代化的现实状况中不断向前发展的，脱离或超越人的现代化的发展状况的社会现代化目标是不可能实现的。社会现代化必须从人的现代化的实际出发，充分发挥人的主体性，以此推动社会现代化建设的顺利开展。为此，在现代化建设的总进程中，要处理好人的现代化和社会现代化之间的关系，不能偏废任何一方，也不能长期倚重任何一方，应当做到共同和协调发展。然而，在人的现代化和社会现代化的关系及其处理中，必须把人和人的现代化放在第一位，摆在优先发展位置。因为人永远是社会的主体，是社会发展的根本力量。英格尔斯认为："要坚决否定的是，那种忽略实现现代化所需要的人，不去关心和探讨他们的心理是否能与现代化经济发展节奏相吻合的研究观点。我们之所以在研究国家现代化时，把人的现代化考虑进去，正是因为在整个国家向现代化发展的过程中，人是一个基本的因素。"① 因此，现代化建设必须重视人的现代化，社会现代化始终要为人的现代化创造条件，并通过促进人的现代化来推动社会现代化的进步。

在实践中，人的现代化和社会现代化互为一体，是同一过程。没有单纯的所谓人的现代化或社会现代化的实践活动。社会现代化由人来实现，并由人决定，人的现代化活动本身也是一种社会现代化实践，因为人的现代化在社会中进行，人的现代化实践活动必然会推动社会现代化的变化发展。同样，社会现代化的主体是人，社会现代化的实践对社会经济、政治、文化等领域的改造变革，也必然是作为主体的人发生改变，即推动人的现代化，因为社会的发展在本质上是人的活动的不断创新。由于人和社会关系的复杂性、不对称性等，人的现代化与社会现代化在时空上会出现差异、不一致甚至对立，不同的国家可能会因为种种原因在选择社会现代化和人的现代化的道路、模式及路径上有所不同；同一国家在不同历史阶段对人的现代化和社会现代化发展的侧重点、优先性也可能会不同。这不仅取决于不同国家的国情、国内国际环境和国家面临的时代任务，而且取决于社会制度的性质、人民对历史趋势的把握能力以及由民族历史文化传统沉淀的国民精神世界。因此，不同的国家在现代化建设进程具体应从国情出发，结合不同发展时期的历史任务，选择和决定社会现代化和人的现代化的模式及路径。

① 英格尔斯：《人的现代化》，四川人民出版社，1985，第 7 页。

三、社会现代化和人的现代化的模式选择

现代化是人类文明的一场深刻的、整体性的变革，不仅包括经济、政治、文化、社会生活、自然环境等领域的巨大变化，而且包括人的实践方式、生活方式和思维方式等方面的根本性转变。

由于人与社会之间的复杂关系以及各个国家不同的国情和文化传统等，不同国家和民族在建设现代化的进程中会对人的现代化和社会现代化建设选择不同的路径，采取不同的方式方法，从而形成不同的现代化发展模式和道路。有学者认为，现代化的模式有：以英美等国为典型的现代化模式，以德日等国为典型的现代化模式，以苏联为典型的现代化模式，还有一些国家实行的追赶型的现代化模式。何传启认为，现代化的模式依次出现 3 次或 3 种：第一次现代化的发展模式、第二次现代化的发展模式和综合现代化的发展模式。第一次现代化是经典现代化模式，是农业社会向工业社会的转变，主要包括工业化、城市化、社会民主化、社会福利化、现代教育、人的理性化以及科学技术等方面的持续快速增长。在不同的国家，现代化的这些核心要素的发展是不同的，从而出现了不同的发展类型。英国所选择的是社会现代化优先于人的现代化的发展类型，以工业化为主导，推动经济现代化、城市化和社会民主化的发展，现代教育和人的现代化则相对落后于经济现代化等方面的发展，例如成人识字率明显低于工业增加值的比例。德国、日本等国则采取人的现代化优先发展的战略，坚持教育优先，着力提高现代教育的水平和质量，采用了以人的现代化推动经济社会现代化发展的类型。意大利等国坚持经济社会现代化和人的现代化协调发展的战略，着力使现代教育的发展与社会经济发展的规模、速度和比例等大体保持一致。然而，尽管在这一发展阶段，各国的现代化建设具有各自的特色，但是现代化的核心表现为工业化，工业化、经济现代化是现代化发展的重点和主导力量。工业化、经济现代化优先和重于人的现代化是这一模式的根本特性。

第二次现代化是新型现代化模式，是由社会现代化转向人的现代化的发展模式，人的现代化日益成为现代化发展的主体力量和根本动力。这种模式主要是人力资源代替物质资源、知识经济代替工业经济、知识社会代

替工业社会的现代化发展阶段，人力资源、知识经济成为现代化发展的主导因素，主要表现为人与社会的知识化、信息化和绿色发展，知识和科技创新驱动成为主要动力，人的综合素质与生活质量的提高成为根本目的。如果说第一次现代化模式是以物为本的现代化，那么第二次现代化模式则是以人为本的现代化。也可以说，这一现代化模式，“相对于第一次现代化的变化而言，是一种文明转型”[①]。

第二种现代化模式同样表现为社会现代化和人的现代化的发展，同样表现为经济、政治、文化、环境以及人自身等领域和方面的变化发展。虽然这种变化发展及其特征在不同的国家各有特点，有其特殊性，但却同时具有普遍性或共性。知识化、信息化、网络化、民主化、平权化、服务化、绿色化、科技创新、全球化等成为这种现代化模式的重点内容或核心要素。人的现代化上升到了突出位置，人的现代化表现为知识化、信息化、高等教育普及化、民主权利扩大化、人权保障的一致性等。中等教育普及率从第一次现代化时期的60%上升到了100%，高等教育普及率则从10%上升到100%[②]。人的知识水平普遍得到提高，政治民主的程度进一步提高，公民享有了更广泛的民主权利，而且得到进一步的保障；人们行使各项权利的能力不断增强，自由、平等、人权等得到普遍保障；人与人之间的平等关系得以普遍建立，个体的信仰和生活方式的选择更加自由和多样，人的个体性与社会性同时增强且人与社会更为和谐；人的生活水平和社会福利保障水平有了质的提升；人的环保意识以及人与自然和谐相处的能力进一步增强，人的自然性与社会性更为和谐统一。社会现代化的程度和质量上了一个新的台阶，工业现代化、农业现代化融入了更高和更多的高科技内容，农业、工业等产业进一步知识化、信息化、网络化和智能化，农业、工业等实体产业在国民经济中的比例明显下降，产业工人的人数大幅减少；服务业、知识信息产业等成为社会经济发展的主体，知识型服务业发展迅速且在国民经济中的比例超过了50%，在美国、日本等国家比例更高；经济发展、人类生活日益注重环保，生产、生活与环境之间的关系更为和谐。

以知识化、信息化、智能化为基本特征的人的现代化成为主导，并以

① 何传启：《如何成为一个现代化国家》，北京大学出版社，2017，第54页。

② 同上书，第55页。

此推动社会现代化向更高水平现代化迈进的模式代表了现代化发展的总趋势，体现了现代社会发展的方向和规律。对于已经完成第一阶段或第一次现代化进程的国家而言，选择这种模式是社会发展的必然要求。以工业化为主导的经济发展模式必然被以知识化、信息化为主导的服务型经济发展模式所代替，工业社会必然转变为知识社会、信息社会和智能社会。也就是说，人的现代化、人的全面发展必然成为现代化发展的主体因素和主导力量。当然对于不同的国家来说，对于人的现代化的主要因素或核心要素的发展优先性或协调性的选择上，应该根据各自国情、发展目标等进行综合权衡和把握。对于正在进行现代化建设或现代化建设刚刚起步的国家来说，因为面临着要完成两次现代化的任务，如果按部就班地依据既往现代化历史发展的轨迹来安排或部署现代化建设，必然不符合现时代社会发展的要求。由此，何传启等学者提出了一种新的现代化发展模式——“综合现代化”。“综合现代化”是“从半工业经济向知识经济、半工业社会向知识社会的转变，主要特点是工业化、城市化、民主化、知识化、信息话和绿色化等协调推进”[①]。何传启还认为，综合现代化是第一次和第二次现代化的协调发展，是现代化关键要素之间的不同组合，是人的现代化和社会现代化的复杂化构建，也是一个根据实际情况不断调整各种组合与构造的动态的过程。综合现代化可以分为3个阶段，第一阶段，以工业化为主，以知识化、信息化为辅，即社会现代化的发展优先于人的现代化；第二阶段，工业化、知识化和信息化并重，即人的现代化和社会现代化平衡发展；第三阶段，以知识化为主，以工业化为辅，知识化、信息化、智能化、权利平等化、人权的普遍保障等现代化要素占据优势地位，即人的现代化高于并优先于社会现代化[②]。当然，由于现代化过程是一个复杂的社会变革运动，不同的国家和地区的实际和历史状况不一，对现代化各种因素的建设及其组合形式必然会是多种多样的。因此，不能机械地套用以上3个阶段的发展模式，而应当从各自国情出发，顺应世界现代化发展的趋势和要求，选择合乎自身实际和特点的现代化发展模式，统筹人的现代化和社会现代化及其各要素的发展重点与组合方式。也正因如此，何传启认为：“国家现代化没有最佳模式，只有理性选择。不同国家需要研究和寻

① 何传启：《如何成为一个现代化国家》，北京大学出版社，2017，第57页。

② 同上书，第58页。

求自己的合适模式，而不是简单模仿其他国家的做法。”①

第二节　中国特色人的现代化道路

实现现代化和民族复兴是近代以来中国人民的梦想，走现代化之路是中国人民的历史性选择。1840 年鸦片战争失败之后，中国人民便开始摸索中国现代化的发展道路，寻求解放、自由和幸福之路。经过一百多年的艰辛探索，终于找到了一条适合中国社会发展的现代化道路——中国特色社会主义道路。中国特色社会主义道路是实现现代化的必由之路，也是促进人的全面发展、实现人的现代化的必由之路。因此，走中国特色的人的现代化道路其实就是走中国特色社会主义现代化道路，即走中国特色社会主义道路。

一、中国特色社会主义道路是实现人的现代化的必由之路

改革开放之初，邓小平即以敏锐的政治眼光和实事求是的科学态度，明确提出我国的“四个现代化”是“中国式的现代化”，必须从中国的国情出发，走自己的路。经过改革开放几十年的探索，我国基本走出了一条符合时代发展要求和实现人民美好愿望的社会发展之路——中国特色社会主义道路。胡锦涛在党的十七大上首次明确界定中国特色社会主义道路，指出：“中国特色社会主义道路，就是在中国共产党领导下，立足基本国情，以经济建设为中心，坚持四项基本原则，坚持改革开放，解放和发展社会生产力，巩固和完善社会主义制度，建设社会主义市场经济、社会主义民主政治、社会主义先进文化、社会主义和谐社会，建设富强民主文明和谐的社会主义现代化国家。”② 党的十八大又对“中国特色社会主义道路”的内涵进行了丰富，增加了“促进人的全面发展，逐步实现全体人民共同富裕”等内容，充分体现了马克思主义的社会理想和价值目标。2012 年 11 月习近平在主持中央政治局第一次集体学习时指出：“中国特色社会主义道路，既坚持以经济建设为中心，又全面推进经济建设、政治建设、文化建设、社会建设、生态文明建设以及其他各方面的建设；既坚持四项基

① 何传启：《如何成为一个现代化国家》，北京大学出版社，2017，第 60-61 页。

② 《十七大以来重要文献选编》（上），中央文献出版社，2007，第 12 页。

本原则，又坚持改革开放；既坚持不断解放和发展生产力，又逐步实现全体人民共同富裕，促进人的全面发展。”“中国特色社会主义道路，是实现我国社会主义现代化的必由之路，是创造人民美好生活的必由之路。”①习近平在党的十九大上再次重申：“中国特色社会主义道路是实现社会主义现代化、创造人民美好生活的必由之路。”②在当代中国，只有中国特色社会主义道路才是适合中国国情的道路，才是推动中国发展的道路，才是符合历史发展规律的正确道路。只有坚持走中国特色社会主义道路，才能发展中国，才能发展中国人民，才能实现中国人的全面发展和共同幸福。“中国特色社会主义道路之所以完全正确、之所以能够引领中国发展进步，关键在于我们既坚持了科学社会主义的基本原则，又根据我国实际和时代特征赋予其鲜明的中国特色。”③中国特色社会主义现代化道路之所以必须坚持，不仅在于它是经过当代实践检验证明是正确的道路，而且在于它“具有深厚的历史渊源和广泛的现实基础”。因为它是在改革开放 40 多年的伟大实践中走出来的，是在中华人民共和国成立 70 多年的持续探索和创新发展中走出来的，是在对近代以来 180 年中华民族发展历程的深刻总结中走出来的，是在对中华民族五千年悠久文明的传承中走出来的④。

二、中国特色人的现代化发展道路

促进人的全面发展、实现人的现代化，是中国特色社会主义的本质要求，是中国特色社会主义道路必须始终坚持的价值目标。

实现人的自由全面发展是马克思主义对未来社会的本质规定，共产主义社会是以人的自由全面发展为原则的社会形式。在未来的共产主义社会，人不仅享有发展自己全面能力和提高自己全面素质的物质条件、文化条件和社会条件，而且在丰富、全面的社会关系中可以获得自由全面的发展。促进人的全面发展是社会主义社会的本质要求和特征，社会主义的根本目的就是要实现人的自由全面发展，促使人由必然王国走向自由王国。

中国共产党把“以人的自由全面发展为根本”作为社会主义的价值目

---

① 《习近平谈治国理政》，外文出版社，2014，第 9 页。

② 《中国共产党第十九次全国代表大会文件汇编》，人民出版社，2017，第 14 页。

③ 《十七大以来重要文献选编》（上），中央文献出版社，2007，第 12 页。

④ 《习近平谈治国理政》，外文出版社，2014，第 39-40 页。

标与实践原则，坚持把实现人民美好生活向往和促进人的全面发展作为现代化建设的奋斗目标。建设社会主义现代化的主旨不仅是要在政治上解放人，在经济上富足人，在文化上丰富人，而且是要在整体上发展人，促使人成为丰富个性的人。以毛泽东同志为核心的第一代中央领导集体在社会发展道路的选择上坚持马克思主义方向，努力探索中国社会主义道路和发展模式，既坚持把解放人、提升人作为发展社会主义的现实目标，又坚持主要通过改变和完善社会主义的经济基础、上层建筑和文化制度来实现“解放人、发展人”的目标。改革开放以来，我们党开辟了中国特色社会主义道路。中国特色社会主义道路是经济文化相对落后的国家建设社会主义、促进人的全面发展的现实之路。1992 年邓小平关于社会主义本质的论述不仅体现了马克思主义的价值目标，而且从根本上坚持了马克思主义的生产力标准。生产力是决定社会发展的决定性力量，社会发展和人类解放的根基在于社会生产力的发展。人是生产力最活跃最革命的因素，解放和发展生产力根本在于解放人、发展人。解放人、发展人内在地要求发展每个人的才能，提高每个人的素质，发挥每个人的潜能，内在地要求国家实行改革开放，改变阻碍生产力和人发展的生产关系、上层建筑及其体制机制。2001 年，江泽民指出："我们建设有中国特色社会主义的各项事业，我们进行的一切工作，既要着眼于人民现实的物质文化生活需要，同时又要着眼于促进人民素质的提高，也就是要努力促进人的全面发展。这是马克思主义关于建设社会主义新社会的本质要求。我们要在发展社会主义社会物质文明和精神文明的基础上，不断推进人的全面发展。"① 把"人的全面发展"和"社会主义社会"联系起来，充分体现了中国共产党人实现未来社会发展目标的伟大追求，也充分体现了我国在社会主义初级阶段推动人的全面发展的自觉性和坚定性。这不仅是在理论上的重大突破，而且是重大的实践创新。胡锦涛在新世纪、新阶段又提出了以人为本的科学发展观，他指出："以人为本，就是要以实现人的全面发展为目标，从人民群众的根本利益出发谋发展、促发展，不断满足群众日益增长的物质文化需要，切实保障人民群众的经济、政治和文化权益，让发展的成果惠及全体人民。"② 党的十七大和十八大确立了科学发展观在我国经济社会发展中的

① 《江泽民文选》第 3 卷，人民出版社，2006，第 294 页。

② 《十六大以来重要文献选编》（上），人民出版社，2005，第 850 页。

指导地位，系统阐述了以人为本的内涵，明确提出了坚持以人为本、促进人的全面发展的基本要求。科学发展观把促进人的现代化和人的全面发展作为中国特色社会主义现代化事业的重要目标及国家和社会发展的现实任务，对维护和发展人民群众的根本利益、推动人的现代化建设具有重要意义。习近平在中国特色社会主义进入新时代的关键发展时期，提出了“现代化的本质是人的现代化”等新观点，把人的现代化、人的全面发展的理论与实践推向了一个新的高度。习近平明确指出：“中国特色社会主义是社会主义而不是其他什么主义，科学社会主义基本原则不能丢，丢了就不是社会主义。”[①] 科学社会主义基本原则最为重要的是以人的自由全面发展、以实现人民的幸福和人民对美好生活的向往为奋斗目标。中国特色社会主义建设必须坚持科学社会主义的根本原则，“逐步实现全体人民共同富裕，促进人的全面发展”。在党的十九大所作的报告中，习近平阐述了新时代中国社会的主要矛盾，提出要着力抓住主要矛盾，解决好发展不平衡不充分问题，“更好满足人民在经济、政治、文化、社会、生态等方面日益增长的需要，更好推动人的全面发展、社会全面进步”[②]。在谈到新时代中国特色社会主义基本方略中关于在发展的基础上保障和改善民生时，他说，社会建设必须“保证全体人民在共建共享发展中有更多获得感，不断促进人的全面发展、全体人民共同富裕”[③]。中国特色社会主义是坚持科学社会主义基本原则，始终把人的全面发展、人的共同富裕和幸福生活作为目标的实践进程，中国特色社会主义现代化建设道路是推进人的现代化、促进人的全面发展和实现人的幸福的必由之路。因此，从社会主义和现代化的主体看，中国特色社会主义现代化发展道路也是中国特色的人的现代化发展之路。

中国特色人的现代化发展道路始终坚持以人的自由全面发展为目标，以促进人的全面发展和实现人民对美好生活的向往为现实任务和实践指向，在实践探索中形成了具有自身特点的原则要求。

第一，中国的现代化，根本在人、在人的现代化。在革命、建设和改革的历史进程中，重视人、重视人的发展始终是中国共产党的一贯主张和

---

① 《习近平谈治国理政》，外文出版社，2014，第 22 页。

② 《中国共产党第十九次全国代表大会文件汇编》，人民出版社，2017，第 10 页。

③ 同上书，第 19 页。

实践要求。在革命战争年代，毛泽东坚持认为，在构成战争的武器和人的两个基本因素中，人始终是决定性的因素。在社会主义建设时期提出建设“四个现代化”目标时，毛泽东特别强调科学技术现代化的关键作用，认为实现科学技术现代化的关键在于提高包括科技工作者在内的一切劳动者的素质并发挥他们的自觉能动性。邓小平明确认为，中国的现代化关键在人。他同样认为，中国现代化的关键是科学技术现代化，科技现代化的关键在人才和教育。教育必须面向现代化、面向世界、面向未来，培养适应现代化发展要求的各式各样的人才。中国现代化的发展源于教育的现代化，习近平明确指出，“现代化的本质是人的现代化”[①]，中国现代化建设的关键在于推进人的现代化，提高全民的综合素质。为此，必须优先发展教育事业，建设教育强国，建设人才强国。“人才是实现民族振兴、赢得国际竞争主动的战略资源。”要施行更加积极、更加开放、更加有效的人才政策，努力形成人人渴望成才、人人努力成才、人人皆可成才、人人尽展其才的良好局面，让各类人才的创造活力竞相迸发、聪明才智充分涌流[②]。

第二，人的现代化是现实的个人的现代化，是人民群众的现代化。现实的个人是马克思主义的重要理论起点和原则。“全部人类历史的第一个前提无疑是有生命的个人的存在。”[③]马克思主义研究问题的方法是“符合现实生活的考察方法”，是“从现实的、有生命的个人出发”的。“现实的个人”是处于一定历史阶段的具体的历史的人。人的发展、人的现代化即是现实的个人的发展和现代化，是在特定的社会历史阶段中进行的。当代中国人的现代化也是在我国社会发展特定的历史阶段中展开的。这个历史阶段便是社会主义初级阶段。

邓小平指出，社会主义初级阶段是中国最大的实际，中国改革开放和现代化建设必须从这一实际出发，党和国家的一切路线方针政策都必须以社会主义初级阶段这个实际为基础。经过改革开放 40 多年的建设发展，中国特色社会主义进入了新时代，中国社会和中国人的面貌发生了巨大变化，但是，中国社会仍然处于社会主义初级阶段，发展不充分、不平衡依

① 习近平：《论坚持全面深化改革》，中央文献出版社，2018，第 68 页。

② 《中国共产党第十九次全国代表大会文件汇编》，人民出版社，2017，第 52 页。

③ 中共中央马克思恩格斯列宁斯大林著作编译局编译《马克思恩格斯选集》（第 1 卷），人民出版社，1995，第 67 页。

然是中国社会的主要矛盾的主要方面。正如习近平在党的十九大报告中所说的，虽然中国特色社会主义的历史方位发生了重大变化，中国社会主要矛盾发生了历史性变化，但是，“我国仍处于并将长期处于社会主义初级阶段的基本国情没有变”，因此，必须“要牢牢把握社会主义初级阶段这个基本国情，牢牢立足社会主义初级阶段这个最大实际”，建设社会主义现代化中国，满足人民对美好生活的向往，促进人的全面发展[①]。初级阶段不仅是中国社会发展的历史定位，而且更是中国人发展自身的历史起点。中国的现代化建设要从这个实际出发来确定目标和步骤，人的现代化也要从初级阶段这个定位来选择模式和路径。

“现实的个人”不仅是处于特定社会发展阶段的人，而且是具体的人。在马克思主义理论视域中，“现实的、有生命的个人”尤其是从事社会生产实践的人，即人民群众。人民群众是社会的主人，是人类历史的创造者。为人类求解放、为人民服务，是马克思主义的根本特性。马克思指出：“历史活动是群众的活动。”习近平指出：“马克思主义是人民的理论，第一次创立了人民实现自身解放的思想体系。”“马克思主义第一次站在人民的立场探求人类自由解放的道路，以科学的理论为最终建立一个没有压迫、没有剥削、人人平等、人人自由的理想社会指明了方向。”[②]中国共产党是马克思主义的政党，把全心全意为人民服务作为自己的宗旨，始终把维护好、发展好人民群众的根本利益放在第一位。毛泽东提出的“为人民服务”、邓小平提出的“三个有利于标准”、江泽民提出的“三个代表”、胡锦涛提出的“以人为本”、习近平提出的“以人民为中心”等思想，都牢牢坚持了马克思主义的人民立场。人民群众是推动中国社会向前发展的最根本动力，是建设中国特色社会主义现代化国家的主体力量，实现中国最广大人民群众的现代化是社会主义现代化的力量之源和根本目的。因此，在中国，“人的全面发展”首先是人民群众的全面发展，“人的现代化”最根本的是人民群众的现代化。

第三，人的现代化是以经济社会发展现代化为前提和基础的。人的活动及其本质力量必须在一切社会关系所联结的现实条件中才能进行和实现。人民群众的历史创造者地位与物质资料的生产方式在社会发展中的决

① 《中国共产党第十九次全国代表大会文件汇编》，人民出版社，2017，第 10 页。

② 习近平：《在纪念马克思诞辰 200 周年大会上的讲话》，人民出版社，2018。

定性作用是一致的。人民群众创造历史是在客观的历史条件下的创造，是依赖和取决于一定历史条件的。脱离或超越于一定社会历史条件的人的所谓“创造”注定是要失败的。人的现代化和现代化的人，从来都不是抽象的、孤立的，而是在一定社会条件下才能展开和实现的。虽然从一定意义上说，人的现代化是国家、社会现代化的先决条件，但是，人的现代化也是不能脱离经济社会现代化这一基础和前提的，没有经济社会的现代化，根本不可能有人的现代化。同时，从根本上看，人的现代化必然受制于经济社会现代化，经济社会现代化决定了人的现代化。经济社会现代化发展到什么样的程度，人的现代化才能达到什么样的水平，超越经济社会现实状况的人的现代化，不仅不可能推动人的现代化，相反还会阻碍人的现代化发展。

改革开放以来，我国始终把发展特别是发展经济作为现代化建设的第一要务，始终把经济建设、建设现代化的经济体系作为党和国家的中心工作。“坚持以经济建设为中心”成为党在社会主义初级阶段基本路线的根本内容。党在社会主义初级阶段的基本路线是我们党和国家的生命线，是人民的幸福线。邓小平说，基本路线要管 100 年，必须坚持党的基本路线不动摇。坚持党的基本路线不动摇，首先是坚持经济建设这个中心不动摇。经济建设是基础，是解决中国问题的根本。不发展经济，经济建设上不去，没有工业、农业的现代化，不能建立现代化的经济体系，其他一切的发展和现代化便没有坚实的根基，现代化建设的宏图必然会是镜中花、水中月。因此，我国开启现代化大业以来，始终把发展经济、建设现代化的经济体系放在中国发展的中心位置，始终把经济、社会现代化作为人的现代化的前提和基础。把人的现代化建立在经济现代化的基础之上，置于整个社会现代化之中，将通过发展经济和社会事业来推进人的现代化和以人的现代化推动经济社会现代化的发展统一起来，是我们党推进人的现代化的根本举措和成功经验，也是中国特色人的现代化发展道路的重要内容。

第四，在融入现代世界体系的开放中推进人的现代化。成中英认为“现代化就是世界化”。现代化是世界性的社会运动。现代化是一个民族由地域史走向世界史的过程，是一个国家由地域文明走向世界文明的过程，是一个民族不断融入世界体系和创造世界文明的过程。人的现代化同样是由地域性的人走向世界性的人的过程。马克思主义认为，从地域性的民族历史走向世界历史是工业和科学技术革命发展的必然结果。大工业“使每个文明国家以及这些国家中的每一个人的需要的满足都依赖于整个世界，因为它消灭了各国以往自然形成的闭关自守的状态”。“一般说来，大工业到处造成了社会各阶级间相同的关系，从而消灭了各民族的特殊性”。同时，由于世界市场的开拓，“使一切国家的生产和消费都成为世界性的了”。这样，人们“相互影响的活动范围在这个发展进程中越是扩大，各民族的原始封闭状态由于日益完善的生产方式、交往以及因交往而自然形成的不同民族之间的分工消灭得越是彻底，历史也就越是成为世界历史。”[①]随着科学技术的发展，工业化、现代化以不可阻挡之势打破了各种地域界限，促进各民族和国家互相往来，使各民族、各国家不断融入世界，各民族国家的地域史逐步转化为世界史。现代化为各民族国家筑起了广泛交往的世界性平台，把具有不同文化特征的民族和人们联系在一起，世界日渐成为真正的人类命运共同体。

从人的现实社会本质看，人的本质的实现是人不断适应、扩大和创造社会关系的过程。人的现代化也是人的社会本质力量不断实现的过程，即人的现实社会关系不断从狭隘封闭的地域性关系走向开放广阔的世界性关系的过程，亦即由地域性的人走向世界性的人的过程。在马克思看来，未来社会是人与自然、人与人、人与社会之间的矛盾关系的和解。恩格斯认为，在未来社会，人尽可能地占有自己的社会本质，占有自己的社会关系，人不仅是自然的主人、社会的主人，而且是自己的主人。列宁认为，只有吸收人类社会的一切文明成果，才能成为共产主义者。毛泽东要求社会主义的新人应学习古今中外的优秀文化，做到古为今用、洋为中用、推陈出新。邓小平在改革开放之初就明确指出，关起门来搞建设是行不通的，中国的发展离不开世界，当然，世界的发展也离不开中国。教育要面向现代化、面向世界、面向未来。习近平在纪念改革开放 40 周年大会上指出，改革开放极大改变了中国的面貌、中华民族的面貌、中国人民的面貌、中国共产党的面貌。“开放带来进步，封闭必然落后。中国的发展离不开世界，世界的繁荣也需要中国。”因此，我们“必须坚持扩大开放，

---

① 中共中央马克思恩格斯列宁斯大林著作编译局编译《马克思恩格斯选集》（第 1 卷），人民出版社，1995，第 114 页、第 276 页、第 88 页。

不断推动共建人类命运共同体”，必须“统筹国内国际两个大局，坚持对外开放的基本国策，实行积极主动的开放政策，形成全方位、多层次、宽领域的全面开放新格局，为我国创造良好国际环境、开拓广阔发展空间”[①]。中国的现代化有了广阔的空间，人的现代化也便有了更为宽广的舞台。当代中国人必须在立足自身深厚文化的根基上，以更加开放的姿态积极走上广阔的世界舞台，建立和拓展广泛的世界性的经济、政治和文化联系，不断把自己培养成为社会性丰富的人，培养成为全面自由发展的世界性的现代人。

第五，在中国共产党的正确领导下促进人的现代化。党的领导是中国特色社会主义的最本质特征。马克思主义政党的本质特性决定了党的根本宗旨是全心全意为人民服务，决定了党始终坚持把实现人民对美好生活的向往作为自己的奋斗目标，决定了党始终把实现人的自由全面发展作为自己的最高价值目标，决定了党坚定地把促进人的全面发展作为中国特色社会主义的本质要求和实践原则。中国特色社会主义建设取得的巨大成就证明了中国共产党是中国特色社会主义现代化建设事业和实现中华民族伟大复兴中国梦的坚强领导核心。在全面推进中国特色社会主义现代化建设的新征程中，促进人的现代化和人的全面发展，必须始终坚持党的正确领导。坚持党的正确领导，是促进人的现代化、实现人的全面发展的根本保证。习近平指出：“伟大的事业必须有坚强的党来领导。只要我们党把自身建设好、建设强，确保党始终同人民想在一起、干在一起，就一定能够引领承载着中国人民伟大梦想的航船破浪前进，胜利驶向光辉的彼岸！”[②]大道之行，天下为公。站立在960多万平方公里的广袤土地上，吸吮着5 000多年中华民族漫长奋斗积累的文化养分，拥有14亿中国人民聚合的磅礴之力，我们走中国特色社会主义道路，具有无比广阔的时代舞台，具有无比深厚的历史底蕴，具有无比强大的前进定力。

第三节　人的现代化的实践愿景及其路径

实现人的自由全面发展是中国特色社会主义的本质要求，中国特色社

① 习近平：《在庆祝改革开放40周年大会上的讲话》，人民出版社，2018，第30页。

② 《中国共产党第十九次全国代表大会文件汇编》，人民出版社，2017，第55页。

会主义现代化建设的价值目标是不断满足人民对美好生活的向往、实现共同富裕、促进人的全面发展。

一、人的现代化的实践愿景

党的十九大对新时代中国特色社会主义现代化建设进行了新的重大战略部署，提出了新的“三步走”和“两阶段”的战略安排。第一步，从党的十九大到党的二十大，在“两个一百年”奋斗目标的历史交汇期全面建成小康社会、实现第一个百年奋斗目标。在21世纪头20年全面建成小康社会的战略目标是在党的十六大上确立的。十六大报告指出：“我们要在本世纪头二十年，集中力量，全面建设惠及十几亿人口的更高水平的小康社会，使经济更加发展、民主更加健全、科教更加进步、文化更加繁荣、社会更加和谐、人民生活更加殷实。这是实现现代化建设第三步战略目标必经的承上启下的发展阶段，也是完善社会主义市场经济体制和扩大对外开放的关键阶段。”与此同时，十六大报告对人的现代化和人的发展也提出了目标要求。第一，大幅提高城镇人口的比重，逐步扭转“三大差别”（工农差别、城乡差别和地区差别）扩大的趋势；建立比较健全的社会保障体系，保障比较充分的社会就业，城乡居民家庭财产普遍得以增加，人民过上更加富足的生活。第二，切实尊重和保障人民的政治、经济和文化权益；基层民主更加健全，社会秩序良好，人民安居乐业。第三，形成了比较完善的现代国民教育体系、科技和文化创新体系、全民健身和医疗卫生体系，全体人民的思想道德素质、科学文化素质和健康素质明显提高，建立全民学习、终身学习的学习型社会，促进人的全面发展。第四，可持续发展能力不断增强，生态环境得到较大改善，资源利用效率显著提高，人与自然的和谐关系得以广泛建立。党的十七大、十八大和十九大对这一目标进行了不断丰富，对实现这一目标的措施日益明确化、具体化和科学化。我们很有信心地认为，这一目标是完全能够如期实现的。

在全面建成小康社会之际，我国又将乘势而上，开启全面建设社会主义现代化国家的新征程，向基本实现现代化和建成现代化强国的目标奋进。在基本实现现代化阶段，人的发展将达到新的高度，人的现代化将上升到新的水平。第一，随着国家经济实力、科技实力的大幅提升，人民生活更为宽裕，中等收入群体比例明显提高，全体人民向共同富裕迈出坚实步伐。第二，人的综合素质和能力尤其是创新能力显著提高，我国将跻身创新型国家前列。第三，随着社会体制机制的不断完善，法治国家、法治政府、法治社会基本建成，国家治理体系和治理能力现代化基本实现，全体人民平等参与、平等发展的权利得到全面保障。第四，社会文明程度和人的文明素养达到新的高度，中华民族和中国人民的文化影响力、精神辐射力更加广泛深入。第五，随着基本公共服务均等化的基本实现和现代社会治理格局的基本形成，城乡区域发展差距和居民生活水平差距显著缩小，人与人之间的社会关系更加和谐，整个社会充满活力。第六，生态文明建设取得新成就，生态环境实现根本好转，美丽中国目标基本实现，人与自然之间的关系更加和谐。

基本实现现代化后，我国将朝着建成富强民主文明和谐美丽的现代化强国目标迈进，人的现代化程度和水准达到新的高度，适应甚至超越建设现代化强国的实际要求。根据党的十九大的设想，到 21 世纪中叶，现代化强国建成之时，国家将成为一流的文明国家，人也将成为一流的文明人。第一，中国将成为综合国力和国际影响力领先的国家，中华民族将以更加昂扬的姿态屹立于世界民族之林。依照何传启的研究，“五大文明”和综合国力将达到世界先进水平，跨入世界发达国家前 20 位甚至前 10 位，真正成为“文明之邦”①。与此相适应，中国人的综合素质和创新能力也将大幅提高。第二，随着物质文明、政治文明、精神文明、社会文明、生态文明的全面提升，人的文明程度也将达到新的高度。第三，由于国家治理体系和治理能力现代化的实现，人的自由、民主等权利得到全面和充分保障，人的社会关系既丰富又和谐，人的社会本质力量得以充分发挥。第四，全体人民共同富裕基本实现，享有更加幸福安康的美好生活。那时，中国将彻底摆脱人的依赖性发展阶段，广泛克服物的依赖性阶段以及人的异化等特性，人的需要和能力体系得到全面发展，多样性、个体化与自由个性成为普遍的人格特质和社会景象。

党的十九大对我国现代化及人的现代化建设的战略部署是建立在我国社会发展的现实基础之上的，符合中国特色社会主义现代化建设的客观规律和发展趋势，体现了人民群众对美好生活向往的真切意志和追求。

---

① 何传启：《如何成为一个现代化国家》，北京大学出版社，2017，第 272 页。

二、坚持以人民为中心，促进人的全面发展

人民是历史的创造者，是建设中国特色社会主义事业的历史主体，是决定党和国家命运前途的根本力量。发展中国特色社会主义归根结底是中国人民的事业。坚持以人民为中心的发展观，发展为了人民，发展依靠人民，发展成果由人民共享，是改革开放和中国特色社会主义的根本价值取向，也是改革开放和现代化建设的一条基本经验。习近平在庆祝改革开放40周年大会上的讲话中认为，“坚持以人民为中心”是改革开放取得成功的一条重要经验。“为中国人民谋幸福，为中华民族谋复兴，是中国共产党人的初心和使命，也是改革开放的初心和使命。我们党来自人民、扎根人民、造福人民，全心全意为人民服务是党的根本宗旨，必须以最广大人民根本利益为我们一切工作的根本出发点和落脚点，坚持把人民拥护不拥护、赞成不赞成、高兴不高兴作为制定政策的依据。”[①] 坚持以人民为中心，积极推进社会改革，把促进社会公平正义、增进人民福祉作为审视、判断、检验各项工作、各种体制机制、各条政策规定的一面“镜子”和“试金石”。在全面推进中国特色社会主义、建设现代化强国的历史征程中，“我们要始终把人民立场作为根本立场，把为人民谋幸福作为根本使命，坚持全心全意为人民服务的根本宗旨，贯彻群众路线，尊重人民主体地位和首创精神，始终保持同人民群众的血肉联系，凝聚起众志成城的磅礴力量，团结带领人民共同创造历史伟业”[②]。必须始终坚持以人民为中心的价值取向，把维护和增进人民群众的根本利益作为出发点和落脚点，把是否有利于实现人民对美好生活的向往作为衡量现代化建设事业的根本标准和要求，努力实现人的现代化，促进人的全面发展。唯有如此，社会主义事业、现代化事业才能赢得和凝聚民心，才能汇聚民智民力，才能助推中国特色社会主义不断向前发展。

坚持以人民为中心，最根本的是要确保人民群众的主体地位，实现人民当家作主。人民是发展中国特色社会主义事业的主体，是建设社会主义现代化强国的主体。党的十九大报告指出：“人民是历史的创造者，是决

① 习近平：《在庆祝改革开放40周年大会上的讲话》，人民出版社，2018，第21-22页。

② 习近平：《在纪念马克思诞辰200周年大会上的讲话》，人民出版社，2018，第17页。

定党和国家前途命运的根本力量。必须坚持人民主体地位……依靠人民创造历史伟业。”[①] 中国特色社会主义现代化是全体中国人民的共同事业，必须调动全体中国人民的积极性、创造性，发挥全体中国人民的聪明才智和奋斗精神。为此，必须扩大和保障人民当家作主的民主权利。党的十九大对此做出了明确要求：坚持党的领导、人民当家作主、依法治国的有机统一，坚持中国特色社会主义政治发展道路，坚持和完善人民代表大会制度、中国共产党领导的多党合作和政治协商制度、民族区域自治制度、基层群众自治制度，巩固和发展最广泛的爱国统一战线，发展社会主义协商民主，健全民主制度，丰富民主形式，拓宽民主渠道，保证人民当家作主落实到国家政治生活和社会生活之中[②]。

坚持以人民为中心的发展观，最重要的是要实现人民的根本利益，促进人的全面发展。人的自由全面发展是社会主义的最高理想和目标，是党的最高纲领。建设中国特色社会主义是中国人民的共同理想。中国特色社会主义是实现最高理想的必由之路，是实现最高理想的必经历史阶段。促进人的全面发展是社会主义的本质要求和根本目标。对美好生活的向往是人的共同追求，是推动社会历史发展的原动力。人的自由全面发展是人对美好生活向往的根本内容和最高目标。现代化建设、中国特色社会主义事业的任务和目标就是为了实现人民对美好生活的向往，实现人民群众的根本利益，推动人的现代化和全面发展。因此，推进人的现代化、全面提高人的素质和能力体系便应当成为中国特色社会主义和现代化建设最根本的时代课题和历史任务。

在新时代，人民对美好生活的向往更强烈了。人民对美好生活的需要日益广泛，不仅对物质文化生活的要求更高了，而且在自由、民主、法治、公平、正义、安全、环境等方面的要求不断扩大和增长。广大人民群众期盼有更好的教育、更满意的工作、更高的收入、更全面更可靠的社会保障、更优质的医疗卫生服务、更宜居的生活条件、更优美的自然环境、更丰富的精神文化生活；期盼有更多的自由民主权利、更公平正义的法治保障、更高效清廉的政府服务；期望有更多的获得感、安全

① 《中国共产党第十九次全国代表大会文件汇编》，人民出版社，2017，第 17 页。

② 同上书，第 18 页。

感、幸福感，过更有尊严的生活；希望有更大的自由发展空间、更多的实现自我的机会，促进人自由全面地发展。为此，“我们要随时随刻倾听人民呼声、回应人民期待，保证人民平等参与、平等发展权利，维护社会公平正义，在学有所教、劳有所得、病有所医、老有所养、住有所居上持续取得新进展，不断实现好、维护好、发展好最广大人民根本利益，使发展成果更多更公平惠及全体人民，在经济社会不断发展的基础上，朝着共同富裕方向稳步前进。”①

坚持以人民为中心，必须始终把人民对美好生活的向往作为奋斗目标，着力解决新时代中国社会的主要矛盾。我国社会的主要矛盾已经由人民日益增长的物质文化生活需要与落后的生产力之间的矛盾转化为人民日益增长的美好生活需要和不平衡不充分的发展之间的矛盾。社会主要矛盾的转变是中国社会的根本性变化，是关系全局的历史性变化。社会主要矛盾的变化必然会引起其他社会矛盾的变化，并且会呈现出新的时代特征。认识我国社会主要矛盾及其时代特征，把握主要矛盾引发的全局性、历史性变化，便成为推进中国特色社会主义伟大事业全部战略运筹的基本立足点，是制定党和国家的大政方针、完善发展战略和各项政策的客观依据。社会主要矛盾决定社会主要任务。因此，解决主要矛盾，首先要毫不动摇地坚持发展这个硬道理。当前和在将来相当长的一段时期内，中国社会的主要任务、根本任务和首要任务依然是发展，是经济社会的全面协调可持续发展。发展依然是我们党执政兴国的第一要务，发展依然是解决中国一切问题的关键和决定性因素。无论发生什么、无论面对什么样的形势，除非出现大规模的外敌入侵，发展的第一要务是决不能动摇和改变的。其次，在推动发展的基础上，应着力解决好发展不平衡不充分问题。发展的不充分问题反映了我国现代化建设的整体水平，我国依然是最大的发展中国家，现代化的水平与先进国家相比还有很大差距，现代化的发展道路依然很不平坦。为此，我们不仅要毫不动摇地坚持发展这个中心，而且要毫不动摇地坚持全面深化改革，坚持全面解放人和发展人，大力提高人的能力素质，提升发展的质量和效益。再次，在大力提升发展质量和效益的基础上，不断实现人民对美好生活的向往。习近平指出，“检验我们一切工作的成效，最终都要看

① 《十八大以来重要文献选编》（上），中央文献出版社，2014，第236页。

人民是否真正得到了实惠，人民生活是否真正得到了改善，人民权益是否真正得到了保障”[①]。“改革发展搞得成功不成功，最终的判断标准是人民是不是共同享受到了改革发展成果”[②]。因此，在发展中国特色社会主义和现代化的历史征程上，必须更好地满足人民在经济、政治、文化、社会、生态等方面日益增长的需要，更好地推动人的全面发展和社会全面进步。

三、坚持“五位一体”总体布局，协调推进人的现代化

建设中国特色社会主义，建成社会主义现代化强国，实现中华民族伟大复兴，必须坚持“五位一体”总体布局，推动“五大文明”建设与人的现代化协调发展，实现人民美好生活向往，促进人的全面发展。

1. 坚持社会主义市场经济改革方向，建立现代经济体系，建设发达的物质文明，为人的现代化奠定坚实基础

党的十九大指出，全面建成小康社会和建设社会主义现代化强国，推进人的现代化、促进人的全面发展，“必须坚定不移把发展作为党执政兴国的第一要务，坚持解放和发展社会生产力，坚持社会主义市场经济改革方向，推动经济持续健康发展”[③]。

人类社会的发展历程表明，一个国家、社会的经济发展越好、发展速度越快，物质财富积累得越多，社会财富的分配相对公平，社会成员的物质需要的满足程度就会越充分。马克思主义认为，经济发展的速度、社会财富积累的水平以及社会财富分配的公正度是人的发展的根本前提和基础。经济发展是人的发展的基础，经济现代化是人的现代化的基石。市场经济尊重人性需求、符合经济规律，有利于高效配置有限的社会资源，有利于提高资源的利用率，有助于为经济持续发展提供不竭动力。正如习近平所说的：“理论和实践都证明，市场配置资源是最有效率的形式。市场决定资源配置是市场经济的一般规律，市场经济本质上就是市场决定资源

① 《十八大以来重要文献选编》（上），中央文献出版社，2014，第698页。

② 《人民日报》2015年10月31日。

③ 《中国共产党第十九次全国代表大会文件汇编》，人民出版社，2017，第24页。

配置的经济。”[①]“虽然我国社会主义市场经济体制已经初步建立，但市场体系还不健全，市场发育还不充分，特别是政府和市场的关系还没有理顺，市场在资源配置中的作用有效发挥还受到诸多制约。”[②]因此，当前我国经济社会发展改革的重中之重是真正让市场在资源配置中发挥决定性作用，着力解决市场体系不完善、政府干预过多和监管不到位的问题，真正发挥资本在经济活动中的创造力和主导力。

当然，发展市场经济并不是不需要政府的有效指导和调控，但政府调控是间接的，主要在于为市场制定好的规则、善的章程，把社会上各种积极因素引入自由公正的制度体系，引导市场有序发展。只有建立自由而公正的市场经济体制，才能有利于资源的有效配置，才能有利于人的自由，才能切实保障人的经济自由权利的实现。市场经济制度越完善，市场经济发展越充分，社会经济发展就越快、越健康，社会财富的增长就越多，人的生活就越能改善和提高，促进人的自由发展的物质条件就越有保障，人的自我发展、自我实现的需求便越旺盛，人的发展将会更自由、更全面、更协调。所以，建立自由公正的市场经济体制，发挥市场配置资源的决定性作用，大力发展社会主义市场经济，是解决中国一切问题的关键，是建成社会主义现代化强国的牢固基石，是促进人的现代化和人的全面发展的根本前提。

2. 推进国家治理体系和治理能力现代化，发展社会主义民主政治，建设发达的政治文明，为人的现代化提供强有力的制度保障

建设自由民主的现代政治制度和政治文明，是促进人的现代化和自由全面发展的重要保障。马克思认为，人的自由全面发展不仅要有发达的物质文明、丰富的物质财富作为基础，而且需要有自由民主的政治环境、高度发达的政治文明为前提。发达的物质文明和政治文明及其统一是人的现代化和自由全面发展最重要的社会环境。

制度具有基础性、长远性和根本性。优良的制度和治理体系是实现人的现代化、促进人的全面发展的根本保证。社会的进步根本在于制度，在于基本制度的先进，亦即罗尔斯所说的“基本结构”的优良。社会的“基本结构”、根本制度是“基本善”，是社会给予人的基础性保障。社会制度

① 《习近平谈治国理政》，外文出版社，2014，第77页。

② 同上书，第95页。

先进或落后，其根本在于其能否提供“基本善”，即能否保障和扩充人的自由和发展的基本权利，能否增进人的福祉，促进人的自由全面发展。按照马克思主义经典理论的设想，社会主义社会的先进性、优越性主要在于它超越了资本主义的制度局限，扫除了资本主义对生产力发展的制度障碍，能够极大地解放和发展社会生产力，能够满足人民群众多方面的需求，促进人的自由全面发展。

社会主义社会是人民当家作主的自由民主社会。毛泽东说，中国的未来必将是自由民主的社会。邓小平曾说，没有民主就没有社会主义。社会主义制度的建立，第一次确立了人民当家作主的地位，中国人民第一次成为社会和自己生活的主人。但由于我国的社会主义脱胎于半殖民地半封建社会，社会制度内在地“先天不足”；加之缺乏建设社会主义的经验，在探索前行的过程中出现过严重失误，制度体系存在一定缺陷。经过 40 多年的改革开放，中国特色社会主义制度体系已经基本建立起来，独特的制度优势也日渐显现。党的十九届四中全会总结了 13 个方面的制度和治理体系的显著优势，显示了中国特色社会主义制度的强大生命力和优越性。然而，我国的制度体系依然有许多需要改进和改革的地方，具体制度、体制机制也不尽完善，制度现代化和治理体系现代化的任务依然艰巨。为此，习近平指出：“坚持和完善中国特色社会主义制度，不断推进国家治理体系和治理能力现代化，坚决破除一切不合时宜的思想观念和体制机制弊端，突破利益固化的藩篱，吸收人类文明有益成果，构建系统完备、科学规范、运行有效的制度体系，充分发挥我国社会主义制度优越性。”[①] 因此，必须按照党的十九届四中全会的部署，不断全面深化改革，按要求按节点高标准高质量完成好各项改革任务，完善和健全社会主义制度体系，保障现代化建设的顺利进行，促进人民对美好生活向往的实现，推动人的现代化和人的全面发展。

3. 发展中国特色社会主义文化，建设发达的精神文明，为人的现代化提供强大精神动力

“文化是一个国家、一个民族的灵魂。文化兴国运兴，文化强民族强。没有高度的文化自信，没有文化的繁荣兴盛，就没有中华民族伟大复

① 《中国共产党第十九次全国代表大会文件汇编》，人民出版社，2017，第 17 页。

兴。”[①] 在当今世界，文化是推进社会经济发展的重要力量，是一个国家综合国力的重要组成部分和标志。文化的力量深深熔铸在人的生命力、创造力之中，集中体现在提升人的精神境界、促进人的素质全面提高和促进人的解放和发展的伟大实践之中。

中国特色社会主义文化，是中国人民建设现代化强国、实现自身全面发展的精神支柱，是体现中国人民发展状况和精神风貌的人文标志。“中国特色社会主义文化，源自于中华民族五千多年文明历史所孕育的中华优秀传统文化，熔铸于党领导人民在革命、建设、改革中创造的革命文化和社会主义先进文化，植根于中国特色社会主义伟大实践。”[②] 因此，必须坚持中国特色社会主义文化发展道路，激发全民族文化创新、创造活力，建设社会主义文化强国，为人的现代化和人的全面发展提供强大精神动力。

发展中国特色社会主义文化，建设文化强国，推动人的现代化进程，最根本的是要培育和践行社会主义核心价值观。“社会主义核心价值观是当代中国精神的集中体现，凝结着全体人民共同的价值追求。”[③] 核心价值观是构成人的现代性的内核，培育核心价值观是人的现代化的实质性内容。就人的内在本质和人的精神性或文化性特征而言，现代人必定是具有核心价值观的人。一个人的精神世界和行为方式如果拥有自由、民主、法治、平等、公正、诚信、敬业的核心价值观，那么，他或她便可称之为现代人。反之，如果一个人在其精神世界中不具备核心价值观，即使其拥有巨大的财富，也不可谓之现代人。

发展中国特色社会主义文化，建设文化强国，推动人的现代化进程，另一重要内容是大力传播科学知识、弘扬科学精神，提高人的科学素质和科技创新能力。科学技术是现代化的重要内容和动力。没有科学技术的发展便没有现代化，现代化的发展和实现依赖于科学技术的创新，在一定意义上可以说现代化是在科学技术的推陈出新中逐步实现的。同时，中国特色社会主义文化是科学的、民族的、大众的文化。文化的育人功能根本在于文化的科学性，只有科学的文化才能真正促进人的发展进步。因此，传播科学知识、弘扬科学精神，不仅是社会主义文化实现育人功能、促进人

---

① 《中国共产党第十九次全国代表大会文件汇编》，人民出版社，2017，第 33 页。

② 同上书。

③ 同上书，第 34 页。

的现代化的任务，而且也是发展社会主义文化的内在要求。要大力宣传和普及科学技术知识，培育科学精神和科学方法，使广大人民群众学习掌握科学技术知识，理解现代科技创新成果，在全社会进一步形成“讲科学、爱科学、用科学”的浓厚氛围和社会风尚，不断提高全体国民的科学文化素质和科技创新能力。

4. 坚持在发展中保障和改善民生，建设发达的社会文明，为人的现代化提供有力的社会保障

民生是社会发展的根本，也是人的现代化的根本。促进人的现代化和人的全面发展，首要的是保障和改善民生。人要创造历史，首先必须生活。党的十九大报告明确把促进人的全面发展作为发展和保障、改善民生的内容目标。“增进民生福祉是发展的根本目的。必须多谋民生之利、多解民生之忧，在发展中补齐民生短板、促进社会公平正义，在幼有所育、学有所教、劳有所得、病有所医、老有所养、住有所居、弱有所扶上不断取得新进展，深入开展脱贫攻坚，保证全体人民在共建共享发展中有更多获得感，不断促进人的全面发展、全体人民共同富裕。”①

加强社会建设，促进人的现代化，必须实施健康中国战略，提高人的健康素质。人民健康是国家富强和民族昌盛的重要标志。按照党的十九大的部署，要进一步完善国民健康政策，为人民群众提供全方位全周期的健康服务；要深化医药卫生体制改革，全面建立中国特色基本医疗卫生制度、医疗保障制度和优质高效的医疗卫生服务体系，健全现代医院管理制度；坚持预防为主，深入开展爱国卫生运动，倡导健康文明生活方式，预防控制重大疾病；要坚定实施食品安全战略，让人吃出健康、吃出质量；要大力发展健康产业，增强健康服务水平；要促进生育政策和相关经济社会政策配套衔接，加强人口发展战略研究，促使人口数量和人口质量的协调统一②。

加强社会建设，推动人的现代化，要坚持教育优先，建设教育强国，提高人的综合素质。教育优先、提高人的现代素质、推动人的现代化，是现代化发展的根本途径。习近平指出，必须办好人民满意的教育，促进人的全面发展。教育的目的和初衷就是促使人类更好地创造未来，实现人们

① 《中国共产党第十九次全国代表大会文件汇编》，人民出版社，2017，第19页。

② 同上书，第39页。

创造理想世界的目标。党的十九大依据现代化建设新的目标要求，确立了建设教育强国的发展战略。建设教育强国是中华民族伟大复兴的基础工程，必须把教育事业放在优先位置，要努力发展素质教育，大力推进教育公平，培养德智体美全面发展的人。当今世界各国之间的综合国力竞争，说到底是人才竞争，人才越来越成为推动经济社会发展的战略性资源，教育的基础性、先导性、全局性地位和作用更加突显。因此，必须优先发展教育，办好人们满意的教育，培育适应现代化建设和发展中国特色社会主义事业的全面发展的人才；必须实施人才强国战略，营造全社会“尊重知识，尊重人才”的良好风尚；必须加快建设学习型社会，大力提高国民整体素质。

5. 坚持人与自然和谐共生，建设发达的生态文明，为人的现代化提供优美的自然环境

中国特色社会主义是全面发展的社会，中国的现代化也是全面进步的现代化。生态文明是中国特色社会主义社会的本质要求和重要特征，人与自然的和谐共生是社会主义现代化的主要内容，也是人的现代化与全面发展的重要内容。建设生态文明、统筹人与自然和谐发展，反映了我国经济社会所面临的资源、环境、人口、生态等新问题、新挑战和新要求，体现了我们党实现、维护和发展广大人民群众的根本利益，促进人的全面发展的愿望和决心。

中国特色社会主义社会是人与自然和谐相处、协调发展的社会。中国的现代化是人与自然和谐共生的现代化。马克思认为，将来的共产主义社会是“人和自然界之间、人和人之间矛盾的真正解决”的社会，也是“存在和本质、对象化和自我确证、自由和必然、个体和类之间的斗争的真正解决”的社会[①]。恩格斯也认为，一旦进入共产主义社会，“人在一定意义上才最终地脱离了动物界，从动物的生存条件进入真正人的生活条件。……人们第一次成为了自然界的自觉的和真正的主人，因为他们已经成为自身的社会结合的主人了”[②]。习近平明确指出，“我们要建设的现代化

① 中共中央马克思恩格斯列宁斯大林著作编译局编译《马克思恩格斯文集》（第1卷），人民出版社，2009，第185页。

② 中共中央马克思恩格斯列宁斯大林著作编译局编译《马克思恩格斯选集》（第3卷），人民出版社，1995，第757-758页。

是人与自然和谐共生的现代化，既要创造更多物质财富和精神财富以满足人民日益增长的美好生活需要，也要提供更多优质生态产品以满足人民日益增长的优美生态环境需要”①。人首先是自然存在物，大自然是人生存与发展的基础和前提。因此，建设生态文明，处理好人与自然的关系，保护自然环境，维护生态平衡，促进人与自然协调发展，从根本上说就是促进人自身的可持续发展和永续发展。

绿色化是现代化发展的新要求和新特征，绿色发展是解决前期现代化造成的人与自然之间矛盾冲突及生态环境问题的新理念和方法路径。在现代化发展史上，无论是先行现代化国家还是后起现代化国家，几乎都未能处理好环境保护问题，走的都是先污染后治理的工业化道路。现代化的发展是以自然环境的破坏、生态危机的加深为代价的。生态危机严重威胁着人类的生存与发展。如果不能有效保护生态环境，节约自然资源，不能实现人与自然和谐相处，那么现代化及其人类文明的一切成果包括人本身很可能会毁灭。应反思现代化的历程、经验和教训，分析现代化发展的规律和中国现代化发展的需要。现代化不仅包括农业、工业、国防、科学技术、国家治理体系和治理能力的现代化，而且包括人与自然和谐共生的现代化。为此，必须坚持绿色发展观，树立和践行“绿水青山就是金山银山”的理念，坚持节约资源和保护环境的基本国策，像对待生命一样对待生态环境，统筹山水林田湖草系统治理，实行最严格的生态环境保护制度，形成绿色发展方式和生活方式，坚定走生产发展、生活富裕、生态良好的文明发展道路，建设美丽中国，为人民创造良好生产生活环境，推动人的现代化和人的全面发展②。

四、在努力构建人类命运共同体中促进人的现代化

人类的命运从来没有像今天这样紧密联系在一起，也从来没有像今天这样与世界各国的每一个人息息相关、休戚与共。构建人类命运共同体是当今世界发展的必然趋势和世界人民共同的心愿。任何国家和民族，无论是实现经济社会的现代化，还是推进人的现代化，不仅要赶上时代变迁的大潮流，而且要融入整个世界的大熔炉。在新时代，我国适应世界经济社

---

① 《中国共产党第十九次全国代表大会文件汇编》，人民出版社，2017，第 40-41 页。

② 同上书，第 19 页。

会发展的新趋势、新要求，提出构建人类命运共同体的主张，统筹国内发展和对外开放的关系，在更大范围、更广领域和更高层次上参与国际经济技术合作和竞争，提高对外开放水平，扩大人与社会、与世界之间的交往，丰富人的社会关系，促进地域性个人向世界历史性个人转变。

现代化是一场世界性的谋划，是人面向世界、拥抱世界且以全人类的文明成果厚植自身、发展自身的全球性运动，是地域性的个人转变成世界性的个体的过程。中国的现代化在改革开放中重启和展开，改革开放推动了现代化的快速发展，现代化的发展要求必须全面深化扩大改革开放。中国的改革开放是走向现代化的进程，现代化也是中国不断开放和走向世界的旅程。中国的发展、中国的现代化离不开世界，世界一切优秀文明成果是中国的现代化建设的丰富养料和资源。一个和平、合作、发展、和谐的世界对每一个国家现代化建设和每一个人的全面发展而言都是至关重要且须臾不可离的。

人的现代化是人的自由全面发展的历史形态，也是由人的地域性存在向人的世界历史性存在的转变的过程。现代化是一个不断超越地域限制走向全球化的文明的转化过程，是每个民族走向全球文明的世界性运动。人的现代化同样是人超越民族性、地域性，不断发展成为世界性的具有全面需要和能力体系的人的过程。

构建人类命运共同体与建设现代化、促进人的现代化和自由全面发展之间的关系是辩证统一的。人类命运共同体是持久和平的世界，是共同发展的世界，也是促进人自由全面发展的世界。同样，人的自由全面发展的世界，必定是一个和谐共生的命运共同体。人类命运共同体是实现每个人的自由全面发展的必要前提，也是人争取和促进自身自由全面发展的必然结果。构建人类命运共同体与建设现代化的世界、促进每个人的自由全面发展是同一历史活动及过程。

在新的时代，人类社会迎来和展现出光明的前景。世界多极化和经济全球化深入发展，科技进步日新月异，世界生产力显著提高，全球经济持续保持总体增长，各类全球性和区域性合作生机勃勃，国际关系民主化不断推进。尽管人类实现普遍和平和共同发展的理想还任重道远，但是，人类正在以前所未有的速度和姿态完善自身、发展自身。历史不断昭示我们，当今世界机遇和挑战并存、生机和风险同在，只要各民族、各地区的人民紧密团结起来，共同把握机遇、应对挑战，必将创造人类光明的未来，必将建设一个持久和平、共同繁荣的人类世界。习近平指出："我们生活的世界充满希望，也充满挑战。我们不能因现实复杂而放弃梦想，不能因理想遥远而放弃追求。没有哪个国家能够独自应对人类面临的各种挑战，也没有哪个国家能够退回到自我封闭的孤岛。"因此，世界各国人民更应该携起手来，同心协力，建造人类命运共同体，"建设持久和平、普遍安全、共同繁荣、开放包容、清洁美丽的世界"①。

构建人类命运共同体，促进人的现代化和人的全面发展，需要坚持5个原则或做好5个方面的工作。一是国与国之间要相互尊重、平等协商，坚决摒弃冷战思维和强权政治，走对话而不对抗、结伴而不结盟的交往新路。二是每个国家都应秉持以对话解决争端、以协商化解分歧的理念，统筹应对传统和非传统安全威胁，反对一切形式的恐怖主义。三是每个国家、地区和组织都要同舟共济，促进贸易和投资自由化便利化，推动经济全球化朝着更加开放、包容、普惠、平衡、共赢的方向发展。四是各种文明主体都要尊重文明的多样性，以文明交流超越文明隔阂、以文明互鉴超越文明冲突、以文明共存超越文明优越。五是全世界的每一个人都要坚持环境友好、人与自然和谐共生，共同应对气候环境变化，保护好人类赖以生存的地球家园②。

世界的命运握在各国人民的手中，人类的前途系于各国人民的抉择。地球上的每个人都是自由、平等和丰富的个体，都具有相同的命运和共同的美好追求，应该携起手来、共同努力，协力建设一个繁荣富强文明自由的现代人类世界，共建共享世界现代化的文明成果，共同创造人类的美好未来，齐心建造以人的自由全面发展为原则的"自由人的联合体"！

---

① 《中国共产党第十九次全国代表大会文件汇编》，人民出版社，2017，第47页。

② 同上书，第47页。

主要参考文献

[1] 中共中央马克思恩格斯列宁斯大林著作编译局 . 马克思恩格斯文集（第 1、2、5、8 卷）[M]. 北京：人民出版社，2009.

[2] 习近平 . 习近平谈治国理政 [M]. 北京：外文出版社，2014.

[3] 习近平 . 习近平谈治国理政（第二卷）[M]. 北京：外文出版社，2017.

[4] 习近平 . 论坚持全面深化改革 [M]. 北京：中央文献出版社，2018.

[5] 十六大以来重要文献选编（上）[M]. 北京：中央文献出报社，2005.

[6] 十七大以来重要文献选编（上）[M]. 北京：中央文献出报社，2009.

[7] 十八大以来重要文献选编（上）[M]. 北京：中央文献出报社，2014.

[8] 中国共产党第十九次全国代表大会文件汇编 [M]. 北京：人民出版社，2017.

[9] 中共中央宣传部 . 习近平总书记系列重要讲话学习读本（2016 版）[M]. 北京：学习出版社，人民出版社，2016.

[10] 中共中央宣传部 . 习近平新时代中国特色社会主义思想学习纲要 [M]. 北京：学习出版社，人民出版社，2019.

[11] 本书编写组 . 十八大以来新发展新成就（上、下）[M]. 北京：人民出版社，2017.

[12] 曹普 . 中国改革开放四十年简史 [M]. 北京：外文出版社，2019.

[13] 陈志尚 . 人学原理 [M]. 北京：北京出版社，2005.

[14] 陈志尚 . 人的自由全面发展论 [M]. 北京：中国人民大学出版社，2004.

[15] 成中英 . 从中西互释中挺立：中国哲学与中国文化的新定位 [M]. 北京：中国人民大学出版社，2005.

[16] 储著斌 . 人的观念现代化研究 [M]. 北京：中国社会科学出版社，2015.

[17] 韩庆祥，亢安毅 . 马克思开辟的道路：人的全面发展研究 [M]. 北京：人民出版社，2005.

[18] 何传启 . 如何成为一个现代化国家：中国现代化报告概要 2001—2016[M]. 北京：北京大学出版社，2017.
[19] 龚书铎 . 社会变革与文化趋向：中国近代文化研究 [M]. 北京：北京师范大学出版社，2005.
[20] 金耀基 . 从传统到现代 [M]. 北京：法律出版社，2017.
[21] 柯卫，朱海波 . 社会主义法治意识与人的现代化研究 [M]. 北京：法律出版社，2010.
[22] 李萍，钟明华，等 . 人的现代化：开放地区人的现代化系列研究报告 [M]. 北京：人民出版社，2007.
[23] 李青 . 科学发展观视域中的“以人为本”[M]. 北京：时事出版社，2009.
[24] 李青 . 和谐社会道德体系构建研究 [M]. 北京：时事出版社，2015.
[25] 刘同舫 . 马克思人类解放思想史 [M]. 北京：人民出版社，2019.
[26] 罗荣渠 . 现代化新论：世界与中国的现代化进程（增订本）[M]. 商务印书馆，2004.
[27] 卫忠海 . 中国现代化的理论与实践 [M]. 成都：四川大学出版社，2008.
[28] 吴忠民 . 社会公正论 [M]. 北京：商务印书馆，2019.
[29] 秦宣 . 中国特色社会主义史 [M]. 北京：高等教育出版社，2009.
[30] 徐春 . 人的发展论 [M]. 北京：中国人民公安大学出版社，2007.
[31] 颜晓峰 . 知识创新：实践的诠释 [M]. 北京：国防大学出版社，2004.
[32] 颜晓峰，谈万强 . 发展观的历史进程 [M]. 北京：人民出版社，2007.
[33] 杨耕 . 重建中的反思：重新理解历史唯物主义 [M]. 北京：北京师范大学出版社，2018.
[34] 尹保云 . 什么是现代化：概念与范式的探讨 [M]. 北京：人民出版社，2001.
[35] 袁洪亮 . 人的现代化：中国近代国民性改造思想研究 [M]. 北京：人民出版社，2005.
[36] 赵敦华 . 西方人学观念史 [M]. 北京：北京出版社，2005.
[37] 张彬 . 当代中国人的现代化问题研究：塑造“四有”新人的视域下中国人的现代化问题研究 [D]. 长春：吉林大学，2008.

[38] 张静如，刘志强，卞杏英 . 中国现代社会史 [M]. 长沙：湖南人民出版社，2004.

[39] 张奎良 . 马克思的十大理论创新 [M]. 北京：人民出版社，2018.

[40] 张维祥，李青，张述元 . 中西哲学及其思维方式比较 [M]. 北京：国防大学出版社，2006.

[41] 张智 . 通往人的全面发展之路：社会主义条件下人的现代化研究 [M]. 北京：中国人民大学出版社，2019.

[42] 周海林 . 可持续发展原理 [M]. 北京：商务印书馆，2004.

[43] 中国人学学会 . 人学与现代化 [M]. 桂林：广西人民出版社，2002.

[44] 阿尔伯特·马蒂内利，何传启 . 世界现代化报告：现代化与人类发展 [M]. 北京：科学出版社，2021.

[45] 丹尼尔·贝尔 . 资本主义文化矛盾 [M]. 南京：江苏人民出版社，2007.

[46] 吉尔伯特·罗兹曼 . 中国的现代化 [M]. 南京：江苏人民出版社，2010.

[47] 马克斯·韦伯 . 新教伦理与资本主义精神 [M]. 西安：陕西师范大学出版社，2006.